ART, TRUTH AND MODERNITY
A Study on Frankfurt School Art Theory and the Critique of Modernity

艺术·真理·现代性批判
法兰克福学派艺术理论和现代性批判研究

陈蓓洁 /著

复旦大学出版社

目录

引言　法兰克福学派艺术理论研究之缘起 ………… 1

第一部分　法兰克福学派艺术理论研究的时代语境与思想基础

第一章　艺术与现代性批判——法兰克福学派艺术理论研究的时代语境 ………… 9
　　第一节　"审美乌托邦":迷雾深处的法兰克福学派,还是迷雾深处的我们? ………… 10
　　第二节　对现代性与现代性批判的哲学考察 ……… 20

第二章　艺术与真理——法兰克福学派艺术理论研究的思想基础 ………… 35
　　第一节　艺术之为真理的源始发生
　　　　　——海德格尔的箴言 ………… 38
　　第二节　艺术之为感性活动的基本建构
　　　　　——对马克思艺术观的重新思考 ………… 85

第二部分 对法兰克福学派现代艺术研究的批判性考察

第三章 现代主义艺术的证词（Ⅰ）
——本雅明：废墟上的救赎之光 …………117
第一节 理念的表征，通达现代艺术的正确道路 … 123
第二节 寓言，理解现代艺术的钥匙 …………… 146

第四章 现代主义艺术的证词（Ⅱ）
——阿多诺：作为否定力量的现代艺术 … 169
第一节 艺术，作为模仿 ……………………… 170
第二节 艺术的现代主义及其对现实的拯救 …… 192
第三节 否定的辩证法：与马尔库塞艺术革命论的比照 …………………………………… 213

第五章 大众文化——现代主义艺术的反命题 …… 221
第一节 批判主旨中的异质之声：本雅明、洛文塔尔、马尔库塞 …………………………… 222
第二节 批判主题的回归 ……………………… 233

结语 …………………………………………… 247

主要参考文献 ………………………………… 251

后记 …………………………………………… 257

引言

法兰克福学派艺术理论研究之缘起

在当代思想的语境中，我们时常会碰到这样一些关于"艺术"的惊人之语。在被杰姆逊称为"20世纪最重要的一部美学著作"①的《艺术作品的本源》一文中，海德格尔这样写道："艺术为历史建基；艺术乃是根本性意义上的历史。"②德国后现代哲学家沃尔夫冈·韦尔施认为："我们称之为现实的基础条件的性质是审美的"，这是"现代思想自康德以降，久已认可"的"见解"。③杜威在这样一种意义上谈起"艺术"："简言之，人类经验的历史就是一部艺术发展史。科学从宗教的、仪式的和诗歌的艺术中明确地突然显现出来的历史，乃是一种艺术分化的记录，而不是与艺术脱辐的记录。"④尼采在更早的时候就发出了振聋发聩的声音："艺术比真理更有价值"，"我们拥有艺术，是为了我们不因真理而招致毁灭"。⑤当他谈到悲剧的诞生这一问题时，他认为这是在讨论"严肃的德国问题"，"我们恰好合理地把这种问题看作德国希望的中心，看作旋涡和转折点"。⑥诸如此类，屡见不鲜，暂不一一列举。

乍见之下，我们不禁愕然，并狐疑满腹，这难道是"艺术"可以担当的评价吗？有必要这样严肃地看待"艺术"吗？诚然，没有人会否认，真正的艺术是严肃的，它确实比作为娱乐消遣的文化活动意味着更多。但同时，我们又不得不承认，在日常生活中，这更多的"意味"往往通过一种供奉的方式，而被我们转化为远离现实生命活动的、可有可无的东西，比如将它们置于博物馆中去陈列。即便它通过此种方式获得了人们的重视，可这种重视也常常并不来自对艺术作品之艺术性的体认，而是来自它被社会化了的符号价值，比如作为身份、品味和修养的象征而被标榜。在这个时代，已很少会有人真心地以为卢

---

① [美] 杰姆逊：《后现代主义与文化理论》，唐小兵译，北京大学出版社，1997年，第182页。
② [德] 海德格尔：《林中路》，孙周兴译，上海译文出版社，1997年，第61页。
③ [德] 沃尔夫冈·韦尔施：《重构美学》，陆扬等译，上海译文出版社，2002年，第1页。
④ [美] 杜威：《经验与自然》，傅统先译，江苏教育出版社，2005年，第246页。
⑤ [德] 尼采：《权力意志》。转引自海德格尔：《尼采》（上卷），孙周兴译，商务印书馆，2002年，第80页。
⑥ [德] 尼采：《悲剧的诞生》，周国平译，北岳文艺出版社，2004年，第2页。

浮宫里的断臂维纳斯与我们现存的生命以及人类当代的历史命运有什么密切关联了吧。

碍于思想大师的地位和威望，我们会暂时抛开那些关于艺术的流俗知见，试图向前做一点思索的努力，但是，我们立刻就会被推入人类理智举步维艰的痛苦之中。不过，值得庆幸的是，在绝大多数的情况下，这些对"艺术"的狐疑与茫然只会在心底逗留片刻，当我们合上书本、走出书斋的时候，灿烂的阳光会立即驱散心头的阴霾，清新的空气使精神为之一振。是啊，烦忙在世的人们，哪里有闲情对此纠缠不清呢？毕竟，这些论断与我们对"艺术"所持有的日常之见是如此的不同，以致我们这些聪明的现代人，总是会快速将它们归于思想家过于敏感的神经和酸腐的气质；抑或怀抱无限眷恋和惆怅的心情，将它们视为没落的艺术之神在当代上演的一幕小小的喜剧。历史大概就是这样的吧，以喜剧的形式让人们能够愉快地与旧日告别。毕竟，逝者如斯夫，继续前行才是人间正道。

但是，在人类理智对"艺术"的此种见解中，是否会有某种与人类文明的建构有本质重要关联的东西因此向我们隐去，以至将来，我们不知要再耗费多少世纪才会重新发现它呢？那时的人们将会以怎样的方式来清算今日的轻率呢？这一对人类未来的遐想也许会被指控为荒诞不经而遭到严斥。但是人类的历史不正是常常以这种方式自娱吗？正如马克思在1868年致恩格斯的一封信中所写道的，"在人类历史上存在着和古生物学中一样的情形。由于某种判断的盲目，甚至最杰出的人物也会根本看不到眼前的事物"，然而，随着时间的推进，到后来的一段时间里，人们却惊讶地发现，"从前没有看到的东西现在到处都露出自己的痕迹。"于是，人们在"最旧的东西中惊奇地发现了最新的东西"。[①]

因此，为了避免那陷入尴尬的万分之一可能性的发生，同时也为了人类今日的理智可以永葆其尊严，我们还是应该谨慎一些，不放过

[①]《马克思恩格斯全集》（第32卷），第51—52页。转引自《马克思恩格斯论文学与艺术》，人民文学出版社，1983年，第5页。

任何一个小小疏漏的。为此，本书将怀着最为严谨和科学的态度，重回"艺术"这一人类古老的话题。我们将暂时抛开那些关于"艺术"的先入之见，重新聆听"艺术"的世纪挽歌。或许，当以一种得当的方式来解读它们的时候，挽歌将获得重生的欢畅，而我们煞费苦心并显得有些不合时宜的"艺术"之研究也将获得世人的谅解。

本书试图借助法兰克福学派的审美艺术理论来切入并展开"艺术"的话题。毫无疑问，对于艺术的研究，作为法兰克福学派第一代理论家所致力的主要研究领域和最终的研究归宿，在法兰克福学派批判理论自身内部的发展中已然衰落。这一衰落不仅体现在法兰克福学派第二、三代的学者，诸如哈贝马斯、内格特、霍耐特等人对批判理论所实施的根本性转向（在此转向中，审美话语被隐匿为边缘性的问题，从而被刻意地回避掉了）；而且还体现在第一代理论家在时代状况发生了转变的今天，对自己年轻时所走过的道路、所怀有的理想和信念的质疑和尴尬，比如，洛文塔尔在1980年的一次以"乌托邦主旨的中止"① 为主题的谈话中就这样说道："［哈贝马斯］可能是对的。也许［思辨的—乌托邦的时期］是个累赘。因为一谈起这些事情，我就感到有点迂腐和背时。毕竟，一个人不可能只是生活在某个虚无缥缈的乌托邦希望之中，一个人的希望只有在可能的王国里才能得到实现。这或许是我刚才讲到的悲伤的原因。但是也许我在哈贝马斯那里感受到的理论实在论是拯救呈现在批判理论中的主旨的惟一手段，并因而是防止它们免于完全陷入某种空虚而忧郁的悲观主义的惟一手段。"②

既然这是一个没落的美学事件，既然它已经被它自身以及它的后继者们判定为"迂腐"和"背时"，那么，它对于我们所要深入开展的

---

① 在法兰克福学派的批判理论中，与乌托邦精神关联最为密切的就是他们的美学理论，正如理查德·沃林指出的："批判理论的乌托邦主旨如此频繁地以美学的语言被说出。"（参见［美］理查德·沃林：《文化批评的观念》，张国清译，商务印书馆，2000年，第126页）正是关于"艺术"的这样一种观点，即把艺术看作是能够对抗资本文明、从而使人获得解放的一种具有独立性的力量之源泉，通常被视为法兰克福学派批判理论的乌托邦维度。
② ［德］洛文塔尔："乌托邦主旨的中止"（与马丁·路迪克的一次谈话），载《新德意志批判》1986年第38期；转引自［美］理查德·沃林：《文化批评的观念》，张国清译，商务印书馆，2000年，第110—111页。

"艺术"主题来说到底具有怎样一种意义和关联,令我们非要将其置于"艺术"研究的视野中心呢?为什么不去选取其他一些在美学领域更为时髦与显赫的学派或人物来研究,以使本书的主题立意得到更容易的彰显呢?在笔者看来,这一事件之所以具有不可替代的研究价值,乃在于这一事件本身是具有"世界历史意义"的。换言之,作为"艺术"参与到人类历史之现实斗争的最后一次庄严出场,作为"艺术"反抗现代性精神的最后一次激烈而集中的迸发,这一美学事件的没落无疑标志着一个时代(即"现代")即将完成它在精神上的自我诞生。这一"诞生",作为"现代"的加冕礼,使得"现代"的世俗权力最终赢获思想的全部承认和支持。从此,这个时代不单在肌体上,而且在精神上都真正地成熟起来,反抗的声音将不再具有任何引发时代激荡的可能,它一经响起便会被指认为异端或引起哄堂大笑,从而自然地被从精神生活和物质生活中消灭掉。正是在这一意义上,我们可以说,这一美学事件的没落并不仅仅具有私人的意味,即并不仅仅代表着法兰克福学派批判理论自身的荣辱兴衰,毋宁说,此一没落乃是人类文明之历史性转折的一个征兆或标志,它归属于"艺术"在"现代性"日益巩固并完成其自身统治之时所遭遇的无法免除的厄运。而基于"艺术"与人类文明之间的一种本质关联,如果我们暂且可以这样说的话,那么这一事件也就去除了自身的个别性而在本质上不仅归属于艺术,而且归属于人类历史的命运性展开了。

并不是所有亲身经历过的,人们都能清楚明白地知道(Wissen);而当人们不能清楚明白地知道过去的时候,也将不会对现在和未来有任何真正意义上的理解。因此,以下的反思将是十分必要的:我们是否清楚明白地知道这一场激进的美学运动所具有的真实的思想意义?它在何种意义上上演了"艺术"与"现代"的斗争,又在何种意义上结束了这场斗争?它是古老的艺术之神与"现代"新神之斗争的本质性展开,还是仅仅作为一场徒具形式的(即早已分享了现代之原则的)非本质斗争的展开,因而必须在不断的自我反思与自我批判中重新蓄积力量?迄今为止,这些问题依然保持着谜一般的性质。但即使是基于这一美学事件之没落方面的意义,我们也已经知道它在其本质上远远超出了美学的范围而与人类历史的当代状况勾连在一起。因此，我们必须将自己重新置回这场运动中，并立身于其中。相信对在这一事件中所展现出的命运性因素——包括它的研究内容、研究取向和研究方法，以及这一研究活动在当时和现世所引发的所有非难、轻蔑抑或狂热，进行深入地批判和反思，是会有益于人类文明的自我检审和重新开启的。

正是基于这样一种对法兰克福学派审美艺术理论之意义的初步理解和构想，并在当前这样一个关于"艺术"的观点尚存在着微弱的冲突和对抗，因此也给我们留下了些许希望的思想背景之下，本书将展开对法兰克福学派艺术理论[①]的研究工作。而在此，我们立即就碰到了研究中的第一个难题，即如何理解"审美乌托邦"，这一学界对法兰克福学派艺术理论的最普遍评价。它不仅构成整个讨论的起点，作为一个极其重要的学术问题，它也关涉到对法兰克福学派艺术理论之基本性质的界定问题；从更深的层面来讲，它势必有助于我们对一些早已熟视无睹的思维定势和价值取向有所警觉并进行自我反省，从而或许能够为此类问题的未来研究拓展出新的意义空间。

---

① 由于法兰克福学派对于艺术的研究已在很大程度上偏离了传统美学的研究主题，因此，若再将法兰克福学派的艺术研究冠之以"美学"的名称就显得有些不妥了。故此，本书以"艺术理论"的说法取代"美学"的说法。

第一部分

法兰克福学派艺术理论研究的时代语境与思想基础

第一章

艺术与现代性批判
——法兰克福学派艺术理论研究的时代语境

第一节 "审美乌托邦"：迷雾深处的法兰克福学派，还是迷雾深处的我们？

一

几乎没有人公开否认，法兰克福学派的艺术理论具有浪漫主义的乌托邦色彩。"审美乌托邦"，作为法兰克福学派艺术理论的代名词，尽管是一个比较笼统的说法，却已在最广泛的意义上为人们所接受。①

"乌托邦"（utopia）一词，自它诞生的那一天起，就意味着空想和不切实际。尽管它寄托着人类的美好愿望和理想，但却由于仅仅是一种愿望和理想，因此无法在社会实践中起到什么积极的作用，从而受到人们严厉的批判、责难和抛弃。也正因为如此，"乌托邦"一语在现代这样一个讲究实效的社会中是极具杀伤力的，它拥有意义终结之权能，总能咒语般地让人羞愧难当，就像1980年的洛文塔尔那样。一般说来，如果我们将某个人的理论指认为是"乌托邦"，也就基本从总体上否定了它所可能具有的积极意义，以及对此进行更多研究的必要性。而之所以还不断有学者从事这一理论的研究，那不过是因为他们十分自觉地将自己的研究意义限定在美学领域自身的批判性反思和推进上从而获得了研究的合法性罢了。于是，在日常的语境中，法兰克福学派的"审美乌托邦"一事就显得极其简单明了，在给它贴上了这样的标签，将它归结为这样的主义，从而将之定性为人类经验的一次失败性尝试之后，似乎也就该言尽了。

---

① 其经验性的明证就是，这样的论断普遍地存在于与法兰克福学派美学理论相关的研究性评述中。有些研究者会对这一论断做出进一步的正面阐说，比如美国学者理查德·沃林在《文化批评的观念》中所做的；但是更多的研究性资料只会在对法兰克福学派美学理论的内容进行整理介绍之后，像贴标签一样匆匆地将之归于这一论断而不给出更进一步的说明和解释，仿佛这来自人类理智不证自明的普遍判断。

第一章 艺术与现代性批判——法兰克福学派艺术理论研究的时代语境

但是,我们却试图重新反思这个已经尘埃落定的问题。只不过,这一反思并不意欲将自己的视线仅仅局限在美学的范围,虽然它首先会涉及美学领域的问题;同时它也不意欲在下述方面为自身的合理性进行证明,即,我们并不想就法兰克福学派"审美乌托邦"理论的内容和意义进行好的方面和坏的方面的区分,然后为自己提出取其精华、去其糟粕之任务,以此显示自己更为辩证的处事态度。事实上,这并不是一种更为公正和严肃的做法,这种区分对事情的解决也毫无益处。就其实质而言,这种做法乃是对蒲鲁东辩证法的借用,而这种辩证法,正如马克思所言,乃是"小资产者"的方法:当它给自己提出消除坏的方面的任务时,它就立即使辩证运动终结,并使自己陷在范畴的两个方面中间激动、挣扎和冲撞,却不可能有任何作为。① 现实中,对法兰克福学派"审美乌托邦"的这种处理方式并不在少数,比如阿尔布莱希特·维尔默指出的一些学者对于阿多诺美学中的断片的拯救就属此类:"耀斯和伯勒尔拯救着审美体验的颠覆性特征……;伯勒尔拯救的是审美乌托邦的绚丽光彩;比格尔拯救的则是艺术对真实的需求。"② 试问,在不触动整个理论视域的前提和基础的情况下,断片之被从整体中分离出来并获得拯救是可能的吗?如何保证被割裂开来的断片还保有原先生的气息呢?与法兰克福学派的"审美乌托邦"相比,这些学者们的良好愿望和拯救行动更应该配得上"乌托邦"之名吧。

为此,我们需要另辟蹊径,以期能与这一历史事件的真相靠得更近些。现在,我们试着向自己提出这样的问题:我们究竟在何种意义上将法兰克福学派的艺术理论称为"审美乌托邦"?换言之,这一判定的内在根据是什么?在作出这种判定的时候,我们自身的根据是否先已得到内在的澄明,是否先已处在"乌有之乡"之外了?唯当确保自己处在坚实稳固的基础上的时候,对别人的评判才能是公允和有效的。

---

① 《马克思恩格斯全集》(第4卷),人民出版社,1958年,第145—146页。
② [德] 阿尔布莱希特·维尔默:《论现代和后现代的辩证法——遵循阿多诺的理性批判》,钦文译,商务印书馆,2003年,第25页。

二

诚然，法兰克福学派的理论家们从不讳言"乌托邦"，但是，这并不构成"审美乌托邦"判词成立的必然理由；正如竭力声称自己理论"科学性"的人，也并不因此就免除了沦入乌托邦的可能。那么，到底出于何种理由、立于何种基础而做此论断的呢？为了能够使这个问题得到更为清楚、更为本质的阐释，我们必须从法兰克福学派的理论主旨谈起。

法兰克福学派的"批判理论"始终以对"现代性"的批判和反抗为其总任务。正如"批判理论"的精神缔造者霍克海默所言，"批判理论"并非像"传统理论"那样，以知识本身的增长为目标，它乃是一种解放话语，其目的是要变革那些造成不幸福的外部条件，把人从奴役中解放出来，并为更加公正合理的社会组织而奋斗。[①] 为此，与被禁锢于现存社会秩序之中并为之服务的"传统理论"不同，"批判理论"否认现存秩序是人类存在的先决条件，拒绝充当它们的意识形态工具。超出僵化的社会活动方式，以社会整体为考察对象，达到对具体的历史实践的真实理解，这才是"批判理论"不断努力的方向。

但是，与马克思在政治经济学领域开展的对"现代性"的双重批判（即资本批判和现代形而上学批判）[②] 不同，法兰克福学派"现代性"批判的主要对象乃是资本主义的文化和意识形态，因此，法兰克福学派的理论家们又往往把自己的"批判理论"直接视为一种"意识形态批判"。比如，马尔库塞将《单向度的人》的副标题就定为"发达工业社会意识形态之研究"；哈贝马斯也曾明确地指出，批判的社会理论"采取意识形态批判的形式"[③]；阿多诺在《否定的辩证法》中这样谈起意识形态的批判："意识形态的批判不是某种边缘性的和科学内部的事情，不是某种限于客观精神或限于主观精神的产物的东西，而是

---

① ［德］霍克海默：《批判理论》，李小兵译，重庆出版社，1989年，第22页。
② 具体论述参见吴晓明：《论马克思对现代性的双重批判》，载《学术月刊》2006年第2期。
③ 转引自欧力同、张伟：《法兰克福学派研究》，重庆出版社，1990年，第262页。

第一章　艺术与现代性批判——法兰克福学派艺术理论研究的时代语境　　　　　13

哲学的核心的事情",是"对基本的意识本身的一种批判"①；而洛文塔尔即使在 1980 年的那场以"乌托邦主旨的中止"为主题的谈话中依然强调,"现在放弃意识形态批判就是犯罪"②。

"批判理论"采取"意识形态批判"的形式有它的理论背景和时代基础：一方面,他们深受西方马克思主义创始人之意识形态理论的影响,即强调无产阶级的阶级意识对于无产阶级革命胜利的重要性（如卢卡奇）,强调文化和意识形态领导权的掌握乃是夺取革命胜利的前提条件（如葛兰西）；另一方面,也是更为主要的方面,是为了应对当前的时代状况,这一时代状况被哈贝马斯很好地概括在"生活世界的殖民化"这一表达中,即生活世界作为基础领域为意识形态所渗透和遮蔽。这一新的历史条件使得这一工作（即对当下时代的各种文化意识进行批判,从而使生活世界的本质得以呈现）变得十分迫切和艰巨,因此,法兰克福学派将意识形态批判视为"现代性"批判的核心和基础。

但是,这一"转向"③（即从"政治经济学批判"到"意识形态批判"的转换）的性质如何,它到底是一种对马克思历史唯物主义基本原则的继承,还是一种背离和放弃,却历来颇有争议。这一争议,就其实质而言,乃是在问："意识形态批判"的真实效力如何,此种批判能不能切中"现代性"的本质,能不能使现代性在现实生活中趋于瓦解并最终消亡。说得更加确切些,人们的顾虑在于：在意识的领域内发生的对于意识的批判,真的能够冲破两重意识的阻拦,将自己批判的力量作用在现实的物质生活和斗争中吗？事实上,这一顾虑因其在理论上所具有的深刻的指向性而一直成为法兰克福学派理论研究中的,同时也是西方马克思主义理论研究中的基础性问题,正像国内的一些著名学者所指出的那样：一定要深刻理解和把握西方马克思主义的文化

---

① [德] 阿多诺：《否定的辩证法》,张峰译,重庆出版社,1993 年,第 145—146 页。
② [德] 洛文塔尔："乌托邦主旨的中止"（与马丁·路迪克的一次谈话）,载《新德意志批判》1986 年第 38 期；转引自 [美] 理查德·沃林：《文化批评的观念》,张国清译,商务印书馆,2000 年,第 111 页。
③ 黑龙江大学的衣俊卿教授也将这一"转向"统称为"文化转向"。

转向这一问题,因为这乃是全面理解和评价西方马克思主义基本性质的关键所在,同时,对于我们正确理解马克思主义哲学的理论联系实际的原则,以及正确解决所谓的"学术性"和"现实性"之间的关系等一系列重要问题都具有很大的启示作用。①

人们一直以来总是认为,"意识形态批判"是对远离经济基础的上层建筑的批判,这种批判由于没有深入到这些精神特征由以形成的社会历史的基础之中,因此在本质上只不过是一种观念论批判,换言之,这种批判,无论在其批判的对象上(作为社会副本的"观念"),还是在其批判的形式上(仅仅采取理论批判的方式,否认马克思革命实践的可能性),都将自己保持在理论的范围之内。因此,相对于"政治经济学批判"来说,它的革命性及现实意义是十分有限的,它并不具有变更现实的真实力量。比如佩里·安德森就一直这样认为,他指出,这种转向"与政治实践相脱离","与工人阶级的距离愈来愈远",是一条永无止境的曲折道路。②

不过,在将两种"批判"置于长久的对峙之后,人们的态度已经有了明显的缓和。现在,虽然我们仍不时地要表示一下对法兰克福学派将全部热情倾注在意识形态批判上的稍许不满,以表明自己并没有背离马克思主义的根本,但尽量在总体上不再倾向将两种"批判"尖锐地对立起来,而是试图宽容、理解并接纳法兰克福学派"意识形态批判"中的真实意义和现实力量,努力在两种"批判"之间建立起某种关系,比如认为后者是对前者的补充,而两者对于历史的发展来说都是必不可少的,等等。毕竟,即使按照马克思主义的基本原理来说,上层建筑也是可以反作用于经济基础的,它们之间是"相互作用"的。因此,对于上层建筑的批判,只要是一种真实的批判,就不应当仅仅是纯粹观念性质上的(即言辞空洞和虚弱无力的),它可以按照它的方式触动经济基础,并对经济基础产生影响。于是乎,上层建筑(意识、精神)与物质基础(物质、存在)之间的对立,以及对上层建筑的批

---

① 衣俊卿:《西方马克思主义的哲学范式转换及其启示》,载《江苏社会科学》2006 年第 2 期。
② 〔英〕佩里·安德森:《西方马克思主义探讨》,高铦等译,人民出版社,1981 年,第 45、59、65 页。

判（意识形态批判）和对物质基础的批判（政治经济学批判）之间的对峙，就以这样的方式（即相互作用的方式）得到了缓和。①

不管怎样都要承认，这种缓和代表着一种认识上的进步，即我们已经意识到世界并不是以主客对立的形而上学的二元建制为基础的，意识与存在、精神与物质、上层建筑与物质基础是无法截然分开的，它们之间具有某种亲密关系，它们是相互作用的。由此，我们不难发现和理解，为什么对近代形而上学二元建制的批判会成为今天学界的一大主题。

然而同时，我们却不能因此掉以轻心，相反，仍须对这一取得的进步保持某种谨慎的反思：在我们竭力要与这一被海德格尔称之为"真正的哲学'丑闻'"②的虚构行动保持距离的同时，这一虚构行动是否被我们真正充分地思考过了，以至我们能够借此积聚强大的力量并使用恰当的方式对它实行超越。严肃地说，"超越"并不是通过口头的声称就可以证明自身的超越性质的，而且"超越"也不是仅仅通过口头上的批判（即使这种批判是真实而彻底的）就可以完成的，正如伽达默尔指出的那样："与人们习惯性地、轻率地援引海德格尔所谓对形而上学的克服相比，从亚里士多德一直到黑格尔的形而上学的运动，是更为坚强有力的；即使是一直强调要对形而上学进行克服的海德格尔本人，也深刻意识到并一直提醒着人们，千万不要把形而上学视为在这种意义上就可以轻易克服和抛弃的东西。"③因此，我们必须对我们的"进步"加以如下追问：使物质与精神、经济基础和上层建筑之间的"对峙"，以及使对经济基础的批判和对上层建筑的批判之间的"对峙"得到缓解和平息的"相互作用"，到底是怎样一种作用？这种"相互作用"是对"对峙"的真正解决，还是仅仅起到一种折中调和的作用？在这一"相互作用"中所发生的"意识形态批判"对经济基础的"触

---

① 衣俊卿教授将这两种观点总结为"激进的否定性评价"和"温和的批评或消极性的评价"。参见衣俊卿：《西方马克思主义的哲学范式转换及其启示》，载《江苏社会科学》2006年第2期。
② ［德］加达默尔：《哲学解释学》，夏镇平等译，上海译文出版社，1994年，第118页。
③ ［德］伽达默尔：《伽达默尔集》，严平编选，邓安庆等译，上海远东出版社，2003年，第449页。

动"是怎样一种触动？我们对"意识形态批判"的重新肯定究竟发生在怎样的基础之上？因为就问题的实质而言，作为基础的这一"相互作用"和"触动"的真实性质将决定我们在这一问题的理解上所取得的进步究竟是不是一种本质性的进步。

三

我们根本无须在理论上提出各自的论证来准备一场论战，事情的实质很快在这样一个事件中得到决定性的展现：当法兰克福学派第一代理论家在晚年纷纷转向艺术领域的研究，不约而同地将审美、艺术看作唯一能够对异化的现实起到批判、否定之功效，并因此成为人类获得拯救和解放的最后基地和希望的时候，争议再度爆发。只是这一次的"争议"演变为众口一词的责难：用艺术反抗"现代性"的统治，用艺术代替政治经济领域中的现实斗争，并企图以此来实现人类的解放，这纯属幻想，是"审美乌托邦"，艺术无力承担这所有的一切。比如理查德·沃林就认为，法兰克福学派第一代学者之所以转向美学研究，是因为他们"没有能力把进步的解放置于历史现实中"，因此"被迫到审美领域去查找否定力量的替代性源泉"，然而，艺术根本无力承担这一历史使命，最终，法兰克福学派的思想努力遗留下来的，"只是某个'全面受到主导的世界'"的让人尴尬的观念和根本无法在历史中实现的某种"乌托邦计划"。①

暂且撇开法兰克福学派在其审美的现代性批判中是否存在观点的偏颇，引起我们注意的是研究者们在"艺术"与"现代性批判"关系上所持有的这种集体意识。当人们对这一关系的肯定性见解给予激烈的反对，并将之斥责为"审美乌托邦"的时候，这对于我们已经取得的那个进步来说到底意味着什么，对于我们的时代精神来说又意味着

---

① [美]理查德·沃林：《文化批评的观念》，张国清译，商务印书馆，2000年，第113页。在理查德·沃林的这种言论中，我们很容易发现一个明显的倾向，就是在他看来，"审美领域"乃是不属于"历史现实"的，至少两者之间的距离是比较遥远的。这样的观点在实际的生活中是十分普遍的。引文中的着重号为笔者所加。

第一章 艺术与现代性批判——法兰克福学派艺术理论研究的时代语境

什么？

"艺术"为什么无力承担这一切？它为什么与"现代性批判"的任务无关？这个道理也许再简单不过，在很多人眼里，它甚至都是不值得一提的："艺术"只不过是人类活动之一种，是人类文化的一个狭小领域，是离物质基础距离最遥远、关系最不密切的领域，现实世界之反抗"现代性"统治的斗争怎么可能通过这样一个领域而获得胜利呢？当然，一直到这里，我们也不曾抛弃我们在意识与物质的关系问题上所取得的那个进步，因此，研究者们多少还会承认，"艺术"与"现代性批判"之间是有关联的，只是这种关联应该被恰当地放置在意识与物质之间之亲密性的最遥远的边缘，对于物质领域中的反对"现代性"的斗争来说，它的作用将是最微不足道的。充其量，它只能进行艺术领域的反抗现代性的斗争，这种斗争会表现为对现有的艺术形式、艺术风格和表现手法的批判，从而实现一种主义向另一种主义的转换。如果这种艺术革命自诩它的影响力可以跨越艺术的门槛而泽被四方，那么一定会贻笑大方。而法兰克福学派却公然反其道而行，在现代性批判的视域中为艺术和审美设置了中心地位，赋予其如此巨大的功能，寄予了如此深切的希望，对此，我们只能视之为虚弱的幻想而加以批判了。由此可见，促使我们作出"审美乌托邦"这一判断的，并非法兰克福学派关于艺术的具体论述，而是他们对待艺术的总体态度，这一态度极大地刺激了日常思维关于"艺术"的一贯见解。

然而，这种一贯见解是否是一种正确的见解？它是否真正地摆脱了"乌有之乡"的束缚而获得了颁布"乌托邦"这一殊荣的资格？对此，我们暂时还无法在三言两语间作出令人信服的回答。但毫无疑问的是，这种一贯见解乃是对这样一个事实的坚决证明：建立在"相互作用"基础上的对形而上学二元对峙的超越并非一种真正的超越。事实上，只要我们对艺术的见解仍停留在传统美学的视野中，我们对形而上学建制的任何超越都将被证明是不彻底的和虚妄的。换言之，当我们将"艺术"仅仅看作一种使心灵摆脱俗事纠缠而获得愉悦、宁静与自由的途径，看作是一个离现实斗争距离最远的领域之时，"相互作用"便从来没有在它应有的意义上，即超越形而上学的意义上，被领会过。相反，对艺术的这种态度恰好证明，在多数人的潜意识中，物质与意识的二元对峙始终都在。虽然人们一再试图将它们拉近，甚至声称它们是融合的，是零距离的和一体的，但是当艺术被顽固地保持在意识的方向上，并被拒绝向现实领域靠近的时候，所有的声称便只能是虚妄。"相互作用"并没有凭借自身建立起一种崭新的存在之基础，从始至终，它都不过是两极的附庸和润滑剂而已。

可以说，正是由于这种二元对峙的存在，我们才能将"艺术"视为离物质领域最远的一个区域；我们才能按照"意识形态批判"的各种对象（即各种意识形式）与物质基础之间的距离远近来订立它们各自的价值和等级，比如，对科学技术理性及启蒙精神的批判是最重要和最有现实意义的，对权威和纳粹的批判居其次，对艺术的批判排在最末；我们才会对法兰克福学派把艺术批判置于现代性批判之中心地位的做法大动干戈。因为毕竟，按照这一二元对峙的唯物主义路向的发展，意识就如海德格尔所言，"总是不得不排在健康的肉体能力与特性之后"①。

可见，在我们对形而上学的基本建制展开讨伐的同时，艺术却成为形而上学隐秘的避难所，并使形而上学幽灵般地继续盘踞在人们的思想意识之中。换言之，关于"艺术"的一贯见解，以及这一见解所产生的对于人们头脑的强大控制力，充分暴露了人类理智在超越传统形而上学问题上所有尝试和努力的虚妄。这一虚妄至少证明了我们关于"艺术"的传统态度是有问题的，它与我们目前所致力的目标，即实现对传统形而上学的克服和超越②背道而驰。于是，基于这种态度而

---

① ［德］海德格尔：《形而上学导论》，熊伟等译，商务印书馆，1996年，第47页。
② 在这个时代，对形而上学的克服与超越并非指把形而上学当作一种不再被相信和拥护的学说抛弃掉，就像我们通常以为的那样。海德格尔指出：根据一种对形而上学之完结的猜度是无法置身于形而上学之外的，因为形而上学已经建立了一个时代，它通过某种存在者阐释和某种真理观点赋予这个时代以本质形态的基础，这个基础完全支配着构成这个时代的特色的所有现象。被克服的形而上学总是有所变换地返回来，并作为存在与存在者的不断运作着的差异而保持在统治地位。因此，在这个时代对形而上学的克服和超越，必然首先意味着对已经成为历史天命的形而上学进行本质深入的思考。依照海德格尔所言：（转下页）

第一章 艺术与现代性批判——法兰克福学派艺术理论研究的时代语境

作出的关于法兰克福学派艺术理论是"审美乌托邦"的论断就在根基上不稳固起来,将对待艺术的传统态度置入批判的视野便成为迫在眉睫的事情了。

需要重申的是,对艺术进行重新反思,其目的并不只是为了要排除理论研究中的矛盾,在更重要的方面,是为了解决人类理智在对待形而上学超越问题上的限度、浅见和无能。因为假设上述推论在逻辑上基本无误的话,我们就不得不承认,似乎唯有在艺术中才能取得对传统形而上学视野超越的内在尺度。正是在这一意义上,"艺术"赢得了它在"现代性批判"中的显赫地位,任何将其边缘化的态度和做法都毋宁说是一种"乌托邦";因为"现代性批判",就其本质而言,若不意味着对现代形而上学的克服与超越,那它又意味着什么呢?而能够克服现代形而上学神话学建制的"艺术",当然不是传统美学视野中所理解的那个艺术,"艺术"必须在它的真正意义上得到重新彰显。

总而言之,在传统理智对艺术的思考止步的地方,却是希望重新被获得的地方。在传统理智看来是艺术无所作为的地方,却恰恰是艺术应该真正参与到其中的地方。对"现代性"的反抗必然可以,而且也必须从艺术的尺度中获得内在的动力与力量。于是,将"艺术"从传统美学理解的桎梏中解救出来便成为一件本质重要的事情,因为传统美学正是通过形而上学的基本建制来建构人类对艺术的理解,并因这种建构而将艺术推到了物质现实的最遥远的边缘。需要多说两句的是,"传统美学"并不是按照时间来划定的,只要对艺术的理解在其本质上建基于形而上学的建制,那么无论它产生于多么晚近的时代,它都依然归属于传统美学的范围。

当然,"解救"的行动并非一件容易的事,如若我们的视野没有发生根本的转换,任何仍拘执于原有存在论视域中的"解救"都将是徒

(接上页)唯有在创造性的追问和那种出自真正的沉思的力量的构形中,人才会知道(wissen)形而上学的天命并把它保存于其真理之中。唯有真正的沉思才会把未来的人投入到存在之无蔽中,并在存在者中保持为一个异乡人。唯有如此,对形而上学的克服与超越才会有成果和希望。(参见海德格尔:《演讲与论文集》,孙周兴译,生活·读书·新知三联书店,2005 年,第 69—70 页;《海德格尔选集》,孙周兴选编,上海三联书店,1996 年,第 885、906 页。)

有虚名的。而在此之前，却有一个与之密切相关的问题亟待澄清，即何谓"现代性"，"现代性"的本质是什么。说得通俗一些，这个问题实际上是要弄清楚，我们一直深处其中的现代世界到底是一个怎样的世界？这是一项必需的划界工作。否则，我们会以各种各样对现代性的混乱假想而将"审美乌托邦"的论断一直保持在日常的未经反思的普遍意识中。同时，也唯有弄清楚这一问题，我们才会明白艺术如何超出其上，以及艺术究竟应以怎样的姿态参与到社会历史活动中去，才能最终实现对现代性的批判和反抗。

第二节 对现代性与现代性批判的哲学考察

"现代性"的本质是什么？"现代性批判"又是对什么的批判？这是一个直接关系到法兰克福学派艺术理论的"审美乌托邦"评价是否能够成立，艺术能否对"现代性批判"起到本质作用的重要问题。虽然我们在上一节曾经指出现代性的本质乃是现代形而上学，但是，在还没有作出充分论证之前，它仍然只是一个先入为主的断言。对一个重要的问题保持断言是不明智的选择，因此，对这一断言作出更为清楚的阐释就变得十分必要。

一

事实上，"现代性"之成为哲学讨论的主题，从18世纪后期就已经开始了[①]。然而长久以来，人们对于"现代性"的本质涵义并没有达到认识上的统一，因此，这一概念到目前为止依然是极具争议的。虽然，这种概念上的争议为"审美乌托邦"的批判和澄清一事增添了许多困难，但是，这种认识上的不统一却也从一个侧面显示出"审美乌托邦"评价之基础的模糊与混乱，并由此在我们还未真正动手去深入问题之

---

① [德] 哈贝马斯：《现代性的哲学话语》，曹卫东译，译林出版社，2004年，第1页。

第一章　艺术与现代性批判——法兰克福学派艺术理论研究的时代语境

际,它便已经处在一种动荡不安中了。

在日常生活的语境中,我们习惯单纯从时间的角度把历史划分为古代、中世纪和现代,这样的划分在学校的课程设置上是比较普遍的。但是,单纯从时间的角度是无法真正理解此种划分的含义的。正如哈贝马斯曾经指出的:只有当我们不从单纯的编年意义的角度,而是从能够突出时代之"新"意的角度去理解时,现代与中世纪和古代的相提并论才得以成立,并具有意义。① 因此,为了突出现代之"新"意,为了使现代能够脱开编年史单纯时空的中性视野,而达到真正具有哲学高度的自我理解和自我确证,思想者们开始了从其他方面对现代的本质进行界定的种种尝试。这其中,波德莱尔的尝试最为引人注目。

波德莱尔以一个艺术家的身份对现代的本质做了这样的界定:"现代性就是过渡、短暂、偶然,就是艺术的一半,另一半是永恒和不变。"② 这一界定在思想界特别是在美学界一直享有盛誉,比如《现代性的五副面孔》的作者卡林内斯库就认为这一界定具有"非凡的原创性与开创性"③,而哈贝马斯也高度评价这一界定,认为波德莱尔通过这种理解使"现代"脱离了浅薄:"通过现实性和永恒性的直接接触,现代尽管仍在老化,但走出了浅薄。根据波德莱尔的理解,现代旨在证明瞬间是未来的可靠历史。"④

虽然从表面上看,这一界定似乎只是突出了现代的一种时间上的变化特征,一种趋于某种当下性的趋势,一种对于感观现时的认同,因此仿佛这一界定尚不是一种对于现代之本质的界定,而它所获得的赞誉也显得过于沉重了;但事实上,正像卡林内斯库提示的那样,波德莱尔这一关于现代的时间意识"(同所有先前阶段有关现代的讨论相比)是如此惊人地新颖,也是如此丰富与精细,使得它可以被判定为现代性概念史上一个质的转折点"⑤。具体而言,卡林内斯库认为,波

---

① [德]哈贝马斯:《现代性的哲学话语》,曹卫东译,译林出版社,2004年,第6页。
② [法]波德莱尔:《1846年的沙龙》,郭宏安译,广西师范大学出版社,2002年,第424页。
③ [美]马泰·卡林内斯库:《现代性的五副面孔》,顾爱彬等译,商务印书馆,2002年,第49页。
④ [德]哈贝马斯:《现代性的哲学话语》,曹卫东译,译林出版社,2004年,第10—11页。
⑤ [美]马泰·卡林内斯库:《现代性的五副面孔》,顾爱彬等译,商务印书馆,2002年,第55—56页。

德莱尔在现代性概念史中所起到的转折作用就是，使现代性不再充当从历史中划分出现代的标准，因为在波德莱尔看来，"每一个古代画家都有一种现代性"①，这也就是说，过去同样是现代性的表现，如此一来，波德莱尔便通过把现代性标识为一种处于最具体的当下和现时性中的历史性意识而使之走出了历史之流。②简而言之，按照卡林内斯库的理解，波德莱尔的现代性不是对当下时间之客观特性的界定，而是一种从人的角度来说的对于当下的时间意识，一种历史性意识。

在将"现代性"拉出历史之流的同时，波德莱尔又从艺术创作的角度对这样一种时间意识做了如下的强调：你们没有权利蔑视和忽略"这种过渡的、短暂的、其变化如此频繁的成分"，如果你们取消它，你们一定会跌进一种抽象而不可确定的虚无之美中，这种美根本不现实，看不到、摸不到，就像去谈论未被逐出伊甸园时的夏娃之美一样。③

总之，波德莱尔所讲的"现代性"，不是一种给定的客观时代的状况或标准，而是一种主观的态度和要求，一种要让自己契入现代的要求。波德莱尔认为，就艺术作品的创作而言，它是受制于现代性的瞬间的，作品唯有不断地浸入到它的现代性之中才会永远地富有意义，才会具有真实的美，只有在这样的情况下，现代性才会与永恒性联系在一起。

在这种作为主观态度和要求的现代性中，我们明显地发现了波德莱尔未加言明的暗语，那就是在现实生活中，人们常常是忽视和蔑视这种作为瞬间的现代的，尤其是在现代这样的时代中。因为显然，人们更加习惯于依靠传统来生活和思维，脱离了传统，生活就变成了一场冒险，艺术家们也常常这样，所以波德莱尔批评道：他们喜欢代表过去，因为这样事情会更容易些，也更好偷懒，比如安格尔绘画上的缺

---

① ［法］波德莱尔：《1846 年的沙龙》，郭宏安译，广西师范大学出版社，2002 年，第 424 页。
② ［美］马泰·卡林内斯库：《现代性的五副面孔》，顾爱彬等译，商务印书馆，2002 年，第 56—57 页。
③ ［法］波德莱尔：《1846 年的沙龙》，郭宏安译，广西师范大学出版社，2002 年，第 424 页。

点，就是想把一种全面的、取诸古典观念宝库中的美强加到他所要呈现的每一个人身上①。而人们喜欢按照传统来生活的另一个很重要的理由是，在现代这样的时代中，选择去面对现代将是充满艰辛的，波德莱尔通过被他称为"奇观"的"大众"形象展现了这种艰辛：病态的大众吞噬着工厂的烟尘，他们在棉絮中呼吸，身体里渗透着白色的铅、汞和种种制造杰作所需的有毒物质，面对这些衰弱憔悴的大众，大地也为之惊愕和忧愁。②因此，波德莱尔指出：当人们暗藏着贬低后来者的意图而给予拉斐尔或者韦隆尼斯等人荣誉的时候，我不禁要问自己，是否现今的一项同他们相当的成就应该得到更多的褒奖呢？因为毕竟，它是在这样一个充满敌意的环境和氛围里取得的成就。③由此可见，由波德莱尔的"现代性"（即要变得现代的要求）定义所拓展出来的领域乃是一个需要勇气、热情和决心的领域，在这种领域中所生长出来的一定是勇士。因此，本雅明把波德莱尔的现代性主题归结为"英雄"是非常有道理的："英雄是现代主义的真正主题"，换言之，只有英雄才"具有一种在现代主义中生存的素质"。④

如此看来，波德莱尔的这种对现代性概念的阐述，与通常就古代、中世纪和现代之划分意义上所指的"现代"以及作为这种"现代"之本质的"现代性"是极其不同的，它在其最本质的态度上乃是以后者（即作为时代的现代）的批判者的身份出现的。虽然它要求一种关注和拥抱现代的决心、热情和勇气，但是这种拥抱和关注却是以冷静的谴责和批判为本质前提的；而同时，这种谴责和批判又由于以拥抱和关注的态度为前提而站在了同样作为现代性之批判话语的浪漫主义的对立面。

因此，如果说波德莱尔在"现代性"的概念史上真的具有卡林内

---

① [法] 波德莱尔：《1846年的沙龙》，郭宏安译，广西师范大学出版社，2002年，第263、425页。
② [法] 波德莱尔：《全集》，第二卷，第408页；转引自[德] 本雅明：《发达资本主义时代的抒情诗人》，张旭东等译，生活·读书·新知三联书店，1989年，第92页。
③ [德] 本雅明：《发达资本主义时代的抒情诗人》，张旭东等译，生活·读书·新知三联书店，1989年，第93页。
④ [德] 本雅明：《发达资本主义时代的抒情诗人》，张旭东等译，生活·读书·新知三联书店，1989年，第92页。

斯库所说的那种质的转折的话,那么这种转折的意义就在于他开创了一种作为现代性之批判的现代性话语,这种现代性话语也就是我们常说的"审美现代性"。这种现代性的态度直接导致了现代主义先锋派艺术的产生,①并且也直接开启了于20世纪五六十年代兴起的具有广泛影响的"后现代话语"。换句话说,这些后现代话语只不过是审美现代性的观念的各种形变而已。

总而言之,通过引入波德莱尔的现代性概念,我们意图对现代性话语中一直存在的矛盾、冲突和混乱做第一层次的清理,即清理出两种截然不同的,甚至是处于分裂和对立状态的现代性概念,一个是作为西方文明史之一个阶段的现代性概念,另一个是作为前者之批判的艺术领域的现代性概念。

由于这两种现代性的哲学话语在现代性概念的发展过程中一直相互缠绕,因此常常造成了概念使用上和理解上的混乱,而且也由于"现代"以及"现代性"这些术语的提出,以及这种提出本身所包含的一种自我确证的意图,都首先来自于审美批判的领域,因此,这一术语上的清理工作显得非常必要。它至少表明了,在现代以及现代性的概念本身中,就包含了复杂的历史成因和价值取向(而这一点常常被遗忘),现代性批判本身就是现代以及现代性概念的题中应有之义。因此,现代性批判绝对不是什么无理取闹的空穴来风。

此外,从更深的层面来讲,波德莱尔这一看似语焉不详的定义,其实已经非常清楚地指出了,在超越传统形而上学的构架,以及在对形而上学的各种意识形态的批判中,艺术占据了何种地位——真正的艺术从未试图以任何方式固化当下的存在,它所要求的不是活在永恒的理念中,也不是再现被自我意识处理过的存在物,它所面对和把握的永远是作为瞬间的当下,以及在其中所展现出来的历史生存的真相。当然,若要真正理解这一点,还需进一步揭示和阐明现代性的形而上学本质特征到底是什么。

---

① 本书第四章第二节所涉及的阿多诺的"艺术的现代主义"观点就直接导源于波德莱尔所开创的这一现代性话语的传统。

二

现在，我们将对作为西方文明史之一个阶段的现代性话语做初步考察。

到底何谓现代性（modernity）？顾名思义，现代性乃是指现代世界（或曰现代社会或现代文明）的本质根据，是现代世界围绕旋转的那个基础和中心。① 这是一个不错的概略说法。至于这一本质根据具体指什么，回答却历来五花八门，让人眼花缭乱。卡林内斯库曾对这一领域的诸种言说做过一些列举，比如进步的学说、相信科学技术造福人类的可能性、对时间的关切、对理性的崇拜、在抽象人文主义框架中得到界定的自由理想，还有实用主义、崇拜行动与成功的定向，这些东西以各种不同的方式伴随着迈向现代的斗争，在资产阶级建立的文明中作为核心价值观念得到弘扬，并保持着活力。② 卡林内斯库对这些言说基本上保持着赞许的态度，他认为，这些对于"现代性"的界定"大体上延续了现代观念史早期阶段的那些杰出传统"，因而是具有价值的。

这种赞许的态度并不难理解。其一，这些说法确实很符合我们对"现代"的日常理解；其二，我们也不能否认，它们确实从不同的角度、以不同的程度突出了现代的"新"意所在。但是，如果我们就此将这些说法看作是已经切中了现代之本质，并因此是具有哲学高度的现代之本质的自我确认的话，那就未免有些言过其实了。事实上，它们或多或少都还局限在日常经验的表面，因此，如果思想就此安顿在这样的论断和描述上，那么这些不错的说法就会变成一种障碍，阻碍我们去把握"现代性"的真正本质，并由此出发去测度其本质的范围。

如果我们并不停顿于此，而是沿着这些说法继续追溯的话，我们将借用海德格尔的语言，把现代世界由以建立自身、维持并不断地再

---

① 吴晓明：《论马克思对现代性的双重批判》，载《学术月刊》2006年第2期。
② [美] 马泰·卡林内斯库：《现代性的五副面孔》，顾爱彬等译，商务印书馆，2002年，第48页。

生产自身的那个本质根据（即"现代性"）指认为现代形而上学。

这一观点乍听起来是很让人费解的。按照我们的想法，现代形而上学不过是观念领域的一种学说而已，把观念强说成时代的本质和基础，这不是犯了唯心主义的错误了吗？按照马克思主义的经典理解，时代的本质和基础应该是生产方式，而生产方式中最重要的，也是起决定作用的部分，或者叫作生产力，或者叫作经济基础，但无论如何，也不可能叫作形而上学。然而，如果仔细推敲，我们就会发现，海德格尔和马克思看似相距甚远的说法之间并不存在冲突。马克思主义的经典表述是对整个人类历史发展基本规律的最一般的描述，换言之，也就是最抽象的描述。马克思曾经非常严肃地指出，这些抽象本身离开了现实的历史就没有任何价值，换言之，马克思认为，那种规律性的说法虽然是正确的，但如果对人类社会历史的理解仅仅达到这种程度，意义是不大的，因为这种说法可以套用到任何国家和任何历史阶段上，却无法说明它们之间的差异。所以，马克思从未停留在这种认识中，仅仅做一个哲学家，而是立刻投入到对现代社会经济运动规律的研究中去。而这一现代经济的运动规律，或者说资本增殖的方式，如果我们以哲学的方式来表达的话，海德格尔的"现代形而上学"这一术语将是非常贴切的。

诚然，现代形而上学确实以其突出鲜明的方式表现为哲学的具体学说和观点，但是，在海德格尔的语境中，"形而上学"常常是在更为本源的层面上加以使用的。在这种层面上，形而上学是指一种从存在本身而来的自行发生，这一自行发生"通过某种存在者阐释和某种真理观点""建立了一个时代"，并"完全支配着构成这个时代的特色的所有现象"。[①] 现实生活中，它会以"众多形态和伪装表现出来"，比如启蒙运动（"人类理性及其法则"）和实证主义（"由这样一种理性来布置和安排的现实性和事实性"），以及古典主义的人性（"在其所有教化中和谐地组合起来，并且被塑造为美的形态的人类"）。它也可以是各种政治组织类型，比如现代政治国家、"普遍理性的进步意义上的

---

① [德] 海德格尔：《林中路》，孙周兴译，上海译文出版社，1997年，第72页。

人性的发展",等等。① 一言以蔽之,在海德格尔的语境中,"形而上学"是指现代社会运作的基本建制,是现代社会区别于前现代社会的本质根据;通常用来标识现代社会基本特征的诸如理性、科学、现代经济和政治的发展等,无非是这一本质根据的具体展现方式而已。

那么,进而言之,作为现代世界展开之基本方式的现代形而上学,它的最基本内涵到底是什么?海德格尔认为,是"人即人类'自我'(Ich)以占居支配地位的方式成为'主体'(Subjekt)"。② 现代人对"主体"一词似乎再熟悉不过了,作为一种历史成就,我们每个人都真切地在现实生活中感受和分享着这一从中世纪脱胎出来的解放和自由,在这种体认和行事中,我们成长为现代意义上的主体。因此,我们也许不觉得海德格尔的这种讲法有何语出惊人之处。然而,海德格尔却警示我们说,这种对主体的正确描绘是肤浅的③,主体的诞生"并不是简单地通过摆脱基督教世界就能得到实现的"④,因此,也许直至目前为止,主体的本质对于我们而言依然还是陌生的。除了这种解释之外,现代对"主体"的其他解释也同样有不明确之处⑤,并因此造成困扰,比如,当我们在主观主义和个人主义的意义上指证"主体"的基本内涵时,就会立刻陷入这样的困境,即在这样的主体性对面总是经验地矗立着无可辩驳的客观性,这一客观性乃是主体在试图将自身确立为世界之基本原则之时总也无法战胜和摆脱的阴影和梦魇。关于这一点,海德格尔说得很清楚:"无疑,随着人的解放,现代出现了主观主义和个人主义。而同样确凿无疑的是,在现代之前,没有一个时代创造了一种可比较的客观主义。"⑥ 因此,海德格尔指出,问题的关键并不在于人摆脱以往的束缚而成为自己,而是在于人在成为主体之际,人的本质到底发生了什么样的根本变化。对于这一根本变化,海德格尔的阐述如下:人现在"成为那种存在者,一切存在者以其存在方式和真理

---

① [德] 海德格尔:《尼采》(下卷),孙周兴译,商务印书馆,2002年,第776—777页。
② [德] 海德格尔:《尼采》(下卷),孙周兴译,商务印书馆,2002年,第773页。
③ [德] 海德格尔:《林中路》,孙周兴译,上海译文出版社,1997年,第83页。
④ [德] 海德格尔:《尼采》(下卷),孙周兴译,商务印书馆,2002年,第778页。
⑤ [德] 海德格尔:《尼采》(下卷),孙周兴译,商务印书馆,2002年,第773页。
⑥ [德] 海德格尔:《海德格尔选集》,孙周兴选编,上海三联书店,1996年,第897页。

方式把自身建立在这种存在者之上。人成为存在者本身的关系中心"。①

也许,海德格尔讳莫如深的语言让我们依然不解其中深意。相比之下,黑格尔通过对作为反思哲学之出发点的"自我意识"的阐释和批判,同样地,或许是更为细致地揭示了人在成为主体之时,人的本质所发生的根本性变化。事实上,对现代社会的这一本质根据首次作出论断与批判的就是黑格尔,正如哈贝马斯所言,现代社会正是通过黑格尔将"主体性"指认为"现代的原则"才第一次使自己脱离了"外在于它的历史的规范影响"而达到了真正具有哲学意义和高度的自我认识。②

那么,作为主体的"自我意识"是一种怎样的意识?黑格尔指出,"自我意识"的本性是"与简单本质或思维相对立的",它要求一种"绝对权利",但这种绝对权利的实质却是一种"纯粹否定的态度"③,这种纯粹否定意义上的绝对权威通过自我意识的"反思"活动实现自身。这种"反思"活动又被黑格尔称为"纯粹识见"。如果对这种"纯粹识见"进一步加以规定,它乃是这样一种活动,即"绝对概念把自己本身造成为自己的对象,并且相对于上述那个运动把自己设定为本质"④。康德对于"自我意识"的这一活动原则表述得更加简明:自我意识"只会看出它自己根据自己的策划所产生的东西,它必须带着自己按照不变的法则进行判断的原理走在前面","它必须不把任何东西、只把从它自己按照自己的概念放进事物里去的东西中所必然得出的结果加给事物"。⑤ 由此可见,"自我意识"的活动并非由事物的内在生命及其实际存在来主导,它永远只是一种在自身内部的活动,此其一;其二,在这种活动中,"自我意识"用暴力把相隔遥远的表面现象捏合在一起并因此呈现出知识的特征,但这种知识并不是关于对象的知识,而只不过是"自我意识"之固有原则的同一反复使用,在这种知识中,

---

① [德]海德格尔:《海德格尔选集》(下卷),孙周兴选编,上海三联书店,1996年,第897页。
② [德]哈贝马斯:《现代性的哲学话语》,译林出版社,2004年,第19—20页。
③ [德]黑格尔:《精神现象学》下卷,贺麟等译,商务印书馆,1979年,第99—100页。
④ [德]黑格尔:《精神现象学》下卷,贺麟等译,商务印书馆,1979年,第106—107页。
⑤ [德]康德:《纯粹理性批判》,邓晓芒译,人民出版社,2004年,第13页。

事情的活生生的本质是被抛弃掉的。①"自我意识"对待事物的这种方式就是我们通常所说的"知性"的方式——"知性",即"会瓦解一切思想却不会从中取得一切内容而只会从中找到赤裸的自我的那种理解力",是脱离内容而退回到自身的反思。②

由于"自我意识"永远被保持在自身之中,保持在它的主观性、内在性中,永远无法进展到自然和精神的真实领域中去,因此,"自我意识"的这种"知性"的品质就在根基上决定了自己及其活动的虚无性和破坏性:当它用自己的强力意志摧毁感性世界的诸神统治,并确立自己的统治秩序之时,它却愈发地巩固起诸神对世界的统治权,愈发地将自然界置入它的顽固性和不可理解性之中;当它以为在确立新的统治秩序的活动中获得了"绝对自由"的时候,这种"自由"却在事实上崩溃为"精神于其自身中进行着的那种沉闷的无意识的编织"③。

可见,"自我意识"的"主体性原则"不仅使整个现代生活,而且使精神自身都陷入分裂、异化的困境,陷入一种让人无法理解的对立性、他在性之中——这种分裂、异化的困境,从更加本质的方面来说,就是由"自我意识"造成的现代社会于其根基上的主体(自我意识)与客体(纯粹物质)二元劈分和二元对立的形而上学的神话学建制。在这二元对峙的异化结构里,"自我意识"由于对感性世界采取了漠视的态度,因而它对自身的发展也就采取了漠视的态度。因此,现代社会的发展必然显现为感性自然界之排除了的"自我意识"自身的抽象发展,这种发展因其只不过是自我意识之内在固有原则的同一反复使用而必然在本质上成为纯粹量的扩张,成为量的同一性对质的差异性的褫夺。海德格尔以"进步强制"来标识现代社会的这种发展方式,"强制具有这样一种性质,一切强制性地方生发着新的东西,同样也直接地已经变老变旧,并被'又一个更加新的东西'挤掉并如此继续下

---

① [德] 黑格尔:《精神现象学》上卷,贺麟等译,商务印书馆,1979年,第33—34页。
② [德] 黑格尔:《精神现象学》上卷,贺麟等译,商务印书馆,1979年,第57、36页。
③ [德] 黑格尔:《精神现象学》下卷,贺麟等译,商务印书馆,1979年,第107页。

去"①。所以，严格说来，在现代社会的发展中，根本无所谓什么"新"的、"革命性"的东西，一切进步和发展由于其本质仅仅是"自我意识"抽象的量的扩张而无法成为真正的"发展"。正如黑格尔所说，量的无限进展是"坏的无限"，其令人恐怖之处就在于"永远不断地规定界限，又永远不断地超出界限，而并未进展一步的厌倦性"②。所以，这种"发展"基于其目的的贫乏和材料的空疏，是无法实现人类所期求的幸福和自由的。由此可见，"自我意识"的这种坏的（或否定的）无限扩张是导致现代社会异化的总根源，同时也是现代性为何必然受到批判的本质原因。

三

以"自我意识"的"主体性原则"（即形而上学原则、内在性原则）为基础和本质的现代社会的状况虽然如此，但是人类毕竟不可因此而消沉。在"自我意识""制造毁灭的狂暴"③ 中，虽然每个人都无法意识到如何能够按照自己的意志去生活，但人类仍然必须迈出前行的脚步以寻求自我解救的道路。

法兰克福学派的理论家们是从艺术的角度展开现代性的批判工作的。当然，对法兰克福学派的理论家们来说，"艺术"并非现代性批判的诸种道路之一，而是全部（这是从他们晚年的理论归宿作出的论断，他们在学术研究的后期阶段纷纷回归艺术领域，试图在艺术中寻找新世界的原理和基石）。在对法兰克福学派的现代性批判之构想进行阐述和评价之前，考察一下黑格尔对现代性批判所做的回答是非常重要的，按照伽达默尔的说法，这一先行性的考察之所以是必要的，乃是"因为黑格尔哲学通过对主观意识观点进行清晰的批判，开辟了一

---

① ［法］F. 费迪耶等辑录：《晚期海德格尔的三天讨论班纪要》，丁耘摘译，载《哲学译丛》2001 年第 3 期。
② ［德］黑格尔：《小逻辑》，贺麟译，商务印书馆，1980 年，第 229 页。
③ ［德］黑格尔：《精神现象学》下卷，贺麟等译，商务印书馆，1979 年，第 119 页。

条理解人类社会现实的道路,而我们今天仍然生活在这样的社会现实中"①。当然,这种先行性的考察并不是为了把黑格尔的批判精神确立为一种旁人必须与之保持一致的标准,相反,倒是要通过这种考察表明,现代性批判如何才能真正做到同这种"对主观精神的批判的首次伟大运用"② 相区别。

为了克服自我意识的"主体性原则"所造成的现代社会的病症,黑格尔在对康德主观哲学批判的过程中发展了他的"绝对精神"的概念。黑格尔指出,"思想的真正客观性应该是:思想不仅是我们的思想,同时又是事物的自身(an sich),或对象性的东西的本质"。③ 至于那个在康德哲学中始终被保持在思想之彼岸的"物自体",黑格尔认为它不过是思维自身抽象的产物。因此,不存在什么鸿沟,没有什么东西比物自体更容易知道的了,思想是能够进入并也应该使自己完全进入事物的客观内容并抛弃自己的所有幻想的。必须说明的是,这里的"思想"进入"事物的自身",并非康德以前的形而上学所主张的两者的简单而直接的同一,也非反思哲学中"自我意识"与自身的纯粹的同一,这一"同一"是必须经历"否定物的严肃、痛苦、容忍和劳作"④ 之后方可达到的同一,即"绝对"。因此,以"绝对精神"的巨大综合为前提,黑格尔在他的概念立场中达到了主体与客体、主观精神与客观精神的和解,从而复兴了理性的一体化力量。

应该说,黑格尔对现代社会之基本建制的批判,即对"现代性"之本质的批判,无疑是人类精神的一次伟大尝试;但是同样不可否认的是,理性一体化力量的复兴是虚假的,主观性与客观性的和解只是在形式上被获得的。精神的这一伟大尝试失败的原因就在于,黑格尔哲学,就其本质来说,依然是主观哲学。马克思曾对此作过清楚的表述:"正像**本质、对象**表现为**思想本质**一样,**主体**也始终是**意识**或**自我意识**,或者更正确些说,对象仅仅表象为**抽象**的意识,而人仅仅表现

---

① [德] 加达默尔:《哲学解释学》,夏镇平等译,上海译文出版社,1994年,第111页。
② [德] 加达默尔:《哲学解释学》,夏镇平等译,上海译文出版社,1994年,第111页。
③ [德] 黑格尔:《小逻辑》,贺麟译,商务印书馆,1980年,第120页。
④ [德] 黑格尔:《精神现象学》上卷,贺麟等译,商务印书馆,1979年,第11页。

为**自我意识**。因此，在《现象学》中出现的异化的各种不同形式，不过是意识和自我意识的不同形式。"① 所以说，黑格尔仍然被禁锢在思维和存在的两重性中，在抽象思维之外依然矗立着无法克服的异化本身。而同时，在黑格尔通过概念的辩证法使"有限的、单纯理智的思维"达致"无限的理性的思维"②——绝对精神——的过程中，现代社会的基础和本质却获得了最终的完成和巩固。由此可见，黑格尔对作为现代社会之本质—根据的主体性原则的克服是失败的，这一失败最终宣告了理性主义的破产——依靠理性自身的力量不可能克服理性于其发展过程中必然出现的痼疾，理性主义原则的彻底贯彻也必然消解理性对于现实的批判力量。

虽然黑格尔没有达到对主观哲学的真正克服，但黑格尔对现代性的本质，即以"自我意识"为内在规定的"主体性原则"的论断却是切中要害并影响深远的。同时，黑格尔的失败也使得以尼采为后盾的20世纪的哲学意识到，必须放弃哲学的概念立场，换言之，必须打破"从我们之外降临到我们身上的最终最彻底的异化——意识本身的异化"③（这一异化的完成是以黑格尔哲学为标志的），方有可能实现对"现代性"的真正批判。

由此可见，黑格尔对主观精神的批判及其失败为我们遗留下了一份丰厚的思想遗产，这份遗产对于我们所面对的有关"审美乌托邦"的澄清工作来说尤为珍贵。简言之，黑格尔通过他的失败向我们表明，要想使得对现代性的批判能够真正实现，寻找到一条真实可行的道路将是至关重要的，这条道路通过黑格尔的实践及其失败而向我们敞开，那就是必须首先识破"意识本身的异化"，必须从原则上和基础上摆脱纯粹概念的立场，也就是摆脱以主观性和内在性为本质标志的"自我意识"的立场。而真正超越自我意识的主观性和内在性的全部关键之所在不是要在"自我意识"的外面另立一个足够强大的基础——因为这一另立的基础基于其与"自我意识"的对峙关系将同样分享"自我

---

① 《马克思恩格斯全集》（第3卷），人民出版社，2002年，第319页。
② ［德］黑格尔：《小逻辑》，贺麟译，商务印书馆，1980年，第96页。
③ ［德］加达默尔：《哲学解释学》，夏镇平等译，上海译文出版社，1994年，第115页。

意识"的虚无本性,而是要首先去击破"意识之内在性"①,要在被异化了的意识本身之中发动革命。只有在破除了"意识自身的异化"之后,人类才能知道将于何处守护思想并积蓄力量。

然而,在自我意识的统治如此强大和无孔不入的今天,这种"识破"以及"摆脱"从来都不是一件容易的事情。海德格尔指出,自黑格尔死后(1831 年),一切针对自我意识在存在状态上的统治地位的反叛,都不过是反运动而已,换言之,它们都在其基础上复归于自我意识本身,不仅在德国,而且在欧洲。② 那么,是否还能有一种让自我意识超出自身的可能性呢?有。西方当代最为著名的一些思想家们认为这一可能性存在于艺术之中,但同时他们亦深知今天普遍的艺术观念及其实践是如何地成为了问题,并因此应该首先受到检审和批判,否则开拓历史新维度的这种可能性就会永远向我们隐蔽自身。

---

① [法] F. 费迪耶等辑录:《晚期海德格尔的三天讨论班纪要》,丁耘摘译,载《哲学译丛》2001 年第 3 期。
② [德] 海德格尔:《演讲与论文集》,孙周兴译,生活·读书·新知三联书店,2005 年,第 74—75 页。

第二章

艺术与真理——法兰克福学派
　　艺术理论研究的思想基础

艺术能否为现代性批判提供尺度？如若可以，提供尺度的"艺术"到底是怎样的艺术？它与我们日常所思考的艺术处在何种关联之中？哪种关于艺术的思考才真正占据艺术的本质？

虽然人类理智一再对"艺术"展现出它的傲慢与轻视，但是每当触及"艺术"主题的分析和研究时，却也时常发现这项工作的艰辛与不易。在其辛苦经营了数百年的浩大的"美学"工程中，"艺术"似乎并未展现过它可爱的面目与迷人的魅力。平心而论，这项工程多少有点让人不堪忍受，难怪"美学"一再受到人们的诟病。不仅百姓不愿与之亲近，艺术家们对它不闻不问，就连思想家本身也常常对之提出尖锐的批评，比如黑格尔、海德格尔、伽达默尔等人都曾对美学那令人腻味而又对艺术欣赏和艺术创作无甚帮助的研究现状进行过批评。①这让人类理智伤心不已，毕竟它是如此勤勉地在这片土地上耕耘着，但是，为什么结果偏偏是这样：在"艺术"的土壤上，人类理智的分析能力处处显示出它的拙劣、愚笨，它越是努力工作，"艺术"就越分崩离析，杳无踪迹。问题到底出在哪里？

在美学以形而上学的方式对"艺术"进行疯狂建构的同时，一种试图对"美学"的行径进行纠正的关于艺术的纯朴态度也在不断地生长，并获得了大部分民众的支持。这种态度致力于清除美学对艺术的不知所云的繁杂规定，归还艺术单纯且平易近人的气质。于是，艺术和美便被规定为是"最明明白白的人类现象之一"，就像卡西尔描述的：美本身就是人类经验的组成部分，它是如此地明显可知，没有沾染任何神秘的气息，我们不可能把它弄错，所以根本不需要任何复杂而晦涩难懂的形而上学理论来解释它的品性和本质。②受到这种态度的鼓舞，人们开始大胆而自信地谈论他们对"艺术"的质朴领会。他们深

---

① 具体论述参阅黑格尔：《美学》，朱光潜译，商务印书馆，1996年，第21页；海德格尔：《尼采》，孙周兴译，商务印书馆，2002年，第85页；伽达默尔：《真理与方法》，洪汉鼎译，上海译文出版社，1999年，第104页。
② [德]卡西尔：《人论》，甘阳译，上海译文出版社，1985年，第175页。

信，这种质朴的、感性的领会使艺术摆脱了恼人的形而上学的纠缠，并获得了自然本真的展现。

但是，艺术和美真的是这样清清楚楚、明明白白，以至对它们做的任何过多、过深和过复杂的思考都是多余可笑和自寻烦恼的，是对本真的东西的扭曲和遮蔽，并因此违背了艺术朴素的真理吗？我们对艺术的纯朴态度总是认为，传统美学犯了天下最可笑、最不应该犯的错误，因此只要轻轻将它弃之一边，便可以重新拥有艺术的真理。这种想法虽然能够让听者最初为之振奋，但细细品味却愈发觉得它的轻率！确实，传统美学犯了错误，但那却是一个伟大的错误，任何对它的伟大意义及其克服的困难程度所作的低估都将因自己的浅薄无知而使自己显得更加渺小和可笑。因为在时代的本质早已被形而上学霸占了的今天，这一从时代中自然地生长起来的质朴的领会如何可能毫不费力地就出淤泥而不染，与时代的形而上学的基础保持距离呢？它怎可能自觉地意识到并剪掉时代在它诞生时就送给它的那根长长的庸人的辫子呢？因此，任何轻而易举地就提出"艺术生活化"或"生活艺术化"的反对传统美学的做法都将是十分可疑和危险的。毋宁说，日常生活对艺术未加反思的质朴领会与美学的研究常常走在同一条路上。有所不同的是，美学尚可借其面目的不可爱而遭到质疑和反叛，因而为艺术真理的彰显留有一丝希望，而我们对艺术的纯朴态度却因与常识之间的天然亲和力而极少有机会得到认真严肃的反思，由此这一态度的形而上学本质便会永久地居留于晦暗之中，并将艺术之光永远深藏。于是，对学院派美学的形而上学本质的反叛运动就在这一生活广袤无边的混沌中安顿了下来，它因为获得了自然之子的美誉就如同得到了大地无比稳固的依托并变得不思进取起来。

可见，艺术依然深陷于时代对它的种种误解中，想要从时代的领会中破土而出并非一件容易的事情。到底，什么才是艺术呢？我们应该依循着怎样的路径来探讨艺术的本质呢？

第一节　艺术之为真理的源始发生——海德格尔的箴言

我们基于人类对艺术的一贯见解与人类理智要克服形而上学的意图之间的矛盾推断出，关于艺术的日常理解是如何成为问题的。① 这一理解武断地认为艺术无力参与到现实历史的斗争中去，它对人类历史天命的展开并不起到任何决定性的作用，伟大的艺术至多只是将这一天命表现（反映意义上的表现）出来，而这一天命为什么此时以此种面目出现则是与艺术无关的，是艺术无力干预的。因此，"艺术"也必然无法担当起现代性批判的任务，因为这一批判如果是真正意义上的批判，它一定会着实地撼动现实世界的物质基础，并在本质上参与到历史的真实运动中去，而艺术又怎可能触动现实世界的物质基础呢？毕竟，我们牢牢地记得马克思的一句话："物质力量只能用物质力量来摧毁。"②（虽然我们总是会遗忘马克思紧接着的那句话："但是理论一经掌握群众，也会变成物质力量。"）总而言之，在传统的艺术观念中，艺术与历史的真实运动与展开并无本质关联，艺术在最大限度上不过是拥有反映和表现的消极能力而已。

因此，如果我们想在"审美乌托邦"由以作出的那个基础和根据上对其加以反思和审查，换言之，如果我们认为"艺术"与"现代性批判"之间并不必然地③存在着乌托邦的关系，艺术并不一定就不能够担负起现代性批判之重任的话，那么，我们首先需要证明的就是：艺术与历史之间是否具有本质的关联，艺术按其内在机制是否可以参与到，并且也应当和确实参与到历史的现实斗争之中去。以此为基础，我们才能进一步探讨，在现代这样一个特殊的时代中，艺术应该怎样担负

---

① 这是我们在第一章第一节已经做出的阶段性结论。
② 《马克思恩格斯选集》（第1卷），人民出版社，1995年，第9页。
③ 当艺术丧失自己本质之时，艺术与现代性批判之间必然是乌托邦的关系，这时的艺术不但无法承担现代性批判之任务，相反，它还会与现代的形而上学本质保持着最内在的联系，保持着最为本质的共谋关系。

第二章 艺术与真理——法兰克福学派艺术理论研究的思想基础

起批判的任务。

那么,艺术与历史之间是否具有本质的关联呢?这里需要提防的是日常生活对问题本身所具有的那种强大的无坚不摧的消解力。因此,情形时常是这样的:此问题一经提出,便异常迅速地回落到日常的思维方式中,回落到那样一种惯常的"相互作用"的理解中,仿佛艺术与历史是两样东西,然后在这两样东西之间又存在着某种不可忽视的本质的关联。在这样的想法中,问题本身所潜藏的那种异向的努力早已经被化解地无影无踪。其实,如果艺术不能在其本源处就被理解为是一个历史性存在的话,任何提问的意义都将被传统势力所消解。然而,同样的情形总是如影随形地跟了上来,"历史性存在"在其提出之际,就立刻面临着丧失它的品位和高度的危险,面临着被纳入到某种先入之见的危险。因此,一定会有人对此大惊失色地反问道:艺术当然是历史性的存在,这难道不是有目共睹的吗?面对上述诸种情形,我们不得不再次严肃地提出这样的问题:何谓"艺术"?"艺术"的本质到底是什么?

海德格尔通过对艺术作品的本源(即本质之源)的追问而对这一问题进行了深入的阐释,也许它也是迄今为止唯一正面而深入的阐释①,在其"艺术就是真理的生成和发生"②的论断中,本质性地包含了艺术与历史的本源关联。当然,这里的"真理""生成"和"发生"是必须在新的存在论境域(即对形而上学真正形成超越③的境域)中进行重新理解的,而这一阐释工作,即使连海德格尔本人都认为是极其艰难的。他在《艺术作品的本源》一文之附录的结尾处,以这样的话表达了这一困难:一个与本文不期而遇、从未与这一问题视域交汇过的读者,一定无法从"有待思的东西的缄默无声的源泉领域出发"来思考和理解问题的真相;但对于我自己而言,让我深感困难和迫切的是,

---

① 正因为如此,海德格尔关于艺术作品的本源的讲演才在当时成为"轰动一时的哲学事件",而且这一讲演的论题被伽达默尔称为是"激发了一种令人惊异的新的理解性。参见〔德〕伽达默尔:《美的现实性》,张志扬译,生活·读书·新知三联书店,1991年,第96页。
② 〔德〕海德格尔:《林中路》,孙周兴译,上海译文出版社,1997年,第55页。
③ "超越"绝非一种纯粹的抛弃。毋宁说,它乃是一种由对形而上学的真正的思所开启的视域。

如何能够在这条思的道路的不同阶段上,"始终以恰到好处的语言来说话"。① 事实上,海德格尔从不认为自己已经解开了"艺术之谜",他认为自己的思考只不过是在帮助大家认识这个谜而已。②

对于此处不得不着手处理的问题而言,笔者不自信是否可以提供出比海德格尔更为深入有力的对于艺术之谜的解答。本书能够做的,也许只是帮助笔者自己认识这个谜而已。如果仅仅重复海德格尔关于艺术的论断,然后在文章中加以应用,作为自己阐述问题和评判是非的论据,或者进而直接对它进行是非功过的评判,这样的做法与此一问题的深刻程度相比,无疑会显得仓促和轻率,因为正像海德格尔已经指出的,任何仅仅从外部与这部作品的不期而遇,必然无法设想和解说事情的真相,因为它从未深入过有待思的东西的缄默无声的源泉领域。可见,与急切地要对艺术本质做出回答相比,潜入艺术那静默幽暗的本质之源才是更为迫切的。因此,追寻海德格尔思想的脚步,努力将自己与他一同保持在思的道路上,与之一起进行思的劳作,体味思的艰苦运作,已经成为一件必然的,同时也是必须的事情。所以,虽然本书下面将要展开的偌大篇幅只不过是对海德格尔思的跟随,一板一眼,缺少时代所要求的那种独立性和创新性,但此一工作对于思的磨砺和问题的更进一步清晰化来说却大有裨益。可是,即使只是如此这般的亦步亦趋,也已经让笔者处处感到捉襟见肘和心力憔悴了,只好勉强自己尽力言说罢了。

一、艺术作品开启了存在者的存在之真理

到底什么才是"艺术"?当我们这样提问的时候,我们却发现自己是在问一个抽象的问题。因为在现实生活中,我们并没有发现与艺术相对应的客观之物,我们能够看到、听到并触摸到的无非是各种各样的艺术作品以及它们的创造者们。虽然生活中我们也时常将这些艺

---

① [德] 海德格尔:《林中路》,孙周兴译,上海译文出版社,1997年,第70—71页。
② 参见 [德] 海德格尔:《林中路》,孙周兴译,上海译文出版社,1997年,第63页。

作品直接称为"艺术",但这只是个方便说法,其实我们都知道这二者是不可以这样简单画等号的。我们并不认为把世界上所有的艺术作品合在一起就可以获得艺术的概念,同时我们也不认为艺术的概念以其明晰的方式存在于艺术天才的心灵中,以至艺术的本质可以通过心灵哲学或心理学的分析来找到答案。那么艺术到底在哪里?我们要怎样才能谈论艺术而又不被认为是在谈论一个乌有之物?我们于何处才能寻访到艺术的踪迹呢?

海德格尔说,应该从艺术作品那里获得关于艺术本质的答案。然而这里立即出现了无法避免的循环,因为我们知道,我们首先只能从艺术的本质那里才能获知怎样的作品才算是真正的艺术作品。为了避开这样的循环,人类理智决定事先撇开作品而按照严格的逻辑规范去探寻艺术本质,但事实上,这样做恰恰错失了艺术的本质,通过这种方式得来的只能是从自身的要求和原则出发的对于艺术本质的编织和臆想。这是传统美学所走的道路。故此,海德格尔指出,"我们必得安于绕圈子。这并非权宜之计,亦非缺憾。走上这条道路,乃思之力量;保持在这条道路上,乃思之节日"。[①]

然而对于我们来说,"保持在这条道路上"依然是困难重重、充满危险的。因为从艺术作品那里去追查艺术的本质之时,艺术作品所具有的物的因素会立即干扰我们的艺术之思,于是我们在探寻之初好不容易才躲开了的传统美学的思维方式,便会在此处趁虚而入并再次赢得艺术之思的主导权。因此海德格尔提醒我们说,对艺术和作品进行追问的最大阻力来自久已流行的用质料和形式的概念对物进行规定的思维方式:"质料与形式的区分",以及这种区分的"各种不同的变式","绝对是所有艺术理论和美学的概念图式"。[②]

然而,这一善意的提醒究竟在提醒我们什么?是说这种思维方式本身没有问题,只是艺术的分析错误地采纳了这种方式呢,还是说这种思维方式本身就是成问题的?如果说只是艺术理论错误地采纳了这

---

① [德]海德格尔:《林中路》,孙周兴译,上海译文出版社,1997年,第2页。
② [德]海德格尔:《林中路》,孙周兴译,上海译文出版社,1997年,第11页。

种思维方式,那么只要我们放弃它,并重寻一条正确的道路,传统美学的问题就会解决,艺术的本质也会随着这条正确道路的开启而呈现出来。然而正确的道路在哪里?可否有哪条道路真正地逃开了这种思维方式的束缚?海德格尔指出,此种思维方式不仅规定着我们对作品的思考,对物或者器具的思考,它还在最一般的意义上规定着我们对一切存在者的思考,"这种久已流行的思维方式先于有关存在者的一切直接经验"①,甚至人们对于理性与非理性、逻辑与非逻辑、主体和客体的思考和区分也都源于这种思维方式。② 因此海德格尔说,"形式与内容是无论什么都可以归入其中的笼统概念",它具有"一种无物能抵抗得了的概念机制"③。由此可见,道路的重新选择并非一件易事,只要我们怀着足够严肃的态度来对待这一问题,我们便会发现在现有的条件下我们几乎是无路可选的。认识到这一点,我们就会重新对思的凝重保有一份敬畏,并对如雨后春笋般生长起来的关于艺术本质的各种新思想④保持一份警惕了。

那么,难道是我们对待存在者的这种思维方式本身出了问题吗?但在这种思维方式仍然是我们目前思考存在者之存在的唯一的方式这一前提之下,我们又是如何得知它是成问题的呢?在这种思维方式密不透风的统治之中,是否有什么东西着实地出离于这一统治并向我们发送出微弱的启示之光呢?海德格尔指出,这种以质料和形式概念为主导的思维方式最初来源于对器具之器具存在的解释,后来这种解释逐渐地扩大了它的地盘和影响,成了一种占支配地位的解释,成了我们对待世界的基本态度,成了西方思想的历史天命。⑤ 我们对于物、器具、理性与非理性、逻辑与非逻辑、主体和客体、意识和物质、唯心主义和唯物主义等所做的思考均在本质上源出于、因循于这一历史天命。然而,虽然这一质料-形式结构在我们的生活中是如此地具有自明

---

① [德] 海德格尔:《林中路》,孙周兴译,上海译文出版社,1997年,第14页。
② [德] 海德格尔:《林中路》,孙周兴译,上海译文出版社,1997年,第11页。
③ [德] 海德格尔:《林中路》,孙周兴译,上海译文出版社,1997年,第11页。
④ 这里采用了海德格尔对"思"与"思想"的区分。
⑤ [德] 海德格尔:《林中路》,孙周兴译,上海译文出版社,1997年,第15—16页。

性的外观,但是这一外观的自明性本质却从未被认真地反省过:质料-形式结构的这种全面越界和入侵是合法的吗?这种结构在其原始发生的领域(器具的领域)就是一个源初的结构吗?抑或它另有本源?因此,海德格尔暗示到,如果我们能够发现这一结构在器具之器具存在那里就不是一个本源性的结构,那么以此结构为主导的人类对待世界的这一基本态度就会在本质上失去存在的根基,就会被判定为是有问题的和不合法的。然而,我们去哪里获得器具之器具存在呢?作为为了使用和需要所特别制造出来的东西,器具之器具存在难道不是一直以形式加质料的明晰方式矗立在那里吗?我们从何处方能借得一缕光线看穿这一方式,并获知器具事实上是什么呢?

从艺术作品那里,海德格尔如是说。比如凡·高的《农鞋》:"凡·高的油画揭开了这器具,即一双农鞋,真正是什么","这幅画道出了一切。走近这幅作品,我们就突然进入了另一个天地,其况味全然不同于我们惯常的存在"①——在惯常的存在中,我们一直以为器具的器具存在就在于它的"有用性"中,器具正是为了这一"有用性"而被制造出来,因此,器具的本源就在于纯然的制作中,制作过程赋予某一质料以形式。在制作过程中,质料的选择、赋形的活动以及质料与形式结构的统治地位就被建立起来。然而,作品却颠覆了这一惯常存在,它使得惯常的存在异己化、陌生化,并使之形容枯槁。作品将我们拉入另一个世界,我们发觉这个世界才是与我们亲熟的,血肉相连的,是让我们热泪盈眶的、无法承受的存在的世界。于是,在这幅作品中,农鞋远远离开了形式和质料的形而上学的统治结构,向我们开启了另一种存在方式:"从鞋具磨损的内部那黑洞洞的敞口中,凝聚着劳动步履的艰辛。这硬邦邦、沉甸甸的破旧农鞋里,聚积着那寒风料峭中迈动在一望无际的永远单调的田垄上的步履的坚韧和滞缓。皮制农鞋上粘着湿润而肥沃的泥土。暮色降临,这双鞋在田野小径上踽踽而行。在这鞋具里,回响着大地无声的召唤,显示着大地对成熟的谷物的宁静的馈赠,表征着大地在冬闲的荒芜田野里朦胧的冬眠。

---

① [德] 海德格尔:《林中路》,孙周兴译,上海译文出版社,1997年,第19页。

这器具浸透着对面包的稳靠性的无怨无艾的焦虑,以及那战胜了贫困的无言喜悦,隐含着分娩阵痛时的哆嗦,死亡逼近时的战栗。这器具属于大地,它在农妇的世界里得到保存。正是由于这种保存的归属关系,器具本身才得以出现而自持,保持着原样。"①

所以,正是借助艺术作品的一缕幽光,真正的鞋具显现了出来,鞋具进入了"它的存在之无蔽之中"②(希腊人称存在者之无蔽为αληυεια,"真理"),被质料-形式的结构牢牢掌控着的器具及其世界绽出其惯常存在并融化开来,事物按照各自的方式拥有了快慢、远近和千万种姿态。这里,我们必须再一次重申的是,这一质料-形式对器具的统治结构以及在此基础上发展起来的我们对待世界的基本态度(自然也包括我们对待艺术作品的传统美学的态度),即那套根据质料-形式来处理世界的"概念机制"的实质,乃是一种形而上学的机制,因为在这里,质料和形式始终保持着其基本建制的对立和不相融合,并因此构成距离无限遥远的形而上学的两极。因此,艺术作品通过它有限的言说和光亮所撼动的正是这一时代的形而上学统治机制的自明性和合理性。

在这一撼动中,艺术作品不仅颠覆了日常思维坚如磐石的对物的理解信念,即物是以质料-形式的结构为其存在之基础的,而且也通过这一撼动使自己从日常思维的钳制中解脱出来,而"美学对艺术作品的认识"却是"自始就把艺术置于对一切存在者的传统解释的统辖之下"③的。因此,与美学所走的从物到作品的解释路径不同,真正的艺术之思必须走一条从作品到物的解释路径。当然,我们并不是在对传统美学做一个纯然的翻转,如果作品事先就不加考量地被纳入到我们对物的惯常理解中,这一翻转将不会有任何意义。这样来理解的作品依然是以器具的"有用性"方式存在的,于是,作为艺术作品之本质的"艺术"就自然被理解为质料之排除了的形式,无论这个"形式"在各种美学的解释中被叫作什么,它都无法改变这一解释的形而上学

---

① [德] 海德格尔:《林中路》,孙周兴译,上海译文出版社,1997年,第17页。
② [德] 海德格尔:《林中路》,孙周兴译,上海译文出版社,1997年,第19页。
③ [德] 海德格尔:《林中路》,孙周兴译,上海译文出版社,1997年,第23页。

的本质,并因此也始终无法使艺术的真理得到彰显。

因此,我们必须真正地立足于艺术作品的作品存在,并由此出发来探究艺术的真理。唯当此时,作品和物才焕然一新,而我们一直追寻的"艺术的本质"才绽露出它肃穆的容颜。当然,当我们真正立足于这个领域或视界之中时,无论是从作品的角度来理解物,还是从物的角度来看作品,都不会有什么本质的区别,即使采取从物到作品的探究方式,那又有何妨?而当我们一直没有进入这样的视域中时,无论是从物到作品还是从作品到物,其探讨的结果也不会有什么本质的不同,我们只能回到自己的出发点。因此,正像海德格尔指出的,问题的关键之点还是在于:"只有当我们去思考存在者之存在之际,作品之作品因素、器具之器具因素和物之物因素才会接近我们。"①

当然,在我们还未意识到存在问题之重要性的情形下,艺术作品还是保持了它的稍许优势的,这正是海德格尔再三指明和强调的:唯有在艺术作品中,这一切才会被注意到,"通过这幅作品,也只有在这幅作品中,器具的器具存在才专门露出了真相"。②(引文中的着重号为笔者所加)当然,这一"被注意到"将是十分有限的,只是对尚还保持敏锐的心灵来说才如此。然而不管怎样,在这里,艺术和艺术作品之于这个时代的不可或缺性还是以醒目的方式展现了出来。这一不可或缺性就在于,在为这个时代的本质形态奠定了基础的形而上学的统治中,唯有艺术和艺术作品才可能真正地出离于这一统治,它通过让存在者进入其存在之无蔽(即存在的真理)之中而出离于这一统治,世界正是因为与艺术保持了这样一份本质关联,从而才保存了脱离这一统治的一线生机。因此,艺术根本就不是像我们往常以为的那样,只是作为美的精巧易碎的摆设才存在着,因而对生活的艰辛劳作和历史中血与火的斗争来说不仅是孱弱无力甚至是可有可无的,相反,艺术和艺术作品是具有某种超乎寻常的作用的,这样的作用不可以被我们视而不见或做任何降格的理解。还须补充说明的一点是,艺术的这种

---

① [德]海德格尔:《林中路》,孙周兴译,上海译文出版社,1997年,第23页。
② [德]海德格尔:《林中路》,孙周兴译,上海译文出版社,1997年,第19页。

优势实乃是一种历史的优势，换言之，唯有在这个时代，在这个存在的无蔽真理被遗忘的时代，艺术才具有这一优势。恰恰是在这个时代，艺术才获得了独特的地位，才不应该被遗忘。试想一下，在古希腊时代，在艺术与生活浑然不分的时代，艺术怎可能享有这份特殊的荣誉呢？如今，当我们重提艺术之重要性之时，当我们重新伸张艺术的真理之时，我们并不为抓住了艺术的这一点点优势就沾沾自喜，非要把艺术推到时代的宝座上才后快，我们有的更多的是悲伤，为我们所能找到的只是这样一点点的拯救希望，为执迷不悟的人心，为已经失去了太多从而没有什么可以再失去的当下。

现在，让我们总结一下我们的思路。我们从艺术作品的作品存在来寻访艺术的踪迹，在清除了传统的物的概念（即把物规定为具有形式的质料）的干扰后，我们终于发现了什么才是"艺术"，什么才是在作品中发挥作用的、使艺术作品真正成为艺术作品的东西。凡·高的《农鞋》，作为艺术作品的本质，并不在于他惟妙惟肖地描绘了一双农鞋，而在于在这幅作品中，存在者（一双农鞋）"走进了它的存在的光亮里"，"存在者之存在进入其显现的恒定中了"，换言之，"在艺术作品中，存在者的真理被设置于其中了"，唯当此时，作品才成为作品。因此，在艺术作品中真正发挥作用的东西，或者说，艺术作品的本质之源（即艺术的本质）就是"存在者的真理自行设置入作品"。[①] 正是通过这一设置，艺术撼动了我们以流行的物的概念为基础的对待世界的基本态度的自明性，并给予统治这个时代的形而上学以迎头一击。

因此，就艺术的本质来说，它从来就不是什么与真理无关的美的领域（这种美的领域是传统美学的领域，是与真和善三分天下的领域）。艺术是真理的领域，如果说艺术也是美的领域的话，那么并不是因为"美"是造成了人的情感之愉悦的东西，而是因为"美"源于存在之真理的发生，源于自行遮蔽着的存在之被澄亮。当如此这般形成的光亮被设置入作品之时，"美"便发生了。由于美是"无蔽的真理的

---

① [德] 海德格尔：《林中路》，孙周兴译，上海译文出版社，1997年，第19—20页。当然，这里所谓的"存在者的真理"指的是"存在者的存在"，而不是指在"正确性"意义上的对存在者的表象或反映。

第二章 艺术与真理——法兰克福学派艺术理论研究的思想基础

一种现身方式"①,因此"美"在本质上是归属于真理的。

然而,这种不时作为艺术而发生出来的真理本身又是什么呢?② 如果真如字面所讲的那样,真理乃是存在的无蔽,那么真理不就应该是明明白白地袒露在我们的目光之中的一览无余的诸法相吗?若果真如此,那又何谈真理的发生,何谈真理以艺术的方式的发生?此外,作为艺术之本质的"存在者的真理自行设置入作品"又是指什么呢?这里的"自行设置入作品"好像是在说,存在者的真理首先在艺术作品之外发生,然后才被艺术家通过艺术的活动而设置入作品中,就像我们平时以为的那样,农鞋存在的无蔽一直都在,只不过被凡·高捕捉到并表现了出来,而大多数人却都将其忽视和遗忘了。以这种理解为基础,虽然我们依然可以说艺术与真理相关,但却不能说艺术与真理的生成和发生相关,这里的艺术永远只能居于第二层次,位居真理之下。换言之,在这样的作品中发挥作用的依然不是真理的生成和发生,而只是一种真实③。也正因为如此,艺术将不再是一个在其本源处便与历史的真理有本质关联的历史性存在,艺术将因居于真理之下(或者说依附于真理)而永远地失去了作为历史性存在而必需的内在的源泉和动力,换言之,它不再是立于自身的、靠自己的双脚站立着的存在,相反,它的基础在它之外,它要靠别人的恩典生活,因此它是没有历史、没有发展的,并且也配不上"真理的领域"之名。诚然,这时的艺术依然可以参与到历史的斗争中去,但是这一参与一定是失去了艺术之为艺术的品级的,一定是沦为宣传的工具和手段而加以使用的(即使是被正确地使用),一定是臣服于作为主体的主体意志的。因此,对于现代形而上学之于这个时代的统治来说,艺术由于失去了作为历

---

① [德] 海德格尔:孙周兴译,《林中路》,上海译文出版社,1997年,第40页。
② [德] 海德格尔:孙周兴译,《林中路》,上海译文出版社,1997年,第23页。
③ 虽然我们已经认识到,作品所描摹的对象不是存在者,而是存在,但是在此处起作用的依然是真实而不是真理的发生。因为在这种理解视域内,存在必然被我们很不恰当地又思为存在者了,换言之,我们以思存在者的方式去思存在了。虽然存在是不可以被思为对象的,它在本质上抗拒这种思,但是有什么办法呢?在这个时代,有什么能抵抗得了主体性思维的强大机制呢?

史的机制而展开自身的可能性,它便永远不可能给出本质性的抗击形而上学统治所必需的那一具有决定意义的历史的内在冲力,它永远不可能内在于历史天命的自行展开,并与同样在这一天命中展开自身的形而上学的强大统治相遇,与之进行殊死搏斗,相反,它只能等待那个被形而上学统治了的、在它之外与它无本质关联的历史天命的自身展开,然后从中为自己找一处可怜的栖身之所罢了。在这种情形下,以"审美乌托邦"之名来指责法兰克福学派的艺术理论就是再恰当不过的事情了。

在作出了如此的推论之后,我们不得不警醒:当我们对艺术的本质(即"存在者的真理自行设置入作品")做出了这样的理解之后,我们离传统美学的距离到底有多远呢?即使我们在追寻"艺术"的道路上走了这么久,即使我们一直很小心,但是在此处,我们难道不是在本质上又回落到那个我们一直在躲避和批判的形而上学对世界的统治结构中去了吗?由此可见,如果我们不能进一步明白这一作为艺术而发生出来的存在的真理到底是什么,它怎样发生,又是怎样置入作品中的,那么我们对艺术的本质就依然会产生根深蒂固的误解。而在此情况下,我们就依然有跌落回形而上学的可能性,依然不能说我们在这一问题的认识上有什么本质性的进步,进而,艺术所被赋予的现代性批判的历史使命就自然会落空。

二、艺术与存在之真理的本质同一

有鉴于此,我们现在将不得不对艺术的本质再作追问,对那个作为艺术而发生出来的真理的本质再作追问。此次追问的目的,在于为艺术所担当的真理的事业(即对现代形而上学进行批判或者说对现代性进行批判)奠定基础和开辟空间。唯当此一基础和空间被设置和开启之时,艺术与真理之间的本质渊源才能被清晰地呈现出来,艺术的批判之路才会变得明朗,那无处不在的可能的倒退才会被更充分地意识到并加以避免,从而"艺术是否能成为一个本源因而必然是一种领先,或者艺术是否始终是一个附庸从而只能作为一个流行的文化现象而伴生"① 才能获得最终的判决。

然而,什么才是作为艺术而发生出来的真理的本质呢?这一问题不仅是在问被艺术本身开启出来的领域即存在之真理的领域究竟是怎样的一个领域,这一领域与形而上学的真理的领域具有怎样的本质不同;这一问题同时也是在问,而且是在更为紧要的意义上在问,为什么存在之真理会"出于其本质的基础而牵连于一作品"②,"什么是能够作为艺术而发生,甚或必须作为艺术而发生的真理"?③ 说得更明确些,也就是在问,为什么存在的真理在本质上必然作为艺术而发生?"何以有艺术?"④ 此种对同一问题的接连两次的发问并非一种无意义的重复。虽然这两次发问在其本质境域上是内在贯通的,即都是在问无蔽真理的发生机制,但是对这一本质境域的澄清却必须经由这两次发问方能廓清界限并开启出自由的空间。

(一)被艺术开启出来的作为"无蔽"的真理

海德格尔通过对凡·高《农鞋》的分析而向我们指明,艺术作品之所以能成为艺术作品,换言之,艺术作品的本质之源,乃在于在艺术作品中有存在之真理(无蔽)的发生。然而存在的真理(无蔽)又是什么呢?虽然就其本质而言,我们一直依于"无蔽"而居,我们一直身处无蔽之中并与这种无蔽亦步亦趋,但是这并不表明我们就对它了如指掌。相反,对于现时代的我们而言,存在的真理一直是一个隐蔽在晦暗之中,并始终是不为主体所经验的居有事件(Ereignis)。若不是借助艺术作品的一缕幽光,若非心灵中尚还保存着的一点敏锐的洞察,被晦蔽着的存在之真理的威力是无论如何都无法击中我们并将我们带入这一无蔽的澄明中的。但是即使是现在,即使在我们已被在作品存在中闪耀着的存在之真理的耀眼强光击中并唤醒之际,强光却依然使我们失语,我们发现要言及这个真理并言尽它的无限丰富性是如此的困难,我们发现我们依然没有作好充足的准备以保持在思"存在

---

① [德]海德格尔:《林中路》,孙周兴译,上海译文出版社,1997年,第62页。
② [德]海德格尔:《林中路》,孙周兴译,上海译文出版社,1997年,第44页。
③ [德]海德格尔:《林中路》,孙周兴译,上海译文出版社,1997年,第41页。
④ [德]海德格尔:《林中路》,孙周兴译,上海译文出版社,1997年,第41页。

之真理"的道路上。而只要我们还未将自己保持在思的道路上，我们就往往会把"无蔽"思得太过肤浅，表达得太过粗陋和简单，并由于这种肤浅、粗陋和简单而使存在的真理再次跌入晦暗之中，因为在我们还未完全摆脱日常思维习惯（即表象性①的形而上学的思维方式）的情况下，我们总是会以思"存在者"的方式去思"存在"，于是乎，存在就必然变成在本质上与存在者一般无二的东西，存在的真理也相应地成为我们一向思及的存在者的真理的一个变种，艺术也必然在这样一种思的方式中离弃历史的本源之位而变成附庸，变成再现真理的工具，并因此不再保持为真理的源始发生。由此可见，作为存在之真理的无蔽究竟是什么，它是如何不同于存在者的真理的，它如何在其本质上就优先于存在者的真理并因此成为本源的真理，这些对于我们所要澄清的艺术的本质来说，就成为性命攸关的事情了。

正如海德格尔所言，"真理"是"一个崇高的、同时却已经被用滥了的、几近晦暗不明的字眼"。② 之所以说它是一个"晦暗不明"的字眼，乃是因为我们对"真理"的本质的知识和言说长久以来一直被"置入对真理的一个派生本质的探讨中"。③ 在这一派生的本质中，真理指的是一种"符合"，是陈述与事情的符合一致，即所谓的"正确性"。于是，真理便具有了它的对立面——非真理，即不符合，不正确性。当我们捕捉真理的纯粹本质的时候，我们一定是把作为真理的对立面的非真理撇在一边的。

然而，为什么说"符合"乃是真理的派生本质呢？虽然我们对符合论真理是再熟悉不过的，但是只要我们真诚地面对这个问题，我们就不得不说，这种"符合"并不是自明的，因为毕竟，陈述和事情是两个本质不同的东西，它们之间根本不存在可比性，因此，"陈述如何能够通过守住其本质而与一个它者——物——适合"呢？④ 可见，"符

---

① 这一借用海德格尔对形而上学之本质的界说，即主体—表象的结构，我们将在下面进行阐述。
② ［德］海德格尔：《海德格尔选集》，孙周兴选编，上海三联书店，1996年，第214页。
③ ［德］海德格尔：《林中路》，孙周兴译，上海译文出版社，1997年，第35页。
④ ［德］海德格尔：《海德格尔选集》，孙周兴选编，上海三联书店，1996年，第218页。

第二章 艺术与真理——法兰克福学派艺术理论研究的思想基础

合"是需要基础的,如果"符合"的内在可能性无法被确定,我们一直坚信不疑的真理的本质便遁入虚无。那么,在我们的日常思维中,我们把符合论的真理的本质到底理解为什么呢?海德格尔指出,关于事情的陈述通过把这一事情表象(vorstellt)出来而把"自身"系于这一物①,因此可以说,我们通常所理解的符合论真理的本质乃是以"表象的正确性"②为基础的。但是,"表象性陈述从哪里获得指令,去指向对象并且依照正确性与对象符合一致?何以这种符合一致也一并决定着真理的本质?而先行确定一种定向,指示一种符合一致,诸如此类的事情是如何发生的"③呢?海德格尔认为,这类事情只有这样发生才是可能的,即"这种先行确定已经自行开放而入于敞开之境,已经为一个由敞开之境而来运作着的结合当下各种表象的可敞开者自行开放出来了"④,换言之,"要是事实本身不能出于遮蔽状态,要是事实本身没有处于无蔽领域之中"⑤,事实就不可能显示自身,符合也就不可能发生。由此可见,"敞开之境"或曰"无蔽"才是在正确性意义上的真理之本质的基础,真理的更为源初的本质乃是"无蔽"。

然而,用"无蔽"代替"符合"("表象的正确性")来标识真理的本质难道仅仅是因为无蔽是表象真理得以可能的基础和敞开领域吗?如果我们不清楚作为基础和敞开领域的"真理"与表象真理之间具有何种不同的本质,处于何种关联之中,如果我们不明白为何真理的本质必得在"无蔽"一词中道出,那么我们就仍然仅仅是在真理的解释方面变换了一个名称而已。因此,问题依然在于,"无蔽"究竟意指什么?

海德格尔说,对思而言,无蔽乃是所有东西中被遮蔽最深的东西,但同时也是规定着一切在场者之在场的东西;只有当知识自身所指向的东西首先是无蔽的,同时这一"指向某物"的活动得以发生的领域

---

① [德]海德格尔:《海德格尔选集》,孙周兴选编,上海三联书店,1996年,第219页。
② [德]海德格尔:《林中路》,孙周兴译,上海译文出版社,1997年,第35页。
③ [德]海德格尔:《海德格尔选集》,孙周兴选编,上海三联书店,1996年,第220页。
④ [德]海德格尔:《海德格尔选集》,孙周兴选编,上海三联书店,1996年,第220页。
⑤ [德]海德格尔:《林中路》,孙周兴译,上海译文出版社,1997年,第35页。

也是无蔽的，以及使命题与事实能够符合的东西，也必须是无蔽的时候，我们才能够得出所谓正确的观念，否则我们将一事无成。①

"无蔽"并不是由我们的"表象"创造出来的东西，作为"规定着一切在场者之在场的东西"，"无蔽"乃是超出表象思维的最初者和决定者。但是，无蔽之为最初者，绝对没有"原始之物的草创特性"，原始之物因为没有内在原则因此是尚未成形和无将来的②。作为"最初者"的无蔽的性质是在其作为决定者的本质中得到完成的。作为决定者的最初者（"无蔽"）通过为一切后来者设置了自由的空间而必然决定性地越过一切后来者。③

现在我们已经知道，"无蔽"不是由我们的理智制造出来的东西，它由于"规定着一切在场者之在场"而在本质上是最初者和决定者。但是我们是否可以通过表象的方式来获得我们对这一最初者和决定者的理解呢？就像我们平时以这种方式来获得对一般存在者的理解那样？答案是否定的。因为如果表象适宜把握"无蔽"，那么按照"表象"的形而上学的本质建构④，即被表象把捉到的只能是由表象自身先已设定的东西，"无蔽"就不得不由于在本质上与表象本质的内在一致而必然离弃其作为决定者和最初者的本源之位。换言之，"无蔽"成了和"表象"一般无二的东西，那么我们试图用"无蔽"来取代"表象"以标识出真理之本质的努力就变得毫无意义。因此，只要"无蔽"依然持守在自行展开的决定者和最初者的本源之位，"无蔽"就必然无法进入"表象"的眼帘，把"无蔽"本身的存在方式提供出来并对之进行表述的工作对"表象"本身来说就始终是无力承担的。当然，"表象"自不量力地硬是擅用其"自我性"来把捉"无蔽"乃是在现代普遍发生着的事情。而且，按照海德格尔的说法，这乃是人类历史的一切不幸中最最不幸的事情，它意味着对存在的被遗忘状态（即对"无蔽"的遮蔽）的遗忘，意味着存在的被遗忘状态的自行巩固和完成。但是即使

---

① [德]海德格尔：《林中路》，孙周兴译，上海译文出版社，1997年，第35—36页。
② [德]海德格尔：《林中路》，孙周兴译，上海译文出版社，1997年，第60页。
③ 参见[德]海德格尔：《林中路》，孙周兴译，上海译文出版社，1997年，第60页。
④ 关于表象的形而上学本质，我们在之后的章节还会讨论。

这一最最不幸的事件（即"无蔽"之被表象把捉）已经命运般地成为"无蔽"的命运之际，这一"表象"对"无蔽"命运的掌控也依然出自"无蔽"真理的自行展开，而在此过程中，"表象"所未能把捉到的依然是"无蔽"的真理如何将"表象"带入这一命运并在这一命运中使之完结的秘密。

在"无蔽"拒绝并排除了"表象"把握它的可能性，并因此占据了决定者和最初者的地位的时候，"无蔽"还是无法仅仅凭着这一点就成为真正超出表象思维的决定者和最初者的。因为如果这一决定者和最初者自身仍然以"表象"的方式给出它对其他存在者和符合论真理的规定并从而使自己成为基础的话，那么"无蔽"必然在这一过程中将自己巩固为另一个形而上学的主体，并因此使无蔽的真理牢牢地奠定在"表象"的基础之上，从而使自己归属于表象的真理，而不是相反。而相应的，那一作为这种"无蔽"而发生出来的艺术也就必然会在本质上根源于现代形而上学的基本建制并受制于现代形而上学的统治，因而无法构成对现代形而上学的真正的反动。由此可见，作为最初者和决定者的"无蔽"，必然要以非"表象"的方式行使它的决定权，方能成为超越现代形而上学之建制的真正的决定者和最初者。

然而，非表象的方式是哪样一种方式呢？换言之，"无蔽"的发生机制是怎样不同于"表象"的？由此看来，问题的关键首先还在于澄清"表象"的本质。海德格尔指出，早在笛卡尔的形而上学中，"存在者就被规定为表象的对象性，真理被规定为表象的确定性"。之后，包括尼采在内的整个现代形而上学，始终走在由笛卡尔所开创的这条道路上。[①] 因此，按照海德格尔的观点，"表象"乃现代形而上学的本质标志，是现代的本质标志。但是"表象"难道不是我们最熟悉不过的经验之事吗？它不就是一种对存在者的知觉吗？这种知觉缘何而成为决定形而上学之本质的事件？当我们仅仅停留在对"表象"的如此理解和界定而不继续追问之时，我们就永远错失了对表象之本质的认识，因此也远未把握到作为现代之基础的现代形而上学的本质。

---

① ［德］海德格尔：《海德格尔选集》，孙周兴选编，上海三联书店，1996年，第896页。

为了更清晰地标识出"表象"的本质,海德格尔区分了现代人的"表象"和希腊人对存在者的"觉知"(vernehmen)。海德格尔认为,"觉知"虽然也关涉到作为我的"人",但是这样的"人"并非现代形而上学意义上的"一般主体",它并不是"从某个孤立的自我性(Ichheit)出发来设立一切在其存在中的存在者都必须服从的尺度"①,相反,这样的"人"是"逗留于无蔽领域的范围内"②的,并由这种逗留而使得对存在者的觉知植根于存在的要求和规定,因而归属于存在。与此同时,如此这般被觉知的存在者也并非是由这一"觉知"才获得了存在的规定,存在者乃是"涌现者和自行开启者",当它遭遇到进行觉知的人的时候,它实际上遭遇到的乃是"由于感知在场者而向在场者开启自身的人"③。因此,海德格尔指出,与其说存在者"是通过人对存在者的直观——甚至是在一种具有主观感知特性的表象意义上的直观——才成为存在者的,不如说,人是被存在者所直观的东西,是被自行开启者向着在场而在它那里聚集起来的东西。被存在者所直观,被牵引入存在者之敞开领域中并且被扣留于其中,从而被这种敞开领域所包涵,被推入其对立面之中并且由其分裂标识出来——这就是伟大的希腊时代中的人的本质"④。应该说,这样的"人"和这样的"觉知"在我们的日常生活中并未完全绝迹,但它们却已不再是这个时代立身于其中的东西,即不再是决定这个时代本质的东西,它们已经决定性地失去了其存在的基础和世界,因而只是作为人的瞬间在生活中闪现着。而那作为现代之本质标志的"表象"却是与此意义上的"觉知"完全不同的东西。

"表象"虽然也是一种看,但是这种观看却不是从存在者的自行开启和自行涌现处而来的观看,而是"把现存之物当作某种对立之物带到自身面前来,使之关涉于自身,即关涉于表象者,并且把它强行纳

---

① [德]海德格尔:《海德格尔选集》,孙周兴选编,上海三联书店,1996年,第915页。
② [德]海德格尔:《海德格尔选集》,孙周兴选编,上海三联书店,1996年,第914页。
③ [德]海德格尔:《海德格尔选集》,孙周兴选编,上海三联书店,1996年,第900页。
④ [德]海德格尔:《海德格尔选集》,孙周兴选编,上海三联书店,1996年,第900页。

入到这种与作为决定性领域的自身的关联之中"①。在这样一种结构中，存在者在具有表象和制造作用的人的"摆置"中存在着。②"摆置"不是对对象的"自行解蔽"，而是对对象的"捕捉和掌握"。因此，在"表象"中，存在者不再是由自身而来的在场者，存在者唯通过"摆置"才使得自己获得作为"存在之镜象（Spiegel des Seins）"的持存。③ 在"表象"对存在者进行摆置的同时，"表象"也把自身突显为一种"挺进着、控制着的对象化"，这种"对象化"将表象者立身为一切存在者（亦即客体、对象）的尺度和中心，立身为"主体"。作为"主体"的"表象"实施着对存在者整体的支配，这一支配由于首先将摆置者自身保持为在先者而使得对象决不可能首先由自身而在场。可见，"表象"褫夺了存在者的存在，阻断了无蔽真理的开启，它由于首先把自身确立为真正确定的东西，确立为真理的本质，确立为先于一切而固定不变的东西，从而使自己成为与存在的真理本质不同的自我确证的一般主体（Subjectum）。

与"表象"出于其形而上学的"主体"力量而对他者的支配和摆置不同，"无蔽"虽然是决定者和最初者，但却不是形而上学意义上的"主体"，因此，它必得以非主体的方式给出它对一切在场者之在场的规定方能居于真理的本源之位并持之不堕。然而，"非主体的方式"又是怎样的方式？当我们试图对此种方式进行理解时，我们难道不是依然面临着跌入种种思想陷阱的危险吗？当问题被追问到此处的时候，我们发现"无蔽"对于我们依然是模糊不清的。上述种种思想的努力只不过是在为"无蔽"不断地廓清界限，扫除障碍，以防止在现代思想的驱迫中，"无蔽"从其真理的本源之位的坠落。至于"无蔽"如何居有真理的本源之位这一事，我们至今仍未能通过我们的思考为之开放出空间。使我们更为尴尬的是，在我们觉得自己仿佛已经到达思考的终点的时候却仍旧一无所获。但是我们上述的辛劳真的是毫无成果

---

① ［德］海德格尔：《海德格尔选集》，孙周兴选编，上海三联书店，1996年，第901页。
② ［德］海德格尔：《海德格尔选集》，孙周兴选编，上海三联书店，1996年，第899页。
③ ［德］海德格尔：《海德格尔选集》，孙周兴选编，上海三联书店，1996年，第902页。

的吗？海德格尔的箴言给了我们无限的鼓励：

唯当其无能于道说

那必归于无言之事，

运思之道说

才静息于其本质所是中。

这一无能将带领运思

正视其事情。①

换言之，只有当思想在不断地反抗自身并发现自己无能于道说之时，思想才"处于向另一个开端的过渡之中"②；在历经千辛万苦之后，思想才真正地把自己引领到人迹罕至的存在的道路上，听命于尚未被倾听过的存在的邀请。

对于无蔽真理的正面阐述，海德格尔是颇费周折和气力的。而对这一阐述的领会和倾听，同样使我们觉得费力，并且要时时警惕日常思维的先入之见对这一领会和倾听的阻断。到目前为止，我们只是从否定的方面知道了，无蔽之真理从来都不是某种确定性的真理，因为"确定性"（Gewissenheit）的真理，亦即表象（Vorstellen）的正确性，必然出自形而上学的一般主体，必然以形而上学的一般主体的确立为前提。但是无蔽不是什么"主体"，无蔽也不是什么与"主体"相对应的"客体"或"受造物"。身为决定者和最初者，无蔽以一种不同于"主体"自立的方式（即以不同于意识的自我确定的方式）而立于自身存在着。那么，是不是说，无蔽的真理是以某种非确定性的方式发生的呢？然而，"非确定性"依然没能将思想引领入"无蔽"的堂奥。

海德格尔说，"无蔽"是一种"敞开之境"，是为存在者（包括主

---

① ［德］海德格尔：《海德格尔选集》，孙周兴选编，上海三联书店，1996年，第1161页。
② ［德］海德格尔：《演讲与论文集》，孙周兴译，生活・读书・新知三联书店，2005年，第84页。

体及其主体性、客体及其客体性)"允诺出它们的本质"的东西①。但这一允诺之境"决非一个拉开帷幕的固定舞台"在等待存在者来表演②。也非事先就已现存,然后"再在某个地方把自身安置在存在者中"③。相反,情形倒是这样的:作为"无蔽"的真理即是"遮蔽"④,真理在本质上即是非真理(Un-wahrheit)。总之,在真理的本质中贯穿着无蔽与遮蔽、真理和非真理的对抗,这一对抗被海德格尔称为"原始争执"。⑤可以说,"原始争执"才是"无蔽"真理的本质。

海德格尔的上述命题着实对我们的思维构成了挑战:"无蔽"与"遮蔽"、"真理"和"非真理"要怎样被放在一起言说才不会玷污真理事业的严肃和伟大,才不会沦为一种诡辩?如果真理的本质就是一种对抗和争执,那么这种对抗和争执如何才能为存在者开放出一个光亮的领域和敞开的空间呢?情况难道不常常是与此相反的吗?对抗总是使光明变成混乱的黑暗,争执总会让空间变得紧迫和局促。因此,作为"无蔽"真理之本质的"原始争执"究竟是怎样的一种争执才能使"无蔽"居于真理的本源之位?我们该如何理解"争执"的这异乎寻常的"原始"性方能探入"无蔽"真理之堂奥?

海德格尔指出,如果我们把"无蔽"("真理")与"遮蔽"("非真理")的争执理解为"两个不同的、仅仅被推到一起的事件",而不是将它们理解为"一和同一者"(Eines und das Selbe)⑥,我们就会错失

---

① [德]海德格尔:《演讲与论文集》,孙周兴译,生活·读书·新知三联书店,2005年,第282页。
② [德]海德格尔:《林中路》,孙周兴译,上海译文出版社,1997年,第38页。
③ [德]海德格尔:《林中路》,孙周兴译,上海译文出版社,1997年,第45页。
④ 海德格尔指出,遮蔽以双重方式在存在者中间起着作用。一为作为拒绝的遮蔽,另一为作为伪装的遮蔽。作为拒绝的遮蔽"不只是知识的一向界限,而是光亮领域之澄明的开端",只要我们对存在者还只能说"它存在",这种存在者就作为一种拒绝而遮蔽自身,它尚未进入光亮领域的澄明中;作为伪装的遮蔽存在于光亮领域之中,由于"存在者蜂拥而动,彼此遮盖,相互掩饰,少量阻隔大量,个别掩盖全体",所以存在者能够伪装自己,以假象迷惑我们。但是遮蔽究竟是拒绝还是伪装,我们简直是无从确定的。因此,"遮蔽"掩饰和伪装自身。(参见[德]海德格尔:《林中路》,孙周兴译,上海译文出版社,1997年,第37—38页。)
⑤ 参见[德]海德格尔:《林中路》,孙周兴译,上海译文出版社,1997年,第38—39页。
⑥ [德]海德格尔:《演讲与论文集》,孙周兴译,生活·读书·新知三联书店,2005年,第294页。

"无蔽"成其本质的方式。以这样的方式理解的争执远不是作为真理之本质的"原始争执"。它由于是两个东西之间的斗争,一会是一方,一会是另一方支配着斗争的走向,因而它必然失去"一和同一者"的高贵品质而成为一种分歧、争辩意义上的"紊乱和破坏"①;"紊乱和破坏"绝不是"原始争执"之"原始"性的本质涵义。但是,作为"原始争执"的"一和同一者"也不是在下述意义上被言说的,即决不是说"真理根本上是谬误",也不是说"'真理(按:无蔽)从来不是它自身,辩证地看,真理(按:无蔽)也总是其对立面'"②;这里的"同一"由于先已入于一种二元格局而不能不在它的虚假的辨证运动中沦为一种诡辩。当我们在这种意义上来言说真理即谬误或真理总是其对立面的时候,我们除了在以一种简单的方式做着重复外,我们并没有说出更多的东西,我们并没有在我们貌似深奥的断语中绽现出使"争执"成为"原始"的"一"的令人惊讶的质朴之物。相反,在这一诡辩的精灵般的自我旋转中,"争执"的"原始"终归沉寂。

可见,"原始争执"由于必须保持其"同一者"的本质因而不能是带有"紊乱和破坏"性质的分歧、纷争;同时,"同一者"又由于其本质的"原始争执"性而不能是纯粹的自我同一或自我相对。换言之,"原始争执"既不是互不相干的对立之物的空洞的交织和纠缠,也不是"一"的纯粹的自身等同。那么,"争执"的作为"同一者"的"原始"性具有怎样的存在论视域呢?我们该如何理解这既是"同一"又是"争执"的真理之本质,才能入于由"同一"和"争执"构筑起来的真理的内在之境的质朴和苍茫呢?抑或当我们说真理乃质朴和苍茫之时,我们便已经在不知不觉中略微经验到了"无蔽"那久已掩蔽的神秘了。

这一使"无蔽"真理成其本质的"原始争执",这一在"无蔽"与"遮蔽"之间的那种"最切近的近邻关系",被海德格尔表达为"热爱"(φιλει)。③ 作为"热爱"的争执绝不会让争执者在争执的过程中愈来愈

---

① [德]海德格尔:《林中路》,孙周兴译,上海译文出版社,1997年,第33页。
② [德]海德格尔:《林中路》,孙周兴译,上海译文出版社,1997年,第38页。
③ [德]海德格尔:《演讲与论文集》,孙周兴译,生活·读书·新知三联书店,2005年,第295页。

第二章 艺术与真理——法兰克福学派艺术理论研究的思想基础

相弃相离,而是使它们"纵身于质朴的恰如其分的亲密性之中"①。于是乎,争执才愈演愈烈,愈来愈成为争执本身,成为"同一者"。但是,海德格尔指出,"热爱"的本质决不仅仅在于无蔽与遮蔽的相互不排除,决定性的东西乃在于,无蔽"倒是需要遮蔽,才能作为解蔽(Ent-bergen)而本质地现身"②。换言之,"热爱"绝对不是一种漂浮不定的没有原则、没有界限、没有光亮、没有法度的沉迷无度,相反,"热爱"是有它的法度和原则的,唯有"热爱"才使得"一方赐予另一方自己的本质"③,从而争执者双方才"相互进入其本质的自我确立中"④。"这种本身相互的恩赐"乃是"热爱"的本质,"同一者"由此才在这种无蔽和遮蔽的相互转让的喜好中保持了它的本质丰富性。⑤

由此可见,由"热爱""原始争执"所提示出来的"无蔽"真理的发生机制是在本质上超越和出离于形而上学的基本建制的,它与形而上学之"主体"的存在方式根本不同。它从来不是一种"纯然现存的状态",也不是一种"自我意识"为了"确定性"的寻求和持守而在自身内部的纯粹的、永不停息的旋转。相反,它"是一种发生"⑥。但此一"发生"不是一种在本质上同样归属于形而上学的漫漫无边、混沌不开的弥漫之发生,而是一种遵守着形而上学所无法经验到的"热爱"的原则和"原始争执"的法度的发生⑦。此一"热爱"和"原始争执"使得在"发生"中有着争执双方由于"投入于本己存在之渊源的遮蔽了的原始性中"⑧ 而获得的源自这一渊源的本质的自我确立。因此,当海德格尔指出作为真理本质的"无蔽"只有作为"遮蔽"才发生出来,

---

① [德]海德格尔:《林中路》,孙周兴译,上海译文出版社,1997年,第33页。
② [德]海德格尔:《演讲与论文集》,孙周兴译,生活·读书·新知三联书店,2005年,第297页。
③ [德]海德格尔:《演讲与论文集》,孙周兴译,生活·读书·新知三联书店,2005年,第296页。
④ [德]海德格尔:《林中路》,孙周兴译,上海译文出版社,1997年,第33页。
⑤ [德]海德格尔:《演讲与论文集》,孙周兴译,生活·读书·新知三联书店,2005年,第296—297页。
⑥ [德]海德格尔:《林中路》,孙周兴译,上海译文出版社,1997年,第38页。
⑦ 这里的"原则"与"法度"都不是在"自我意识"之"确定性"的范围内被使用的。
⑧ [德]海德格尔:《林中路》,孙周兴译,上海译文出版社,1997年,第33页。

"否定属于作为无蔽的真理之本质"① 的时候,我们唯有立于这一被新开启出来的"无蔽"真理的存在论境域方能真正明白:为什么"遮蔽"否定"无蔽"却没有阻塞"无蔽",反倒使"无蔽"发生,为什么"遮蔽"对"无蔽"的否定不是一种要加以清除的缺憾反倒是一种本质的成全,为什么在成全了"无蔽"的真理之后,"遮蔽"并没有被驱逐反倒入于"无蔽"真理的法度,并立身于无蔽真理的本质之中了。

正是由于"无蔽"真理的本质乃是这种作为"热爱"着的"争执"的"原始"发生,而相互恩赐的热爱又使得争执者获得其本质的确立,于是,"无蔽"的真理才能够为存在者的存在提供出光亮和空间,才能够让在者作为在者存在,才能够让斗争者作为斗争者出现,而不是相反地让空间闭合,让光亮黯淡,让世界陷入混乱的无度。因此,海德格尔毫不为过地对这一"斗争"的地位做了这样的评说,"这一斗争绝不是以神或人的方式展开的战争",它先于一切神与人而起到主宰作用,唯这一斗争才筹划了并发展了一切的闻所未闻者,说所未说者与思所未思者,唯这一抗争"才让地位、身分与品级都摆出来在场。……世界就是这样对立出来的"②,我们遇到的每一存在者无一不"遵从在场的这种异乎寻常的对立"③。

当然,无论是"热爱""原始争执",还是"同一者"或者"发生",都没有穷尽存在之真理的质朴和丰富,都只是对"无蔽"真理的存在论境域的一种原则性提示。但是这星星点点的提示却由于其难能可贵地守护在存在真理的近旁而成为我们继续探寻艺术本质的可靠的路标。

希望我们对存在之真理("无蔽")所做的这些澄清工作不会被认为是烦琐和迂腐的。我们在阐述的过程中绕来绕去,小心翼翼地做着各种区分(因为所有在与非在的区分都不是大白于天下的),无非是想找一条最切近的通往存在之真理的道路。我们反复掂量着哪样一种方式才最大限度地减少了思想对存在的扰乱和趋迫,从而才能使存在的

---

① [德] 海德格尔:《林中路》,孙周兴译,上海译文出版社,1997年,第38页。
② [德] 海德格尔:《形而上学导论》,熊伟等译,商务印书馆,1996年,第61—62页。
③ [德] 海德格尔:《林中路》,孙周兴译,上海译文出版社,1997年,第37页。

真理如其自行涌现和自行开启那样向我们呈现出来。我们所有的努力动向都来自于我们深知形而上学对这个世界的无处不在的渗透和控制，正如海德格尔所言，它贯穿在一切知、行与说中①。

（二）艺术与作为真理的"无蔽"：艺术是真理的生成和发生，是真理的源始发生

通过对凡·高油画的提示，我们已经看到在作品中有存在之真理的"生发"（Geschehnis），即"存在者在其存在中的开启"。② 并且正是由于在艺术作品中，存在之真理已被设置于其中，艺术作品才真正成其为艺术作品。因此，海德格尔指出，艺术的本质"就是自行设置入作品的真理"③。

但是，对于艺术本质的这一指认依然只是一个暂时性的指认，它在其本质内涵的呈现上依然是模糊不清的。虽然，我们在这里已经不再将设置入作品中的"真理"看作是对现实事物逼真的"模仿"和正确的"反映"意义上的"真理"，而是将之看作"存在的真理"，但是这样的"真理"是如何置入作品中的呢？存在之真理的"自行设置入作品"是指存在的真理被作品模仿和反映，以至于作品只是盛放存在之真理的盒子和表现存在之真理的工具吗？这是我们在不经意之间就会产生的想法，是关于艺术的最普遍的想法，也是被这个时代的形而上学本质所规定了的想法。然而，存在之真理的如此这般的"设置入"是可能的吗？这难道不是只有在我们对存在之真理进行了抽象的理解④之后才会产生的对艺术的错误的想法吗？

既然如我们已经分析过的那样，存在之真理是作为"热爱"和"原始斗争"意义上的"发生"，而不是什么具有确定性的物品或理念，那么"模仿"和"反映"意义上的"置入"对于作为"发生"的真理来说就基本上是不可能的；因为"存在"不是有，而毋宁说是"无"

---

① ［德］海德格尔：《形而上学导论》，熊伟等译，商务印书馆，1996年，第95页。
② ［德］海德格尔：《林中路》，孙周兴译，上海译文出版社，1997年，第22页。
③ ［德］海德格尔：《林中路》，孙周兴译，上海译文出版社，1997年，第23页。
④ 这一理解的抽象性就表现在：以为存在依然是在者，是像存在者那般存在着，而不是把它理解为"无"。

(Nichts)，是"对存在者的纯粹的不（Nicht）"①，因此也就无物可以被艺术模仿和反映。但是以一种非模仿和非反映的方式发生的存在之真理的"置入"是怎样的呢？到目前为止，这种方式都还未曾被我们真正地"思"过，我们的日常所思总是被"模仿"和"反映"的形而上学观念牢牢霸占着。因此，这一"置入"必定大有问题、大有讲究。如果这一"如何置入"在我们对艺术本质的追问中始终没有成为问题，始终没有映入我们眼帘的话，那么艺术的本质就始终是与我们隔膜的。伽达默尔在同样的意义上谈起此一问题的重要性："至于真理如何在它（按：作品）里面显露，这是应予思考的唯一问题。"②

既然作品不是承载真理的盒子，那么作品在这一"真理"的置入过程中扮演何种角色？作品在何种意义上对真理以及真理的"置入"具有重要意义？换言之，这一真理的"自行设置入作品"是必然发生的吗？当然，存在之真理的"设置入作品"对于作品之成为作品来说是必然的，作品的作品存在唯赖此一"设置"方才成其本质（wesen）。但是反过来说，这一真理的"设置入作品"对于"存在之真理"之成为"存在之真理"也是必然的吗？也就是说，它在成就了作品之作品存在的时候，是否也同时成就了存在之真理的存在本身了呢？若果真如此，那么这一"设置入作品"就不仅关系到我们对艺术本质的理解，而且也同样关系到我们对存在之真理的更为本质的理解了。

为此，海德格尔对这一"自行设置入"提出了"最彻底的发问"："一种与诸如某个作品之类的东西的牵连（ein Zug），如何处于真理之本质中？"③为什么存在之真理会"出于其本质的基础而牵连于一作品"④？为什么存在的真理在本质上能够作为艺术而发生，甚或必须作为艺术而发生？换言之，"何以有艺术"？⑤如果"艺术"（即真理自行设置入作品）与真理本身的牵连只能被判为偶然的、外在的，因而是

---

① ［德］海德格尔：《林中路》，孙周兴译，上海译文出版社，1997年，第55页。
② ［德］伽达默尔：《美的现实性》，张志扬译，生活·读书·新知三联书店，1991年，第103页。
③ ［德］海德格尔：《林中路》，孙周兴译，上海译文出版社，1997年，第41页。
④ ［德］海德格尔：《林中路》，孙周兴译，上海译文出版社，1997年，第44页。
⑤ ［德］海德格尔：《林中路》，孙周兴译，上海译文出版社，1997年，第41页。

第二章 艺术与真理——法兰克福学派艺术理论研究的思想基础

可有可无的,那么艺术便只能是盛放真理的盒子和表现真理的手段,它在本质上就不居有真理之位,不占据真理的领域。它将不会在我们的历史性此在中成为一个本源,因而也必然不能成为一种为历史奠定基础的"领先"。在这种情况下,"审美乌托邦"的提法就在所有的意义上都成为无可厚非的了,艺术只能是一个附庸,无论是作为流行的文化现象这样的附庸,还是作为真理的附庸,情形都不会有任何的改变。

然而这所有的关于艺术之本质的判定都不是随我们的主观意愿而定的,都不是单凭我们就可以决定或改变的。海德格尔说:"一切全在于真理的本质中。"① 我们在前一部分的研究中所获得的关于存在之真理的那些"原则性提示"为我们避开了很多的岔路,那是我们关于艺术本质之追问的可靠的路标。

存在之真理是什么?真理是无蔽与遮蔽的"原始争执",真理是"原始争执"意义上的发生。既然真理是一种发生,那么作为发生的真理和作为发生的真理的发生(或曰真理的实现、现身)是一回事还是两回事呢?这不仅是关系到真理之本质的重要问题,而且也是关系到艺术之本质的重要问题。

海德格尔这样定义"真理之发生",并对这一"发生"作了如下解释:"真理之发生无非是真理在通过真理本身而公开自身的争执和领地中设立自身。由于真理是澄明与遮蔽的对抗,因此真理包涵着此处所谓的设立(Einrichtung)。"② 由此可见,作为发生的真理和作为发生的真理的发生(或曰真理的现身)在本质上是一体的,真理的发生(或曰真理设立自身)在本质上就是真理,是真理的本质,而不是"真理"的某个属性或"真理"的活动。因为当我们说真理的发生乃是真理的属性或真理的活动的时候,我们其实已经预设了实体(即本质)与属性、实体与活动的分离,"发生"因此也不再居有真理的本源之位了。应该说,离开真理的发生,也就不会有什么作为发生的真理的存在。

---

① [德]海德格尔:《林中路》,孙周兴译,上海译文出版社,1997年,第44页。
② [德]海德格尔:《林中路》,孙周兴译,上海译文出版社,1997年,第45页。

不是先有真理自身的存在,然后再有真理的发生(亦即通过某种形式现身),而是"当且仅当真理把自身设立在它的敞开领域中,真理才是它所是"①。

因此,真理之发生,或曰真理自身,就是"真理把自身设立在它的敞开领域中"。然而"敞开领域"是什么?是一个等待真理出场的空场吗?非也。海德格尔指出:在敞开领域中必定有存在者存在,敞开性借此才获得自身的栖身之所和固定性②。可见,在真理把自身设立在某个敞开领域的存在者中之前,真理绝不可能事先存在。正如海德格尔所说,"真理绝非事先在某个不可预料之处自在地现存着,然后再在某个地方把自身安置在存在者中","敞开性的澄明和在敞开中的设立是共属一体的"③。正因为存在之真理的存在与存在之真理的在敞开领域的设立乃是一体的,而敞开领域也终需有存在者之存在才能有所敞开,因此海德格尔说:"在真理的本质中包含着那种与作品的牵连(Zug zum Werk)。"④当然,海德格尔并未将作品看作真理之生成和发生的唯一的方式,诸如国家的建立,本质性的牺牲,思想者的追问等等,也是真理现身运作的方式。但是在所有的方式中,作品方式乃是真理设立自身的一种"根本"方式,"是真理本身得以在存在者中间存在的一种突出的可能性"⑤。

可见,当我们把真理的本质理解为"发生",并且当我们真正地理解了这一"理解"的时候,换言之,当我们并不把这一"理解"当作关于真理之本质的诸多理解中的一种,而是把这一"理解"作为关于真理之本质的唯一正确的理解的时候,作为真理之生成和发生的一种方式的作品就不会被理解为是外在于真理之本质的纯粹的方法和手段,毋宁说,作品自身即是真理的源始发生,而且唯其是真理的源始发生,它才作为作品而存在,真理也才作为真理而出现,并且是真理的首次

---

① [德]海德格尔:《林中路》,孙周兴译,上海译文出版社,1997年,第45页。
② [德]海德格尔:《林中路》,孙周兴译,上海译文出版社,1997年,第45页。
③ [德]海德格尔:《林中路》,孙周兴译,上海译文出版社,1997年,第45页。
④ [德]海德格尔:《林中路》,孙周兴译,上海译文出版社,1997年,第46页。
⑤ [德]海德格尔:《林中路》,孙周兴译,上海译文出版社,1997年,第45—46页。

第二章 艺术与真理——法兰克福学派艺术理论研究的思想基础

出现。关于这一点,海德格尔在谈到作品的被创作存在之特性时曾着重指出:作品的被创作存在不是对"存在事实"的模仿和反映,其特性在于"这一单纯的'存在事实'(factum est)是由作品将它带进敞开领域之中的。也就是说,在这里存在者之无蔽发生了,而这种发生还是第一次",而这"存在者之无蔽"的"第一次"的"发生"所"造成的冲击,以及这种不显眼的冲力的连续性,便构成了作品的自持的稳固性"①。

由此可见,真理之"自行设置入作品"这一行动是具有必然性的,这一必然性始终在真理和作品两个方面发生作用:对于作品之成为作品来说,这一行动是必须的,对于真理之成为真理来说,这一行动也是必须的。因此,真理与作品之间再也不可能是外在地关联着的,而是处于一种实体性的本质关联,或者说,其在源初意义上就是本质合一的。

由于真理之"自行设置入作品"的行动使得作品达到了其本质完成,使得作品作为作品而存在,因此"真理之自行设置入作品"就被我们视为艺术作品的本质之源,我们把它叫作"艺术"。而现在我们又发现,存在之真理恰恰也是通过"真理之自行设置入作品"才真正地生成和发生的(当然不是作为生成和发生的唯一方式),因此,我们认为,上述对于这一"必然性"的论证无非表明了这样一个观点:作为艺术作品之本源的"艺术"也本质必然地成为了真理之本源了。至此,我们终于越过了重重障碍而真正领会了对于艺术之本质的这一论断:"艺术就是真理的生成和发生(ein Werden und Geschehen der Wahrheit)。"② 正如作品与真理的本源性关系一样,艺术,作为作品的本源,其与真理的牵连也绝对不是偶然的、外在的和可有可无的,艺术绝不是盛放真理的盒子和表现真理的手段,它是"真理的生成和发生",而由于这种发生在这里还是第一次,因此艺术便牢牢居于真理的

---

① [德] 海德格尔:《林中路》,孙周兴译,上海译文出版社,1997年,第49页。
② [德] 海德格尔:《林中路》,孙周兴译,上海译文出版社,1997年,第55页。到目前为止,我们通过层层推论所得出的艺术仍然是指参与艺术作品之形成的那种艺术,在这个意义上的艺术与艺术作品乃是本质同一的,作品万万不可理解为是艺术的纯粹载体和方式,而是作品与艺术一样,都是真理的生成和发生,是真理的源始发生。

本源之位,艺术占据着真理的领域。当然这种"居有"和"占据"始终都与那种对现成之物的占据毫不相干,它始终都意味着真理自身的"建立"(Aufstellen)①,是真理的源始发生,与那种作为确定性的真理没有任何关系。

(三) 一个实证性的考察

在做了如此这般的推导之后,虽然我们得出了艺术(作品)与真理之间具有本源性关系的结论,但是这结论却依然显得单薄和仓促。因为这一结论似乎主要仰赖着逻辑自身的推导。在这样的推导中,仍然有些事关艺术之本质的,却未能被我们澄清的问题存在着。

首先,艺术与作品之间的关系始终是我们未加澄清的。艺术与作品虽然在本质上被我们视为同一,但毕竟它们是两个不同的东西:一个是动态的,是真理的自行置入,而且这种动态似乎总是无形的,至少它无法在科学的精密仪器的观测下而被捕捉到;另一个则在绝大多数的情况下都是静态的,是以物的方式呈现的,即使如戏剧这般的动态存在,也总是可以被感官仪器观测到的。那么,我们是在哪种意义上把它们当作本质同一的东西的呢?我们会说,那是因为艺术是作品的本源。但是我们总是过快地在因果关系的意义上理解这一作为"本源"的关系,并在这种理解的基础上而认定两者本质的同一。然而在这样的同一中却只有抽象的同一,因为要么作为结果的一方由于其原因不在自身中而立刻会显得无足轻重②,要么作为原因的一方由于产生了如此的结果就以为自己在这个结果中被解决了。但是在"本源"的意义上所言及的同一却并不是这种抽象的同一,在这种同一的本源关系中,没有哪一方的重要性可以被归并和取消,"本源"的关系要求它们在始终保持其不同的同时而又实现为同一。然而这是如何可能的呢?换言之,作为真理之行动的艺术如何现身于艺术作品的统一体之中,并通过这一"现身"在保持自身的同时又与作品融合呢?因此,在这一"现身"之如何发生未被我们澄清之前,做出"艺术与作品的本质同

---

① [德] 海德格尔:《林中路》,孙周兴译,上海译文出版社,1997年,第45页。
② [德] 黑格尔:《小逻辑》,贺麟译,商务印书馆,1980年,第318页。

第二章　艺术与真理——法兰克福学派艺术理论研究的思想基础

一"的论断就始终显得仓促和草率。

其次，虽然我们通过推导而得出"艺术是真理的生成和发生"，但是在这一推论过程中，"艺术"始终是在我们论证了存在之真理是怎样一回事之后而加在"真理的生成和发生"之上的又一个名称。因此，艺术在这样的定义中好像就只是一个后缀和虚设，它与真理的关系依然显得外在而薄弱。当我们说"艺术就是真理的生成和发生"的时候，如果我们并不真正明白所谓的"真理的生成和发生"是怎样一回事，而这一"生成和发生"是如何在其本质中包含与作品的"牵连"的，并且在与作品的"牵连"中它又是如何在作品中现身的话，那么我们对艺术的本质，对艺术与真理的源始关联的理解，就没有什么本质性的进展，我们只不过是在艺术与真理之间兜圈子，而且仅仅是在词句上兜圈子。然而至今为止，这一"牵连"如何在作品中现身（即作品是如何存在的）这一问题还没有被我们彻底地思考过，因而作为艺术作品之本源的"真理的生成和发生"（即"艺术"）就始终没有在现实的作品中得到落实。

因此，在对艺术与真理的本质关联做了总体阐述之后，如果我们并不想让"艺术是真理的生成和发生"这一命题成为一个外在的论断的话，那么我们就必须回到现实的艺术作品中来发现真理（作为一种行动）在作品（作为自持的统一体）中发挥作用的方式。这不仅是解除上述两个疑虑的关键所在，而且也是真理与作品之间的本源关联能够得到进一步的理解和阐释的内在要求。

由此可见，回到现实的作品中来重新探讨艺术之本质已成为我们的当务之急了。既然一切都要回到现实的作品中来谈论，那么现实的作品是什么呢？什么才是作品之现实性的标志呢？海德格尔说，作品之为作品始终是一个被创造的东西。唯有作品的被创作存在（Geschaffensein），才能把作品之为作品显突出来，如果我们没有把艺术作品领会为是一个制成品，我们就找不到它的现实性。[①] 因此海德格尔认为，必须把对艺术本质的追问重新置于对作品的被创作存在以及

---

① ［德］海德格尔：《林中路》，孙周兴译，上海译文出版社，1997年，第40、42页。

艺术家的创作活动的考察这一基础之上,唯此我们才有可能在这条思的道路上前进,"去达到我们面前所道出的一切的目标"①。

那么,作品的被创作存在何在?

毫无疑问,艺术作品的被创作存在是在艺术家的创作活动中完成的。但是艺术家的创作活动却并不是"以自身为目的来争取的主体的活动和行为"②,而是把存在者如此这般地置入其敞开领域之中的活动,换言之,就是"特地带来存在者之敞开性亦即真理"的活动,而作为这种"带来",创作乃是"在与无蔽之关联范围内的一种接收和获取"③,因此,艺术家的创作活动实际上乃是存在之真理把自身设立在作品中的通道。于是,作品的被创作存在也就从来不是自我意识的挑衅性活动的结果,不是在物质质料的基础上建立起来的符合审美趣味的具有形式美之特征的上层建筑,作品的被创作存在是立足于自身的存在,它仅仅属于由作品本身开启出来的领域。然而作品本身开启出怎样的领域呢?按照海德格尔的说法,这个领域就是真理之生成和发生的领域,是真理的原始争执的领域,作品的被创作存在就是"原始争执"的现身形态。那么作为"原始争执"的真理如何在作品中现身呢?换言之,一种"发生"(Geschehen)是如何立身于作品之固定形态的"宁静"中的?

根据存在之真理的本质规定,"原始争执"不会在作品中"被解除,也不会单纯地得到安顿",而是被作品"开启出来",作品因此成为这种争执的"诱因"。④ 因此,作品的被创作存在并不是描摹,而是建立(aufstellen)。

然而,什么是作品的建立(aufstellen)呢?海德格尔指出,作品的建立不是一种纯然的设置,这种建立与建筑作品的建造、一座雕像的竖立以及庆典中悲剧的表演等这类的建立是完全不同的⑤,这种建

---

① [德]海德格尔:《林中路》,孙周兴译,上海译文出版社,1997年,第50页。
② [德]海德格尔:《林中路》,孙周兴译,上海译文出版社,1997年,第51页。
③ [德]海德格尔:《林中路》,孙周兴译,上海译文出版社,1997年,第46页。
④ [德]海德格尔:《林中路》,孙周兴译,上海译文出版社,1997年,第46、35页。
⑤ [德]海德格尔:《林中路》,孙周兴译,上海译文出版社,1997年,第27页。

立，作为一种"奉献和赞美意义上的树立（Er-richten）"，其本质在于把"在指引尺度意义上的公正性"（亦即一种本质性的法度）开启出来。然而，"指引尺度意义上的公正性"之建立又意味着什么？海德格尔说，这意味着一个世界的形成。因此，可以说，作品的被创作存在首先就在于"建立一个世界"，并"在运作中永远守持这个世界"。①

但是，世界，真的如海德格尔所说，是由作品建立起来的吗？世界难道不是所有我们所知和不知的现存之物的纯然聚合吗？抑或者，在这些物上再加上我们对它们的表象的框架，这样的世界总该可以叫世界了吧！这样的世界根本就与作品无关嘛！然而，这些对世界的朴素唯物论的、经验主义的和先验主义的理解是正确的吗？在这样的理解中，世界的本质要么是质料（物质），要么是形式，要么是质料加上形式。难道质料、形式，或者质料加上形式就是世界由以立身的基础吗？海德格尔说，世界决不是以这样的方式存在的，它比我们自以为是的理解更加完整。世界绝非是矗立在我们面前，可以让我们仔细打量考察的对象，"只要诞生与死亡、祝福与惩罚不断地使我们进入存在，世界就始终是非对象的东西，而我们人始终归属于它"②。

正因为世界并非立于我们身外的对象，因此，作品所展现的世界就不可能是对外部世界的移植和模仿。"一个世界的建立需要作品存在。"③ 海德格尔肯定地说。例如一座希腊神庙，海德格尔分析道：它孤独质朴地伫立在巨岩满布的山谷中，虽然没有描摹任何神的形象，但是却通过敞开的圆柱式门厅而构建出一个神圣的领域。这一领域并非空洞地、虚无缥缈地漂浮在那里，也并非一个可供人类考察的关于神的对象和图景。事实上，正是由于这一神圣领域的开启，"广袤"（Geräumigkeit）才聚集起来，诸神才给出自己的赏罚和决断，万物才拥有了各自的尺度和等级，诞生和死亡、灾祸和福祉、胜利和耻辱、忍耐和堕落才从人类存在那里获得了人类命运的形态。神庙所开启的这个领域正是一个历史性民族的世界。出自这个世界并在这个世界中，

---

① ［德］海德格尔：《林中路》，孙周兴译，上海译文出版社，1997年，第28页。
② ［德］海德格尔：《林中路》，孙周兴译，上海译文出版社，1997年，第28页。
③ ［德］海德格尔：《林中路》，孙周兴译，上海译文出版社，1997年，第29页。

人类历史的本质性决断才发生,我们或者采纳它,或者离弃它,或者误解它,或者重新追问它。① 由此可见,唯有在作品的被创作存在中,世界之本质,亦即那个作为"指引尺度意义上的公正性"才得以显现出来。

因此,我们之所以说作品建立一个"世界",乃是因为作品开启了一个神圣的领域,因为唯待这一领域之开启,本质性的法度和决断才发生,由此才给出一个"时代",才给出一个"世界"。

但是,神圣的领域靠什么得以建立?"指引尺度意义上的公正性"从哪里取得?换言之,神圣的领域把自己建基于何处?我们知道,作品的创作不是自我意识之抽象的主观建构,因此,神圣者及其法度和决断的开启并不出自抽象主体的自我意志。那么,神圣的领域从何处为自己开启自由的空间?正是在这一问题上,海德格尔的"大地"概念显现出它无与伦比的重要意义:它给神圣领域的建立以稳固的依托和可靠的指引,它使得世界与大地的原始争执(真理的发生)成为可能,它使得用形式和质料这对反思概念去把握艺术作品的作品存在的努力成为泡影。海德格尔提出"大地"概念的重要意义也被伽达默尔再三提及:大地决不是艺术作品的质料因素,大地乃是艺术作品的存在规定,在"大地"这一概念中,隐含着一种努力"撇开创作者和观赏者的主体性,独立地去领会艺术作品的本体论的结构"的企图。②

我们仍然以希腊神庙为例。按照海德格尔的描述,神庙在开启世界的同时又把这世界重新置回到大地之中,正是在作品的这一"置回"中,作品制造了大地,换言之,大地在作品中作为家园般的存在基础而露面。正是神庙的屹立显现出岩石那笨拙而幽秘的承载力;建筑作品寂静无声地承受着猛烈风暴的来袭,因此显示出风暴巨大的强力;岩石在阳光的照射下发出璀璨的光芒,由此彰显了白昼的光明、夜晚的幽暗,以及天空的辽阔;神庙的矗立使得看不见的空间昭然若揭

---

① [德]海德格尔:《林中路》,孙周兴译,上海译文出版社,1997年,第25、29页。
② [德]伽达默尔:《美的现实性》,张志扬译,生活·读书·新知三联书店,1991年,第98、103—104页。

了。① 在如此这般的显现中,"大地"并不是作为宇宙观念的一颗行星,也不是作为诸多质料的纯然堆积,甚至也不是作为现成和熟悉的恒定不变的对象,正巧适宜神庙的建立所需要的周围环境。② 情况倒是相反,正是由于神庙世界的建立,大地才作为大地而出现于世界中。因此可以说,唯"作品让大地成为大地"③,只有在没有艺术出现的蛮荒时代,大地(纯然的岩石、海潮、草地或者动物)才是"环境中的掩蔽了的杂群"④,是纯粹质料性质的东西。

总之,海德格尔将"作品回归之处,作品在这种自身回归中让其出现的东西"⑤ 称为"大地"。作品把大地本身带入世界的敞开领域的这一事件,被海德格尔称为作品对大地的制造(Herstellen)。科学以理性的方式从来没能完成对大地的制造。在科学对石头的称量中,石头那阴沉、凝重的负荷早已逃之夭夭,在科学对色彩的波长分析中,色彩的熠熠神采亦从未闪现。因此,海德格尔说,只有当大地尚未被科学式的研究揭示和解释之际,它才显示自身。大地会让任何对它本质的分析和穿透,任何纯粹计算式的胡搅蛮缠在它那里徒劳无功。唯当大地作为本质上不可展开之物被小心翼翼地保持和保护之际,大地本身才显现自身,才澄亮起来。⑥ 执行这一对大地的"保持和保护"功能,从而使大地澄亮和敞开的乃是艺术的创作活动。在艺术的创作活动中,大地并没有在其自身持守、自身锁闭的本性中保持为单一僵化的自我封闭,而是"自行展开出其特有的质朴方式和形态的无限丰富性",比如,唯雕塑家才凸显出石头的冰冷和坚硬,唯画家才使颜色闪耀发光,词语经由诗人的使用才成为并保持为词语。⑦ 因此,"在作品中根本就没有作品质料的痕迹"⑧,作品的物因素实际上就是作品的大

---

① [德] 海德格尔:《林中路》,孙周兴译,上海译文出版社,1997年,第26页。
② [德] 海德格尔:《林中路》,孙周兴译,上海译文出版社,1997年,第26页。
③ [德] 海德格尔:《林中路》,孙周兴译,上海译文出版社,1997年,第30页。
④ [德] 海德格尔:《林中路》,孙周兴译,上海译文出版社,1997年,第29页。
⑤ [德] 海德格尔:《林中路》,孙周兴译,上海译文出版社,1997年,第30页。
⑥ [德] 海德格尔:《林中路》,孙周兴译,上海译文出版社,1997年,第31页。
⑦ [德] 海德格尔:《林中路》,孙周兴译,上海译文出版社,1997年,第31页。
⑧ [德] 海德格尔:《林中路》,孙周兴译,上海译文出版社,1997年,第32页。

地因素，作品绝对不是如传统美学所认为的在物质质料的基础上建立起来的上层建筑。

由此可见，世界是自行公开的敞开状态，世界要求存在者进入它的敞开领域之中，遵守它的决断和尺度，而大地却力求承载自身的持守和自行的锁闭，并坚持把万物锁闭在它的法则里，因此世界和大地之间总是有争执的，总是好争执的。① 但同时，这种争执不是绝对孤立的双方之间的对立，而是要使争执双方不屈不挠地投入于本己质朴的渊源和原始的亲密性中，并由此使得争执"愈演愈烈，愈来愈成为争执本身"②：世界不能脱离大地而存在，它必然把自身建立于大地（一个坚固的基础）之上，因为世界是为一切根本性命运开启境地和道路者；大地也离不开世界的敞开领域，它需要穿过世界而涌现出来，因为大地本身是"在其自行锁闭的被解放的涌动中显现的"。③

艺术创作由于建立了世界，并制造了大地，因此，作品的被创作存在就完成了这一争执。这一"完成"，海德格尔指出，并不是对争执的平息和消除，而是使争执保持为争执，使争执在它的原始亲密性中达到"极致"。在这一"极致"中所显现出来的，不是由争执而聚集起来的"动荡不安"（Bewegnis），相反倒是一种"宁静"④，作品在这一宁静中安立自身的自持。⑤

海德格尔又继续指出，不要按照通常的方式来理解"宁静"，作品所呈现的宁静状态不是排除了单纯位移的那种静止不动，虽然艺术作品常常是不动的，就像我们总是肉眼所见的那些作品一样，或挂在墙上，或矗立在街头和展厅。一般说来，宁静的方式总是随着运动的方

---

① [德] 海德格尔：《林中路》，孙周兴译，上海译文出版社，1997年，第47页。
② 争执的本质我们在上面分析真理的本质之时已经分析过了。
③ [德] 海德格尔：《林中路》，孙周兴译，上海译文出版社，1997年，第32页。
④ 海德格尔对宁静做了这样的诠释：争执中的宁静"决不是排除了自身运动的那种对立，而是包含着自身运动的对立。唯有动荡不安的东西才能宁静下来。宁静的方式随运动的方式而定。在物体的单纯位移运动中，宁静无疑只是运动的极限情形。要是宁静包含着运动，那么就会有一种宁静，它是运动的内在聚合，也就是最高的动荡状态"，"而自持的作品就具有这种宁静"。（参见 [德] 海德格尔：《林中路》，孙周兴译，上海译文出版社，1997年，第32页。）
⑤ [德] 海德格尔：《林中路》，孙周兴译，上海译文出版社，1997年，第33、41页。

式而定的。因此，作品的宁静（即使像音乐、戏剧这样的动态作品也依然在本质上作为一种宁静）之所以不是作为位置移动的极限形式的那种宁静（或曰死寂），完全是因为作品所完成的那一争执，作为一种运动和发生，从来不是什么单纯位置的移动。这种作为争执的运动和发生，在其内在的聚合当中，也就是在其最高的动荡状态中，必端呈为一种宁静。因此，当我们问，真理作为一种发生是如何立身于作品之固定形态的时候，我们其实就已经在错误的方向来追问作品的宁静了，故此才有这样的发问，才有这种发生和固定形态的对立。事实上，只有这种宁静，即作为最高的动荡的宁静，而不是那种物象上所呈现的静止不动的宁静，才是作品所具有的真正的宁静，是真正标识作品的作品存在之本质的东西。因此，正像海德格尔说的那样，作品自身"必具备争执的本质特性"①，作品就是以去实现世界与大地的争执的方式而存在着。②

总之，存在之真理是以世界和大地的原始争执的方式现身于作品中的。原始争执由于"作品运动状态的不断自行夸大的聚集"而被固定于形态中，并通过这一形态而敞开出来，换言之，也就是作品将无不处在这一原始争执中的存在者整体带入无蔽并保持于无蔽中，因此，作为"原始争执"的真理就如此在作品中现身了，一种"发生"（Geschehen）也就这样奇妙地立身于作品之固定形态的"宁静"中了。

由此可见，由于作品的被创作存在乃是对真理之发生的直接开启和完成，因此这一被创作存在就不再是主体意志的附庸：它既不是人用来表达什么或意指什么的工具和手段，不服从于任何外在的主体性目的或有用性，也不是取悦于人类感官或心灵的审美体验的对象，它永远立足于自身，永远只是在自己的存在中绽现出真理，表达着自己，并也在"绽现"和"表达"中将万物和人类卷入无蔽真理的领域，从

---

① ［德］海德格尔：《林中路》，孙周兴译，上海译文出版社，1997年，第46页。
② 这种争执中的宁静，海德格尔有时也将其表达为争执的"裂隙"所具有的"基本图样"。当然，这种作为争执的裂隙并不是让对抗相互破裂开来的裂隙，而是把尺度和界限的对抗带入共同的轮廓之中的裂隙。因此，海德格尔指出，"裂隙乃是剖面和基本图样、裂口和轮廓的统一牵连"，是"形态"（Gestalt），"作品的被创作存在意味着真理之被固定于形态中"。（参见［德］海德格尔：《林中路》，孙周兴译，上海译文出版社，1997年，第47—48页。）

而使万物和人类获得生命，成其本质。同时，正如上文已经讨论过的那样，存在之真理也并非事先在某个不可预料之处自在地现存着，然后再在某个地方把自身安置在存在者中的东西，而是在其本质中就包含着与作品的牵连，因此作品对无蔽真理的直接获取就不是在真理之外的对真理的获取，不是对真理的摹写或反映，而是内在地构成真理之本质，是真理的源始发生。

经过了对艺术作品的作品存在所进行的这一番刻意的寻求与探察之后，我们在前面便已得出的结论（即"艺术乃是真理的生成和发生"）就不再只是一个逻辑推论的结果了，因为"艺术"与"真理的生成和发生"之间那曾经显得十分稀薄的关系获得了本质内容的充实，即真理的发生在艺术作品的作品存在中的展现（作为对世界的建立和对大地的制造和作为世界和大地的争执中的宁静）已经清楚地被我们观看到了。

三、"艺术为历史建基；艺术乃是根本性意义上的历史"

如果我们事先越过上面那些晦涩冗长的讨论，而直接面对海德格尔的"艺术为历史建基；艺术乃是根本性意义上的历史"这样一个观点的时候，我们除了愕然之外，也许不会再有其他任何想法了。因为这一观点似乎根本就不曾给我们留出半点空隙和裂痕，以便于我们旧有的思想触角可以沿着这些空隙和裂痕慢慢向前伸展。面对着这句话，思想似乎顿时虚无起来，我们几乎无法调动我们先天的禀赋或者后天的知识来对它做进一步的思考，一切似乎就这样僵住了。

也许，当我们拥有了深厚的西方人文主义传统的学养之后，我们可以在知识谱系上将海德格尔排在一系列伟大的名字之后，我们会将海德格尔的这个观点看作是对维柯、哈曼、赫尔德、威廉·洪堡、席勒、尼采等人的欧洲人文主义思想传统的继承和发展。但是，这样的排序和连接是思想的真正进展吗？我们以此种方式真的获得了对存在真相的更深领会了吗？海德格尔曾说过："如今人们把一切的一切以最

第二章 艺术与真理——法兰克福学派艺术理论研究的思想基础　　　75

快速和最廉价的途径纳入知识，又同样迅速地忘却于同一瞬息。"① 是的，在建立了这种谱系学的归纳和总结之后，我们发现我们的存在真相依然是这一伟大传统的永久失落。时代已经不可逆地转移了自己的重心，因此，艺术的神话或许也该终结了。在这样的生存真相面前，海德格尔的思考始终是不合时宜的，与现实相脱离的，因此只能被搁置一边，或者作为学术上的闲谈罢了。于是，海德格尔并没有成为我们思想前进的基石，他未曾对我们的心灵有所触动，我们以最快的速度将他纳入到知识中并同时将他遗忘，我们绕开他，继续走着自己的路。

但是也许，我们在此处可以幸免于难。通过思想本身的不辞劳苦、亲力亲为，通过前面所做的如此事无巨细的论证和反复推导（虽然不算十分成功），总算有一些重要的线索显露了出来，以至于思想的陈规陋习无法再将它们轻易抹去，否则便成了自欺自愚。而这些线索，也成为我们开启海德格尔这一神秘言说的钥匙。

通过对艺术作品的作品存在的分析，海德格尔指出了作品的被创作存在所具有的独特品质，这一品质是同样作为人的制造物的器具之器具存在所不具有的，那就是在作品的作品存在中有真理的发生；与此同时，这一作为无蔽的真理，基于它独特的存在机制（即"真理唯有通过把自身设立在某个存在者之中才得以现身"），而使得它自己必然"出于其本质的基础而牵连于一作品"②，换言之，真理必在这种与作品的牵连中才将自身展现出来，真理唯出于这种牵连才发生。因此，可以说，在其中有真理发生的那些艺术作品，必然不可能是对现成的存在者或现成的真理的再现和复制，真理在作品中的发生乃是第一次发生，"存在者之无蔽发生了，而这种发生还是第一次"，"大地与世界的争执在作品的形态中固定下来，并通过这一形态才得以敞开出来"③。

确实，作为艺术家的阿尔布雷希特·丢勒曾经说过一句非常著名的话，似乎与此观点相反："千真万确，艺术存在于自然中，因此谁能把它从中取出，谁就拥有了艺术。"（"取出"这里意味着画出作为原始

---

① ［德］海德格尔：《海德格尔选集》，孙周兴选编，上海三联书店，1996年，第1232页。
② ［德］海德格尔：《林中路》，孙周兴译，上海译文出版社，1997年，第53、44页。
③ ［德］海德格尔：《林中路》，孙周兴译，上海译文出版社，1997年，第49、53页。

争执的裂隙）海德格尔对此的反问是："如果裂隙并没有事先作为尺度与无度的争执而被创作的构思带入敞开领域中，那么，裂隙何以能够被描绘出来呢？"事实上，无蔽之真理在作品中才第一次发生，诚然，在自然中隐藏着裂隙及其"可能生产（Hervorbringen-können），亦即艺术"，但同样肯定的是，这种隐藏于自然中的艺术，因为是原始地隐藏在作品中，因此唯有通过作品才能显露出来。①

既然，作品对于真理的开启是第一次，从现存的和惯常的事物那里是看不到真理的，那么，艺术对于无蔽的真理而言就是一种"创建"。②"创建"这一概念在海德格尔那里乃是对艺术的本质构造的一个重要概念，因为这一概念将直接导向对艺术的历史性本质的界定。但是令人遗憾的是，海德格尔对此着墨不多，而且他坦言相告，自己在这篇文章中对"创建"的揭示只是"寥寥数语的勾勒"。③ 到底是受主题和篇幅所限不方便展开，还是问题本身的晦涩使得海德格尔认为难以言说，我们就不得而知了，但无论怎样都给我们造成了理解上的困难。在围绕"创建"而展开的相关论述中，我们能够比较清晰地领会出的意思大概有两点：第一，"创建"不是什么。海德格尔指出，现代主观主义直接曲解了创造（das Schöpferische），创造绝对不是骄横跋扈的主体的天才活动④。第二，"创建"既来源于"无"，又绝非来源于"无"。由于艺术的创建活动决不从流行和惯常的东西那里获得其赠品，因此可以说，艺术的创建源出于"无"〔"无"（Nichts）在此意指对存在者即惯常的现存事物的纯粹的不（Nicht）〕。同时，"创建"也"决不是通过进入虚空和不确定的东西中来实现的"，毋宁说，它是对历史性的此在已经被抛入其中的大地的开启，是对"历史性此在本身的隐秘的使命"的开启，是一种"汲取"和"建基"意义上的创建，因此它又并非来源于"无"。⑤ 海德格尔上述的种种说法无非是要表明，艺

---

① 〔德〕海德格尔：《林中路》，孙周兴译，上海译文出版社，1997年，第54页。
② 〔德〕海德格尔：《林中路》，孙周兴译，上海译文出版社，1997年，第59、55、59页。
③ 〔德〕海德格尔：《林中路》，孙周兴译，上海译文出版社，1997年，第59页。
④ 〔德〕海德格尔：《林中路》，孙周兴译，上海译文出版社，1997年，第59页。
⑤ 〔德〕海德格尔：《林中路》，孙周兴译，上海译文出版社，1997年，第59—60页。

第二章 艺术与真理——法兰克福学派艺术理论研究的思想基础

术对真理的创建活动既是第一次,是一种开端和领先,同时这种开端又不是无源之水、无本之木。

同时,海德格尔也指出,必须将这种"开端"与原始之物的草创特性加以区别。原始之物是没有将来的,因为它没有创立和开启一种原则性的领先,并因此不能从自身中持续地释放出什么①,它不是历史性的存在。而艺术由于将存在者的存在敞开出来,在这种敞开中包含了"阴森可怕之物亦即与亲切之物的争执的未曾展开的全部丰富性",因此,"艺术"就在其本质上成为历史性的了,"作为创建的艺术本质上是历史性的"。② 这里的"历史性"不是指外在意义上的艺术在时间变迁中所不断呈现出来的以供历史学研究的出现、变化和消失的历史景象③,而是就艺术具有"创建"性和"领先"性而言的"历史性"。正是由于艺术是创建和领先的,是真理的源始发生的,艺术才成为历史性的。在这里,历史性的意思始终意味着作为历史的本质之源。

正是在这种作为开端、作为领先和作为创建的意义上,海德格尔得出结论说,艺术为历史建基。行文至此,我们似乎可以告一段落了,因为至少在逻辑上,我们终于将结论推导了出来。回头看看整个的推导、论证、分析的过程,这一结论的得出还真是不易。而这个结论本身所要表达的意思,似乎也很清楚明白,我们对此再无疑义。

然而,海德格尔总能在我们内心感到舒畅与满足的时候出其不意。他提醒我们,到底何谓"建基"? 我们平时所理解的"建基",无不是在存在者意义上的 A 对 B 的建立基础。但是,由于艺术绝对不是一个存在者,甚至艺术作品也不可以说它是一个存在者意义上的存在,因此,此处的"建基",由于必须遵循艺术的本质,同时也就是遵循作为历史之展开的无蔽真理的本质,是不可能按照因果建制来发生的,换言之,创建不是艺术和历史之作为两个东西之间的一种作用。这种作用,既违反艺术的原则,也违反历史的原则,它只是人类理智一厢情

---

① [德] 海德格尔:《林中路》,孙周兴译,上海译文出版社,1997 年,第 60 页。
② [德] 海德格尔:《林中路》,孙周兴译,上海译文出版社,1997 年,第 61 页。
③ [德] 海德格尔:《林中路》,孙周兴译,上海译文出版社,1997 年,第 61 页。

愿的想法罢了，虽然我们似乎从来都是这样来理解的。假如是以这种思维方式为前提的话，我们不得不说，对海德格尔"艺术为历史建基"这一论断持否定和批判的态度，要比对之进行附和和赞成的态度，来得离真理更近一些呢。

那么，艺术对历史的建基作用，到底是怎样发生的呢？海德格尔对此是这样描述的：虽然艺术的作用在于将存在者带入其敞开之境，并由此而本质性地造成一种"冲力"，此冲力不仅通过作品的立身实存撼动了惯常的现存事物所具有的那种普遍意义上的真理，而且还将我们移出寻常和平庸，并移入这种敞开性，这意味着，它改变着我们的观念和认识，改变着我们的行为习惯和评价立场，改变着我们与世界和大地的关系，以便逗留于在作品中发生的真理。但是，非常令人惊奇的是，在整个的过程中，作品产生作用的方式不是一种基于因果关系的活动，而是"存在者之无蔽状态（亦即存在）的一种源于作品而发生的转变"①。

简单来说，艺术对历史的建基作用正是奠定在这种"源于……的转变"的机制之上的。"源于"并非是"作为……的原因"。若将这种"源于"的作用机制说得更明白些的话，能够做到"源于"乃是因为"艺术在其本质中就是一个本源"，或者说艺术在其本质上就是历史的，即是具有存在特性的原始的起作用者，因此艺术才可能成为"一个民族的历史性此在的本源"。②

如果我们事先按照传统美学的路向，一开始就将"艺术"抽离出历史本源的领域，将艺术理解为是为了让人类能够产生审美愉悦之情感状态的生产和制作，并因此艺术作品就成了主体的情感状态的激发者（作为客体）的话，那么这种艺术显然无法像海德格尔所言的那样为历史建基。硬要坚持这种艺术能够为历史建基，必然落入"审美乌托邦"的口实。③ 这种意义上的艺术及其作品，基于其被建立的主体——

---

① ［德］海德格尔：《林中路》，孙周兴译，上海译文出版社，1997年，第49、50、56页。
② ［德］海德格尔：《林中路》，孙周兴译，上海译文出版社，1997年，第61页。
③ 由此可见，对"审美乌托邦"的评价，无论是赞同还是反对，都不是最关本质的，也不一定是从根本上就相互对立的。这两种相反的态度常常分享着相同的形而上学前提。

第二章 艺术与真理——法兰克福学派艺术理论研究的思想基础

客体的形而上学基本架构,只能作为另一个存在者(一个非历史的存在者①)来对历史发生作用,换言之,它只能以外在的相互作用的机械方式对历史发生作用。而通过这种方式,通过将艺术排除出历史本源领域的方式,因此也就是通过将艺术逼入非历史领域(这一领域一定属于自我意识的领域)的方式,历史就必然地成为对于艺术来说无法承担的负重,正像它同样已经成为了"自我意识"无法承担的负重一样。(在今天的理解框架中,历史的根基只在于经济生产了。然而,我们又真正理解生产的本质吗?)

但是真正的艺术从来就不是以这种方式作用于历史的,它是在"源于"的方式上,或者说是在与历史本源相同的方式上(因为艺术本身就是"根本性意义上的历史","是真理进入存在的突出方式,亦即真理历史性地生成的突出方式"②)才为历史建立基础,它基于自己的本源而将历史自行带出。这一对现代形而上学的思维方式而言百思不得其解,并将其斥为"审美乌托邦"的"为历史建基",对艺术来说,根本就不构成困难。可见,"审美乌托邦"的由来并非出自艺术的本质,而是出自一般形而上学的知性思维对艺术本质的错误理解,对艺术与历史之间关系的错位的理解。这种理解只懂得存在者意义上的机械性质的因果关系,并以此测度世界上的一切关系。因此,当它将这种关系安放到艺术与历史的关系上时,"艺术创造历史"这样的观点就自然显得过于浪漫和异想天开了。于是人类理智兴高采烈地庆祝自己的发现,它严肃地批判艺术的越权,批判艺术的妄想。然而,终究这一批判所能批判到的只是人类理智自身的狭隘眼界,因为艺术的源于自身的存在,以及历史的源于艺术的转变,对于这种理智来说是始终无法理解的,这种"存在"和"转变"是同它所看到的实际生活的一切明摆着的事实相矛盾的。

另一方面,当我们说艺术为历史建基时,当历史源于作品而发生转变时,这一被建立的"历史"也根本不是通常意义上所理解的作为

---

① 并不是说这一存在者没有外在的变更的历史,而是说其本质是无历史的,其内在之中没有变化的根据。
② [德]海德格尔:《林中路》,孙周兴译,上海译文出版社,1997年,第61、62页。

过去发生的事情之总和以及它们在时间上的顺序的历史，或者说，不会是一种在存在者意义上的历史。海德格尔指出，这种在"世内照面的东西"始终是"次级具有历史性的"，而流俗的历史概念恰恰"依循这种次级的历史事物制订方向"。① 而"首要的具有历史性的"所谓真正的历史，或者说，艺术将自己作为一个本源而奉献于其中的历史，乃必然是以真理的发生为基础的，亦即以存在者整体进入其存在的敞开领域为基础。这种"进入"过程并非是一如纯粹自然般的无声息的扩大和生长，而是必然包含着对无蔽领域之开启的领会、建立和投身于其中的。海德格尔有时又用"命运"一词标识历史的这一"源始历事"②。因此，"历史"的本意在海德格尔看来乃是这样的："历史乃是一个民族进入其被赋予的使命之中而同时进入其捐献之中。历史就是这样一个进入过程。"③ 唯有这种意义上的"历史"，方才是被"艺术"建立基础的历史，是需要艺术不遗余力地献身于其中的历史。对这一历史的洞彻是我们对所有历史问题进行理解和研究的前提。

通过上述阐释，通过对于流俗的艺术观和流俗的历史观的批判性澄清，"艺术为历史建基，艺术乃是根本性意义上的历史"这样的观点也许就不再显得突兀和无法理解了。如果简单地进行总结的话，那么海德格尔的逻辑基本上是这样的：艺术之所以能够为历史建基，是因为艺术是真理的源始发生，是立于自身并通过自身的存在，是自始至终的起作用者和强力行事者④。换言之，艺术本身就是历史性的，它与历史在本质上是同构的，而历史之所以能够通过艺术的方式而加以创建，乃是因为历史本身无非就意味着存在者整体进入其敞开性的建基，历史的发生机制和艺术的发生机制是相同的，因此历史并不是外在于艺术的东西。

---

① ［德］海德格尔：《存在与时间》，陈嘉映等译，生活·读书·新知三联书店，1987年，第448页。
② ［德］海德格尔：《存在与时间》，陈嘉映等译，生活·读书·新知三联书店，1987年，第453页。
③ ［德］海德格尔：《林中路》，孙周兴译，上海译文出版社，1997年，第61页。
④ 这样的用语出自海德格尔：《形而上学导论》，熊伟等译，商务印书馆，1996年，第151—152页。

第二章 艺术与真理——法兰克福学派艺术理论研究的思想基础

以此逻辑为前提,我们不难推断,不仅艺术能够为历史建基,而且只要是在本质上具有与艺术相似的那种历史之存在特性,或者说只要其本身就是本源性质的东西,便都能够为历史建基,即历史必定源出于此,源出于此才进而发生转变。在海德格尔看来,除了艺术活动之外,"建立国家的活动"、"本质性的牺牲",还有"思想者的追问"等,都是真理设立自身的方式。① 只要这样的"根本性意义上的历史"发生之际,就会有一种冲力进入历史之中,历史才得以开始。

从这一点我们可以看出,海德格尔并不像很多人所以为的那样文艺腔十足。即使在他给出了诸如"艺术为历史建基"这样匪夷所思的论调之后,也不能证明他对现代社会问题的分析以及应对就是浪漫主义的、不切实际的和软弱的。的确,海德格尔总是不厌其烦地强调艺术的伟大,时常毫不吝惜地选择一些至大至尊的词汇极尽夸赞之能。但是,这样的做法从来没有达到过分的地步,因为他始终明白此事的界限:"艺术和艺术作品必然仅仅作为人类的一条道路和一种逗留而存在。"② 也许会有人质疑,海德格尔在后期把大量精力都投入到对诗的阐释中,总是强调诗啊思啊的,那又意味着什么呢?笔者不敢说自己已全部明白这位德国哲人的用意,但是有一点是非常明确的,即此举并非是要把诸如诗歌之类的艺术活动从人类的诸种活动中提取出来加以特殊化和至高无上化,仿佛其他的活动对于真理的澄明和历史的建立而言都是无足轻重的,他的目的只是为了帮助我们唤醒对存在之真理的回忆,以便为历史的重新开启蓄积力量。对诗进行阐释无非是达到此目的的一种方法和通道,是海德格尔所认为的能够彰显存在之真理的便捷通道,同时也是他本人所擅长的一种方式。可以假设,假如海德格尔并不是一位哲学教授,且对诗歌等艺术也无独特的领会,那么他一定会在上述方式中选取其他一种方式,一种最适合他的方式,来表达他对存在之真理的领会。当然同样的,所有这些方式("建国""牺牲""思"等),也都已经远远地超出了流俗的政治观、流俗的宗教

---

① [德] 海德格尔:《林中路》,孙周兴译,上海译文出版社,1997年,第45页。
② [德] 海德格尔:《尼采》(上卷),孙周兴译,商务印书馆,2002年,第90页。

观和流俗的哲学观所能理解的范围和尺度，这些对于各种人类活动之专门领域的记述，其所能观察和着手进行整理的，无非都是这些创建着历史、使历史开始或重又开始的活动（或曰"源始历事"）在创建之后的扩建，这种扩建已经决定性地失去创建者的苍劲有力，实是以数和量为追求目标的无反思状态的蔓延。如果我们不能首先对这一点有所警醒的话，我们对海德格尔思想的理解，并进而对历史存在本身的理解，对真理的理解，就会再度陷入传统形而上学的，或者说现代性的思维框架之中。

至此，海德格尔对艺术本质的言说便暂告完结。虽然海德格尔以如此的雄辩为艺术的本源地位，为艺术对于历史的创建作用做了辩护，但同时他亦知，这样一种沉思是无法勉强艺术及其生成的。① 换言之，艺术依然有可能偏离其作为本源真理的轨道。② 然而尽管如此，海德格尔依然认为对艺术的这种沉思是不可缺少的，因为唯有这种沉思性的知道（das besinnliche Wissen），才"为艺术准备了空间，为创造者提供了道路，为保存者准备了地盘"，并因此也唯有"这种只能缓慢地增长的知道"才能最终做出判决，"艺术是否能成为一个本源因而必然是一种领先，或者艺术是否始终是一个附庸从而只能作为一种流行的文化现象而伴生"。③

可见，海德格尔并没有为艺术设立过什么强行的先天本质。虽然艺术有它的天性，但是这种天性并不会因为它是天生的就必定强大不

---

① [德]海德格尔：《林中路》，孙周兴译，上海译文出版社，1997年，第62页。
② 这一偏离不仅会由于艺术创作的失败而发生，它同样地，甚至是更加经常地会因为艺术的保存领域的丧失而发生。因为艺术的保存与艺术的创作一样，都本质性地属于作品的被创作存在，属于作品的现实性本身，如果没有保存，艺术作品也就不会以作品的方式在场，换言之，艺术作品失去它的世界，因此也失去它的现实性和它的存在本身。在此，保存绝没有收藏保管使之安全之意，保存意味着生存着的人类置身于并意愿逗留于在作品中发生的存在者之敞开性中。因此，海德格尔指出，一旦艺术作品的被创作存在在流行和鉴赏的领域被截获，甚至是在那些对作品做小心谨慎的流传，力求重新获得作品的科学探讨的活动中，作品都不再达到作品自身的存在了，换言之，作品不是在保存的领域中，不是在它的现实存在中，而只是存在于一种对它的回忆中罢了。（参见海德格尔：《林中路》，孙周兴译，上海译文出版社，1997年，第50—52页。）
③ [德]海德格尔：《林中路》，孙周兴译，上海译文出版社，1997年，第62页。

衰,相反,它倒是一直需要小心守护的。因此,切莫以为通过对于艺术本质的这样一种论证,就可以一劳永逸地免除人类的艰苦劳作。事实上,人类从来都不是可以安睡在某种本质上的存在物,人类在历史中所获有的一切,无不是通过这种守护才缓慢地生长起来的。这种守护的最终承担者,始终是我们自身,并且首先就是"思"的不断努力。这种努力通过把艺术作为存在交付给它自己的东西向存在供奉出来,并由此成为一种"行动"。海德格尔指出,虽然"此一行动是最简单的行动",但"同时又是最高的行动,因为此一行动关乎存在对人的关系"。[①] 在这里,海德格尔触及了思或思想的本质作用这一重大问题。可以说,这一问题以它更为紧要和更为关键的地位,将上述所有问题的讨论及其在现实中的展开保持在活力之中,成为它们最后的保障和依托。

四、作为历史的本质性基础的"艺术",即是一个民族历史性此在的社会生活的真实发生

在《艺术作品的本源》一文中,海德格尔对艺术绝大部分的讨论,都是在作为人类活动之一种的艺术实践的范围内来谈论的。但是在文章最后一部分的行文中,当艺术最终被指认为是为历史建基,亦是根本性意义上的历史时,却似乎隐约包含了一种对更广泛意义上的艺术概念的指认,即作为历史本身的艺术,作为历史的本质性基础的艺术。换句话说,当海德格尔将艺术与历史画等号,说艺术就是根本性意义上的历史时,他并不意欲将历史的本质基础缩小至人们普遍所理解的那种艺术活动的范围,相反倒是要用艺术的概念指称历史的本质。历史的本质性基础,根本性意义上的历史,现在被海德格尔叫作艺术了。这两种艺术概念在本质上相同,所不同的只是,前一种艺术概念从相上说,后一种艺术概念从性上说。后者是前者的本源,前者是后者的现象表达之一种。有了后者,才有所谓的人类活动的展开和历史的推演。

---

① [德]海德格尔:《海德格尔选集》,孙周兴选编,上海三联书店,1996年,第358—359页。

有了这样的推测，再从头看这篇文章时就会发现，海德格尔似乎从一开始就在暗示这样一种艺术概念的可能。他在开篇便抛出这样的疑问：到底艺术这个词的意思只能在作品和艺术家的现实性的基础上存在，还是事情恰恰相反，唯当艺术存在而且是作为作品和艺术家的本源而存在之际，才有作品和艺术家？[①] 讲得更为直白点的话，海德格尔是在问，到底是先有艺术家和作品的存在，然后才使得作为集合名词的艺术概念诞生，还是先有了作为本源的艺术的存在，然后才使得艺术家和作品得以出现呢？假如是先有的艺术，那么这时的艺术又在哪里且如何存在呢？当然，这种关于先后的讨论，很容易让人误以为是蛋先还是鸡先的形而上学的无聊问题。但其实海德格尔此处的颠来倒去无非是要提示出一种问题展开的可能空间，一种全新的对艺术本质的理解。

按照这种理解，艺术是无处不在的。作为真理的源始发生，作为立于自身并通过自身的存在，作为自始至终的起作用者和强力行事者，艺术一直都在那里。我们并非只能通过凡·高的农鞋才能明白存在的真理，当心灵冲破理性形而上学的禁锢之后，我们可以直接从那双农鞋中看到存在真理的闪耀，就如同凡·高看到的一样。同理，当凡·高作画时，他并非借助艺术的手法才看到农鞋存在的真理，他所作的，无非是把心灵已经领会到的东西再现出来而已，就如丢勒说的那样，我们看那物本身，看到在自身中憩息的物本身，看到先于所有关于物的概念（作为感觉中的综合体、作为特征的载体、作为质料形式的和一体）的物本身。

现在的问题在于，我们被理性形而上学统治得如此彻底，无论我们的思想观念，还是我们的行为习惯，无论我们的言谈方式，还是我们的社会交往形式，无时无刻不受制于它，同时我们又毫无觉知，我们总以为可以自由地选择什么，自由地决定什么，但所有这一切，无非是自由的假象，是现代话语体系的意识形态。正基于此，作为狭义上的艺术创作，才被海德格尔作为存在之真理的源始发生的最明显的

[①] ［德］海德格尔：《林中路》，孙周兴译，上海译文出版社，1997年，第1—2页。

第二章 艺术与真理——法兰克福学派艺术理论研究的思想基础

方式,从人类的各种历史活动中凸显出来。可见,艺术的特殊地位,并非先天独有,而是因缘造就。这样来理解的话,我们就可以明白,为什么在被形而上学统治如此彻底的西方历史的天命中,艺术作为最后一道曙光,成为诸如尼采、海德格尔、法兰克福学派等一系列思想勇士战斗的最后堡垒。或许,这也是西方思想家们(马克思口中的理论家)对现代性进行批判所能到达的终极境地。也正因为给予了艺术如此崇高的地位和艰巨的使命,对当下的各种艺术形式进行慎重的研究和严肃的批判就成了使命中的重要一环。

第二节 艺术之为感性活动的基本建构 ——对马克思艺术观的重新思考

一

当海德格尔将艺术所昭示的真理世界——艺术之为"真理的生成和发生",之为"一个民族的历史性此在的本源",之为"根本性意义上的历史","艺术为历史建基"——向我们敞开之后,我们遇到的最大困惑和阻碍可能就来自马克思,来自我们多年所受的传统马克思主义的教育:在马克思那里,为历史建立基础的乃是物质生产,是物质生活的生产方式,艺术则是上层建筑,它属于意识和观念的领域,这一领域始终是由物质生产及其生产方式决定的。就其是被决定的来说,艺术以及它所相应的意识领域并非历史性的存在,它们缺少历史性,因此它们并不为历史建基。事实上,马克思始终是在物质(更符合马克思的原话的是"社会存在")与意识、经济基础与上层建筑这样的历史坐标中给艺术以定位。这样的论断几乎已经成了公认的事实,并且也一直是有言为证的。

在《〈政治经济学批判〉序言》中,马克思直接宣称,"物质生活的生产方式"是社会现实的基础和决定力量,它"制约着整个社会生活、政治生活和精神生活的过程。不是人们的意识决定人们的存在,相反，是人们的社会存在决定人们的意识"。当社会生产力发展到一定阶段，从而与现存的生产关系发生矛盾时，社会革命的时代就来了。在考察社会变革时，要区分以下两种变革，一种是生产的经济条件方面所发生的可以用科学的精确性加以指明的物质方面的变革，另一种是人们借以对这个冲突进行意识和克服的那些法律的、政治的、宗教的、艺术的或哲学的形式，即各种意识形态的形式。① 马克思的这一表述一直被认为是马克思对历史唯物主义之"实质"的经典表述，并由此而得到其同行者及后继者们的最广泛的赞誉和支持。恩格斯就曾高度评价过这一"历史唯物主义原理"的重大意义，他说，对于一切历史科学来说，这一原理都是具有革命意义的发现。列宁也特别强调指出，在《序言》里所阐述的原理，为历史这样一个十分复杂又充满矛盾但毕竟是有规律的过程指出了一条研究的途径，并做了周密的说明。②

根据这一经典的历史唯物主义基本原理的表述，很显然，艺术乃是一种"意识形态的形式"。首先需要注明的是，"意识形态"在马克思那里通常有两种用法：一种是贬义的用法，特指那种本身不具有独立性，但却取得了独立性外观的意识，这种意识通过将自身看作永恒的真理，看作所有历史的最终目的而成为虚假的、必须受到批判的意识；另一种则是比较中性的用法，仅仅就意识的观念性质而言，并不带有明显的批判色彩。马克思在这一经典表述中所提到的那种以法律的、政治的、宗教的、艺术的或哲学的等方式出现的"意识形态的形式"，显然是在后一种意义上使用的，是就它们属于意识和观念的领域而言的；因为毕竟，马克思在这里没有说这些意识形态的形式试图抹杀自己的真实本质以取得独立性外观。因此在本节论述中，凡有出现"意识形态"的地方，除非做出特别标注，均是在中性的"观念"意义上来使用的；并且，为了避免理解上的错觉，在适宜的语境中，这后一种意义上的"意识形态"会被"意识"或"观念"这样的表述取代。

---

① 《马克思恩格斯全集》（第 31 卷），人民出版社，1998 年，第 412—413 页。
② 转引自《时代精神的精华——马克思主义哲学原著导读》（中册），余源培主编，复旦大学出版社，1992 年，第 4—5 页。

第二章 艺术与真理——法兰克福学派艺术理论研究的思想基础

现在,我们回过头再来看这一经典表述。很显然,在这里,艺术,作为"意识形态的形式",作为观念的形式,是由"物质生活的生产方式"这一现实的社会经济基础决定的。因此,就艺术之为意识形态的一种形式、一种观念而言,它自身"没有历史,没有发展",与之相同的,也"没有政治史、法律史、科学史等"①,它们都是被决定的。由此看来,在艺术的问题上,马克思与海德格尔之间(仅就这些用语的字面表述而言)似乎确实存在着巨大的差别。而且,不仅是在艺术的问题上,在哲学、政治、宗教等问题上,马克思和海德格尔似乎都存在着差别,因为海德格尔不仅把艺术,而且把建国、牺牲、思等都作为真理的源始发生的方式,它们都是历史性的存在,然而这些在马克思那里,都不过是上层建筑,是由他者决定的东西,是自身缺乏历史性的存在物。

但是,当我们这样指出马克思对艺术的总的观点,并辅之以确凿的证据之后,我们是不是就将马克思的艺术观总结完了呢?是不是通过这样的指证,我们便已经穷尽了马克思对艺术之本质问题的思考了?或者,我们把问题问得更明白些:首先,虽然马克思未曾写过一本关于艺术问题的完整的书或文章,但是他确实也在不同的时期以不同的方式对艺术问题做过一些思考,那么,这一经典表述是否涵盖了这些零散的思考的全部要义?换言之,这不同时期的诸多表述之间是否存在不一致的现象?其次,虽然这段经典表述从字面上来看意思简明扼要,但是我们真的已经完全把握了马克思这段文字中所透露出来的全部意指力量了吗?换言之,我们对这段话思得足够深吗?毕竟,正如海德格尔已经指出的那样,"语言自身的衰败与贫乏"② 已是不争的事实,因此,如果我们不首先对这一衰败和贫乏的现实本身(即我们现有的语言现实,同时也就是我们的现实存在本身)加以反思的话,我们会不会就此造成对马克思这段话的遮蔽和误解呢?再次,如果说,马克思这段经典表述的主要观点确实与其他地方的关于艺术的表述存在着

---

① 《马克思恩格斯选集》(第1卷),人民出版社,1995年,第73、134页。
② [法]F. 费迪耶等辑录:《晚期海德格尔的三天讨论班纪要》,丁耘摘译,载《哲学译丛》2001年第3期。

矛盾，那么，这些矛盾的存在是真实的吗？换言之，这些矛盾的产生是基于马克思思想本身的缺陷，还是基于我们由于"语言自身的衰败与贫乏"的现实而造成的对马克思思想本身的误解呢？

二

事实上，出于对这一历史唯物主义之基本原理的经典表述的过分关注，并且同时又是在一个极其狭隘的意义上的过分关注和肯定，我们曾经犯过极其严重的错误，那就是源自列宁著作的经由日丹诺夫（Zhdanov）在1934年第一次苏联作家大会上加以编纂并最终培育出的斯大林的社会主义现实主义的马克思主义美学之正统。① 从表面上看，这一正统是"严格地"按照这一经典表述的指向来理解艺术的，即"不是人们的意识决定人们的存在，相反，是人们的社会存在决定人们的意识"，但是，他们却对经济基础与上层建筑之间的关系做了简单化的处理，在这种处理中，两者保持着一种机械论的因果关系。从而，这一马克思主义的正统在艺术的问题上便采取反映论的原则，坚持艺术只是经济发展的简单产物，艺术家只是反映与之相应的经济基础，他们同经济基础处在一种直接的机械性的依赖关系当中。由此，这一正统在无产阶级艺术创作的问题上也形成了他们的党性原则，即认为只有展示了公开的政治党性的作品才是有价值的作品，因为它必须对这一党派所代表的经济基础做真实的反映。可见，出于这样的"忠实"解读，艺术成了绝对消极和被动的东西，它既没有自己的历史，也没有自己的真理和正义，它只能成为经济基础以及与经济基础密切相连的政治、法律等上层建筑的仆从和附庸，是它们用来进行统治的工具。

然而，为什么这一正统的显而易见的"忠实"却是犯有极大错误的，以至于它一经产生便遭到了来自卢卡奇等西方马克思主义者们的强烈批判？对此，以卢卡奇为首的西方马克思主义者们给出了这样的

---

① ［美］马丁·杰伊：《法兰克福学派史（1923—1950）》，单世联译，广东人民出版社，1996年，第173页。

解释:诚然,历史唯物主义在经济基础中发现了可以对社会起到规定性的作用和原则,而包括文学和艺术在内的各种意识形态,在社会发展过程中仅仅是起着辅助作用的上层建筑,因此,文学艺术的起源,它们在历史发展中所呈现出的规律性,它们的兴盛、衰亡和转变,都只有借助历史唯物主义所发现的这个基本原则才能得到解释;但是,苏联正统却对马克思的这一正确原理做了教条化的理解,即把社会存在与意识、经济基础与上层建筑之间的决定与被决定的"因果关系"做了简单化、片面化的处理,认为"在这种关系中,前者仅仅是原因,后者仅仅是结果",因此,他们便循着这种无批判的实证主义方向把马克思的唯物史观当成了这种或那种形式的"知性科学",比如"经济决定论"。然而,真正的历史唯物主义从来都不是以这种狭隘的因果关系为基础的,因为这种关系根本不符合社会的辩证本质。按照辩证法的基本要求,在这个世界里,不可能存在单向度的因果关系,即使在最简单的事情里,也充满着原因和结果之间的复杂相互作用,更不要说像社会历史发展这样的复杂过程了。事实上,只有站在这样的历史唯物主义立场上,才可能去理解意识形态的问题,"谁要是把各种意识形态看作形成它们的基础的经济过程的机械和消极的产物,那么他就丝毫没有懂得它们的本质和发展,他就不能代表马克思主义,而只是在丑化它、歪曲它"。① 西方马克思主义者们就是这样给对手以坚决肯定的回击的。

总而言之,卢卡奇等西方马克思主义者是站在辩证法的基本立场之上来对抗苏联正统的僵化解读的。在这种对抗中,他们牢牢地抓住了苏联正统的阐释方案中构成其片面解读之真正本质核心的东西,那就是由费尔巴哈以及18世纪的法国唯物主义所提供的"实体"的原则。在这一原则之上,苏联正统只可能在经验实证主义的立场上来理解马克思所讲的社会的物质基础,并由此完全消解了人的主观方面(作为意识形态的各种形式)的能动性和创造性。换言之,他们对这一社会

---

① 中国社会科学院外国文学研究所外国文学研究资料丛刊编辑委员会编:《卢卡契文学论文集》,中国社会科学出版社,1980年,第275—276页。

的物质基础"只是从客体的或者直观的形式去理解",而"不是从主观方面去理解"①,因此,他们便从根本上忽视了意识形态的诸种形式所独具的特性,以及它们在社会历史的发展中所可能扮演的真理的角色。

与苏联正统的片面解读不同,西方马克思主义者始终强调,唯有将唯物主义的立场与辩证的方法相结合,才能正确领会马克思的艺术思想以及马克思在意识形态(即意识和观念)问题上的基本态度。当然,在试图以"辩证法"来对抗苏联正统的无批判的实证主义倾向之时,西方马克思主义力图避免把"辩证法"仅仅当作唯物主义的纯粹外在的和表面的文饰来加以利用,而是将其作为马克思历史唯物主义之基础来加以阐释;因为他们已经意识到了,一种纯全外在的、不触动根基的"结合",或者说,在费尔巴哈的哲学基地不被触动的前提之下,使辩证法脱开黑格尔哲学的思辨基础而被现成地移置过来并加以结合是根本不可能的,即使将这一辩证法做抽象化、形式化和中立化的处理,将它只是作为一种纯粹的方法来加以结合也是不可能的。② 因此,卢卡奇特别注重马克思取自黑格尔的"总体"范畴,力图用这一充满辩证原则的社会存在之"总体"来阐释马克思在这一经典表述中所说的作为社会之现实基础和决定力量的"物质生活的生产方式",以此取代经济活动在这一社会基础中的绝对优先权和统治地位,"不是经济动机在历史解释中的首要地位,而是总体的观点,使马克思主义同资产阶级有决定性的区别"。③ 在卢卡奇看来,正是由于马克思本人在历史唯物主义的基本原理中并没有抛弃,而是贯彻了辩证法的基本原则。换言之,正因为马克思从来都没有脱离过这一作为总体的历史过程,因此,马克思在他对历史唯物主义之基本精神的阐释中,从来没有否认过其他的人类活动领域,诸如法律、科学、艺术等"有着相对独立的发展",也没有否认过"主观的创造力,主观的活动在历史发展

---

① 《马克思恩格斯选集》(第1卷),人民出版社,1995年,第54页。
② 参见吴晓明:《重估马克思哲学革命的性质与意义》,载《复旦学报》2004年第6期。因为这种抽象化本身就是与辩证法之主旨相悖的,经过如此处理的辩证法只会是一种无原则的诡辩术。
③ [匈]卢卡奇:《历史与阶级意识》,杜章智等译,商务印书馆,1992年,第76页。

第二章　艺术与真理——法兰克福学派艺术理论研究的思想基础

中能起非常伟大的作用",这同样是有言为证的,比如马克思就曾经谈起过"五官感觉的形成是迄今为止全部世界历史的工作",艺术的"一定的繁盛时期决不是同社会的一般发展成比例的"等这样的观点。①

应当承认,以卢卡奇为首的西方马克思主义的早期代表们敏锐地发现了苏联正统之阐释定向上的无批判的实证主义,并对之进行了坚决有力的批驳,他们力图使辩证的方法脱开黑格尔的思辩气息而真正深入到历史的基础中去,深入到社会的总体中去,并由此提供出历史唯物主义由以立足的真实基础,以此确立马克思主义的"正统",这样的眼光及其反拨倾向都是值得肯定的。但是,当他们把马克思对于艺术以及意识形态的其他形式的"真理性力量"②的肯定重新奠定在这个社会存在的"总体"之上来加以阐释的时候,他们是否真的将这个一度被遮蔽了的马克思的历史唯物主义之基础的基本精神带入澄明,并由此比苏联正统更为本质地切近了意识形态的本质真相以及艺术的本质真相了呢?

事实上,虽说这一"总体"主要地被卢卡奇表述为"历史—社会过程的总体"或作为这种总体的"无产阶级"以避开理性形而上学的窠臼,虽说他同时也力图使这一"总体"的辩证性质脱离片面和僵化的因果关系而成为一种复杂的"相互作用",成为一种辩证的总体,虽说他再三强调这种"相互作用必须超出本来不变化的客体之间的相互作用","必须在它同整体的关系中走得更远",必须深入到"事实的历史性质"中去理解,但是以这种方式对"总体"性质的诸多辩明却依然未能真正有力地澄清"总体"的哲学性质,未能给"总体"所力图居有的历史唯物主义的基础以性质上的本质标明,换言之,"总体"在哲学上一直处于"匿名状态"。而在这样的情况下,"总体"就依然还保持在它的神秘性之中,它只不过是一个隐秘的"绝对"或者"上

---

① 中国社会科学院外国文学研究所外国文学研究资料丛刊编辑委员会编:《卢卡契文学论文集》,中国社会科学出版社,1980年,第274、276、277、279页。
② 这里的"真理性力量"是指艺术以及意识形态基于自己的相对独立性(即历史性)而产生的对于社会历史发展的推动作用(无论是向前的推动还是向后的推动),而不是仅仅指认识论意义上的正确反映。

帝",因此,它的基本性质依然还是黑格尔主义的。关于这一点,卢卡奇在1967年为《历史与阶级意识》所撰之新版序言中是承认了的:"我一直是根据我自己的黑格尔主义的解释来阅读马克思的。"该著对异化问题的实际讨论方式,"是用纯粹黑格尔的精神进行的",更加重要的是,这部著作的"最终哲学基础是在历史过程中自我实现的同一的主体—客体"。至于该著对此"同一"本身的变更,亦即将《现象学》的逻辑-形而上学结构实现在所谓无产阶级的存在和意识中一事,则是一种"想比黑格尔更加黑格尔的尝试"。①

由此,我们便不难想象,基于这样的"总体",在马克思的历史唯物主义之基本精神中所包含的对于艺术以及意识形态的主观能动性(即真理性,相对独立性因此也是历史性,对历史的推动作用)的肯定依然还是未得到合理解释的。这样一种主观能动性的根源只是被导回到"总体"之中,并由于"总体"自身的匿名状态而使得这一根源永远滞留在神秘之中,也就是说,以"总体"为基础的历史唯物主义到底是如何生发出这一主观能动性的是依然不被人知晓的。在这种情况下,精神的能动性和真理性,或者说精神对于物质基础的反作用,被旁人领会为马克思精神中的黑格尔主义因素就是再正常不过的了。比如,当代美国文学理论家和文学史批评家雷内·韦勒克就直言不讳地指出:"马克思和恩格斯的文学观点并非是其经济唯物主义理论学说的产物;他们的源泉倒是在于青年德意志和黑格尔派左翼、尤其是阿诺德·卢格的领域。"② 如此一来,马克思的历史唯物主义就始终还是一个矛盾的复合体,它在哲学的基础上必定是二元论的,换言之,物质基础的决定性作用与意识的主观能动性之间在哲学的建制上始终相互冲突。这一冲突虽然被好意地纳入到"总体"之中,但却没有通过"总体"得到合理的说明,并且,从本质上来说,只要我们还未提供出坚实可靠的基础来对这一冲突加以解决,我们就还根本无力对这种将

---

① [匈]卢卡奇:《历史与阶级意识》,杜章智等译,商务印书馆,1992年,第49、62、54、34、17—18页。
② [美]雷纳·韦勒克:《近代文学批评史》(第三卷),杨自伍译,上海译文出版社,1991年,第281页。

第二章 艺术与真理——法兰克福学派艺术理论研究的思想基础

马克思的艺术理论视为黑格尔主义性质的解读施以有效的还击。

总而言之，无论是苏联正统的马克思主义，还是以卢卡奇为首的西方马克思主义的早期代表，都未能妥善合理地解决马克思历史唯物主义中的艺术的身份问题，以及这一问题的扩大化的形式，即意识形态或曰意识和观念的身份问题。当苏联正统把马克思哲学的本质基础导回到前康德的唯物主义基础中去，以至于他们无法应对马克思所说的意识形态的诸形式，特别是艺术的相对独立性，并因此不得不把这一部分隐去以保持理论自身的统一之时，西方马克思主义的早期代表力图拯救马克思哲学中被苏联正统所丢弃的至为重要的"社会存在"的"主观方面"的真理性。但是当他们从"物质生活的生产方式"返回到社会生活的"总体"，并以为通过这样的向更为基础、范围也更为广大的存在本身的返回，便更为本质地接近了生存之真相的时候，他们实不过是将意识形态和艺术这样的观念性存在作为又一股独立的力量硬生生地安插在社会历史的"总体"中，并通过宣布这一力量的唯物主义性质——其用来标榜自己唯物主义身份的，只不过是它承认它会受到那同样身在这一总体中的另一股力量（作为物质基础）的牵制，或者说承认两者是相互作用的——来掩盖它实际具有的黑格尔主义的实质罢了。可见，"总体"并没有将作为马克思哲学之基本精神的历史唯物主义所具有的那种与众不同的本质突出出来，相反倒是一种遮蔽，这种遮蔽以极为隐蔽的方式为黑格尔主义的重新复活大开方便之门。

因此，问题依然存在，而且变得更加尖锐和突出，无论是苏联正统还是西马早期代表，都因未能妥善解决这一问题而充分暴露了其阐释基础中的致命缺陷。这一问题就是，马克思到底是如何定位艺术以及与之密切相关的作为意识和观念的意识形态的？他到底是在怎样的哲学建制中对之进行定位的？如果真像西方马克思主义者所声称的那样，马克思并不否认艺术以及意识形态发展的相对独立性，并不把它们纯粹地当作虚假的或者是被决定的完全消极的东西，而是承认它们的真理性（不是作为正确认识意义上的真理性，而是作为历史性，作为社会历史发展的基础性力量），承认它们在历史中的本源地位，那么，马克思有没有将这一真理性的根据真正地融入到历史唯物主义的绝对基础——作为历史的唯一的真正基础，在马克思那里，始终是指"社会存在"，或曰"物质生活的生产方式"，此外无他——中去呢？"融入到"意味着与这一基础合为一体，而不是作为一个附加物附加上去，也不是通过将这一基础从中间拆散开来，拆成诸种无法相融的因素（比如物质、意识），然后仅仅提取它们之间机械生硬的相互作用而将它们勉强地挤压在基础中以维持其外观的统一性。实际上，这才是问题的关键所在——马克思是否真正实现了这一基础上的融合，这不仅关系着马克思本人在艺术以及意识形态问题上的立场和态度，而且更为本质地关系着马克思哲学的当代性质的判明（如果我们承认马克思的确发动了一场哲学革命，并因此不同于以往所有的哲学，是一种当代哲学的话）。

三

艺术以及意识形态的领域（作为观念的领域）是否是一个具有"真理性"的领域？还是要再三强调，这里的"真理性"并不是就认识论意义上的正确反映而言，而始终是就艺术以及意识形态基于自己的相对独立性或曰历史性而产生的对于社会历史发展的推动作用而言的。事实上，在这一问题上，马克思的态度还是相当明显的。虽然在那段被称为是历史唯物主义基本原理的经典表述中，马克思确实明确地说过艺术等意识形态诸形式是被"社会存在"决定了的，是被"物质生活的生产方式"制约着的，因此"没有政治史、法律史、科学史、艺术史、宗教史等"（这是在《德意志意识形态》第一卷第一章中提到的）。但是马克思依然在其他一些地方，明确承认艺术以及意识形态等观念性存在的相对独立性、历史性，承认它们在社会历史发展中会起到积极的作用，而不是全然的附庸。

比如，在《〈政治经济学批判〉导言》中，马克思肯定了艺术发展的相对独立性："艺术的繁盛时期与社会的一般发展是不成比例的，与作为社会基础的物质生产的发展也是不成比例的，比如，在精神文化上把一个希腊人或莎士比亚同现代人相比，就没有呈现出社会历史发

第二章　艺术与真理——法兰克福学派艺术理论研究的思想基础

展的那种比例。"① 在《英国资产阶级》一文中，马克思更充分肯定了艺术切中现实的深刻性：现代英国的一些小说家，通过自己对社会的卓越观察和描写，所揭示出的世界政治和社会的真相，"比一切职业政客、政治家和道德家加在一起所揭示的还要多"②。在《剩余价值学说史》中，在对"非物质生产领域中的资本主义表现"进行分析的时候，马克思指出非物质领域的生产是如何不同于资本主义的生产：非物质领域的生产（即使当它仅仅为纯粹交换而进行生产时，也就是说，当它纯粹生产商品的时候）分两种情况，一种情况是生产出来的是有形商品，具有使用价值的商品，比如书、画等一切可以脱离艺术家的艺术活动而独立存在的产品，在这种情况下，资本主义的生产方式"只是在很有限的规模上被应用"，例如，一个学者在编一部需要很多人共同收集资料来完成的百科全书时，会对其他助手造成剥削，但在大多数情况下，这种剥削"还只局限于向资本主义生产过渡的形式"，马克思甚至进一步肯定地说，"这种关系同真正的资本主义生产方式无关"；另一种情况是同生产行为不能分离的劳动产品，比如演员、教师、医生、牧师等等的劳动成果，在这种情况下，"资本主义生产方式也只是在很小的范围内能够应用"，例如，一名教师，他和学生之间的关系是非资本的，对于他的雇佣者老板来说，他才是生产工人，演员对于观众来说，是艺术表演者，对自己的雇主来说，是生产工人。但即使这样，在这个领域中所表现出的资本主义生产，"同整个生产比起来是微不足道的"，可以完全不用理会。因此，马克思毫不隐晦地说，资本主义生产往往是同某些精神生产部门的生产，比如艺术和诗歌的生产，相敌对的。③ 可见，不仅是艺术本身，即使是艺术的生产领域，都还不是完全归属于资本主义生产方式的，还不是完全受经济基础支配和决定的，按照马克思的说法，资本主义的生产方式对艺术生产的影响始

---

① 《马克思恩格斯选集》（第 2 卷），人民出版社，1995 年，第 28 页。
② 《马克思恩格斯全集》（第 3 卷），第 686 页。转引自《马克思恩格斯论文学与艺术》，人民文学出版社，1982 年，第 154 页。
③ 《马克思恩格斯全集》（第 26 卷　第一册），人民出版社，1972 年，第 442—443、296 页。引文着重号为笔者所加。

终是"有限的""微不足道的",甚至可以说是"无关"的,两者是"相敌对"的。

这些对于艺术以及艺术生产的相对独立性的说法在今天听起来有点让人吃惊,但在马克思那个时代,艺术的生产状况似乎确实如此。①马克思做出上述断言的前提是,艺术在那个时代,还没有被资本异化。②所以,基于艺术的独特性质,基于艺术家本人之作为艺术家的那种对于人类命运的敏感和忠诚,它不那么容易受到异化的干扰,因此,如果说马克思对艺术有一种偏爱在,那也是不为过的。

但是对于其他的意识的形式,比如那些普遍存在的观念或意识,我们本以为,马克思的要求是会更严格一些、苛刻一些的吧!因为,在我们的印象中,马克思是严格按照历史唯物主义之基本原理的要求来对意识和观念的本质加以界定的,即"不是人们的意识决定人们的存在,相反,是人们的社会存在决定人们的意识",毕竟,人们的意识及其观念的表达,是随着人们的生活方式和条件、随着人们的社会关系和社会存在的不同而不同,这一点难道不是显而易见的吗?还用深思才能认同吗?③马克思在《共产党宣言》中也确实这样说过。

但是,让我们惊奇的是,即使是在意识和观念的问题上,马克思的答案也不如我们想象般那样清晰明白,马克思并没有因为意识和观念的被决定的地位就否认它们存在的积极意义,相反,马克思倒是经常表现出对于观念和意识在社会历史发展中所可能起到的积极作用的极端重视和肯定。

---

① 其实,关于艺术的相对独立性的说法对于我们这些常年受传统马克思主义教育的人来说是耳熟能详的,它一直就是我们的马克思主义哲学基本原理中的一个组成部分。但是,我们由于对这一原理一直是耳熟能详的,因此从来没产生过要对它进行反思的想法,从没觉得这样一个熟知的理论实际上在我们所理解的哲学根基上是无法理解的。正由于存在论基础的不自明,一些学者就发现了其中的问题,比如雷纳·韦勒克就将马克思在《〈政治经济学批判〉导言》中提出的关于物质生产的发展与艺术生产之间的不平衡关系的观点看作是一种"出人意料"的提法。(参见[美]雷纳·韦勒克:《近代文学批评史》(第三卷),杨自伍译,上海译文出版社,1991年,第284页。)
② 时至今日的艺术发展,已经充分被资本原则浸透了。所以,法兰克福学派才会对艺术,特别是大众文化,采取批判的态度。
③《马克思恩格斯选集》(第2卷),人民出版社,1995年,第291页。

比如，当马克思谈及共产主义理想之实现的问题时，他指出，我们可以用共产主义的思想来抵御和消灭私有财产的思想，但必须用现实的共产主义运动来消灭私有财产的运动，这个已经被我们领会到的那个现有社会基础的自我扬弃的运动，是需要漫长而艰难的历史运动才能够实现。然而，即使这样，马克思依然没有忘记强调：我们必须从一开始就把我们对这一历史运动（包括它的目的和局限性）的理解和领会，"看作是现实的进步"①。再比如，当马克思谈到19世纪欧洲社会革命的艰巨性时，他这样说道：19世纪的社会革命不能从过去的历史经验中汲取对自我使命和原则的理解，在它"破除一切对过去的迷信以前，是不能开始实现自己的任务的"②。在这里，马克思从正反两个方面反复指明意识和观念对社会发展的重要作用：一，旧有的观念对旧有的社会形态有着束缚的力量，因此，在旧有的观念被破除之前，社会是无法前进的；二，新的社会想要脱胎而出，社会革命想要实现自己的目标，只是去摧毁物质的层面还是不行的，它必须与旧有的观念决裂，才能获得对于真正未来的理解，崭新的社会只有奠定在崭新的原则之上，才可以被叫作新社会，否则一定只是现有社会的另一种存在方式。在《资本论》中，马克思更把观念的东西看作人类劳动的本质特征，他这样说道：我们现在来看看什么是"专属于人的劳动"，动物的很多活动貌似和人类的活动很相似，比如蜘蛛和织工的活动，蜜蜂和建筑师的工作。但是，即使是最蹩脚的建筑师也从一开始就比蜜蜂高明，因为在他进行活动以前，劳动的结果在最开始就已经在自己的头脑中建成了，就已经在劳动者的表象中"观念地存在着"了。③ 这样的说法显然是让人诧异的。

可见，这些关于艺术以及意识形态的提法与那段历史唯物主义基本原理的经典表述是十分不同的，至少从文字上看是如此。那么，这些言辞上的不一致是否意味着马克思在艺术的问题上（暂且撇开意识形态的问题不论）是前后矛盾的？然而，从苏联正统以及西方马克思

---

① 《马克思恩格斯全集》（第42卷），人民出版社，1979年，第140页。
② 《马克思恩格斯选集》（第2卷），人民出版社，1995年，第587页。
③ 《马克思恩格斯全集》（第23卷），人民出版社，1972年，第201—202页。

主义早期代表的经历中我们已知，艺术的问题并不是一个无关紧要的小问题，并不因为它居于上层建筑，并且是上层建筑的最上层从而最远离物质基础，就对物质基础的影响最小；事实上，艺术问题的无法安顿往往表明他们对于那个物质基础的理解是存在问题的，因此他们的哲学基础是有着致命缺陷的，虽然这些问题和缺陷可以一直安稳地在那些关于这个基础的表述中隐藏起来，但是只要一碰到轻飘飘的艺术问题，碰到这个从来也引不起人注意的边缘领域，那些隐藏起来的问题和缺陷就会立时浮现出来，并将那个一直被粉饰、被包裹得坚固无比的基础炸得粉碎。因此，如果我们坚持马克思哲学乃是真正的当代哲学，在马克思那里确实爆发了一场哲学革命的话，那么马克思对艺术的态度就不可能是前后矛盾的，否则马克思哲学在其存在论基础上就一定是断裂的，是复归于黑格尔主义的。由此可见，我们必须严肃地对待这些文字表述上的前后矛盾，并对这些前后矛盾做出妥善的说明。为此，我们首先就必须重新反观那段历史唯物主义的"经典表述"，看看这段表述到底是如何界定社会存在与意识之间的关系的，我们的亲眼所见到底有没有欺骗我们自己。

确实，在这段经典表述中，马克思把艺术归入意识和观念的领域，并表示意识和观念的领域是受"物质生活的生产方式"的决定和制约的。这样的"归入""决定"和"制约"的评价自然是没有错的，我们不能因为马克思在别处又强调艺术、意识和观念的相对独立性便认为马克思此处的表达是成问题的，或者说是只涉及问题的一个方面（作用），还有另一方面（反作用）没有被说出。一旦我们这样认为，并为这个方面再补充另一个方面，我们就必然落入形而上学的二元建制中（这是西方马克思主义者所犯的过错，他们把这两个方面合在一起叫作社会生活的"总体"）。但是同时，我们也不能对"归入""决定"和"制约"这样的字眼做抽象化、简单化的理解，以为那些被归入方、被决定方和被制约方便是臣服者，是绝对的服从者。做此理解的基础在于把"归入""决定"和"制约"这样的字眼放在了形而上学的语言构架中，放在了语言异化的现实中（这是苏联正统所犯的错误，即对艺术和观念做了简单因果论的处理）。

第二章 艺术与真理——法兰克福学派艺术理论研究的思想基础

然而,我们凭什么说马克思的这些话是在非形而上学的语境中说的呢?既然语言的异化已经成了普遍的现实,既然这种普遍已经深入到日常生活的各个角落以至于我们几乎不再对这种异化有任何察觉,既然这种异化已经几乎不可更改地成为了我们的精神和肉体,那么,还有在形而上学之外运用相同的名称的可能性吗?按照海德格尔的说法,这一问题就是在问,我们在多大程度上可以"在形而上学之内和之外运用相同的名称"?洪堡曾经给出了一条可能性的道路,颇受海德格尔赞许:在"不对表达形式进行改变"的前提下,通过"内在澄明"和"对外部境况的守护",而"使一种形而上学的语言变成非形而上学的语言";这其中的关键之点就是要首先获得《存在与时间》中所说的对"存在的领悟"这样的东西。① 因此,为了对马克思的语言有所澄明,为了能够为马克思的那段重要的表述开放出理解的空间,我们也必须通过对存在本身的领悟和对语言异化现实的考察(这一工作我们在上面已经做了一些)而将事情的真相呈现出来。

事实上,虽然马克思说了"归属""决定""制约"这样的字眼,但是马克思从来没有机械地看待过"归属""决定"和"制约",而且可以说,马克思本人是强烈反对这种狭隘片面的看法的。马克思指出,以为艺术、观念的领域是绝对臣服于经济基础、为经济基础服务的看法完全是资产阶级的看法,是资产阶级本性的体现:资产阶级及其代言人习惯"用对钱袋的影响来衡量每一种活动的意义",这是多么地愚蠢啊!他们把意识形态阶层看作自己的附属品,以为可以到处按照自己的本性和需求把他们变成自己的帮工和伙计,虽然在另一方面,他们又表现得如此有教养,对这些和他们的赚钱活动似乎毫不相干的艺术文化的领域也大加赞赏和追捧,但实际上,之所以他们会对意识形态加以重视和承认,不过是因为他们心里认为这些活动可以对他们的财富增长有帮助而已。所以,当他们用"庸俗的美文学"来批驳斯密的无教养时,不过表明他们是比较有教养的资本家,而斯密则是资本行

---

① [法] F. 费迪耶等辑录:《晚期海德格尔的三天讨论班纪要》,丁耘摘译,载《哲学译丛》2001年第3期。

为的粗俗露骨的解释者而已。① 这些充满庸人气质的"资产阶级社会的辩护者"在精神生产的问题上甚至还没有达到昂利·施托尔希"文明论"②的水平，虽然施托尔希的"文明论"也满篇的陈词滥调，甚至对这个问题的正确表述都没达到，更不要说达到对问题的解决了。③ 由此我们不难想象，假如苏联的马克思主义正统有幸在马克思本人面前阐述他们的文学艺术观，马克思一定会对这些忠诚的学生们勃然大怒的。

由此可见，马克思在经典表述中所提到的"决定"和"制约"并不是一种狭隘的形而上学意义上的使用，不是指一种统治和控制，他通过这些术语无非是要表明，作为制约者和决定者的"社会存在"或曰"物质生活的生产方式"是对意识和观念的领域进行理解的基础，一切意识领域的问题都要返回到物质生产的领域之中，并通过对物质生产领域本身的理解才能得到合理的解释。所以，如果说艺术以及意识观念本身是具有相对独立性和能动性的，那么这种能动性和独立性的根源依然必须通过对社会存在或曰物质生活的生产方式的本质加以考察后方能得到进一步的理解。因此，当马克思指出物质生产领域和意识领域之间乃是决定与被决定的关系时，对此关系的指出并不是对物质生产和意识观念之关系的理解的终结，而是作为开启其本质的第一步，是对其本质进行理解的前提和开端，这之后还有更重要的事情要去做（虽然这更重要的事情总是被遗忘掉）！那就是要对物质生产领域进行进一步考察，通过这种考察，我们才能获得一切关于艺术的相对独立性之谜的解答。

对于马克思的经典表述的这一超出形而上学之狭隘视界的理解并非出自笔者的杜撰，事实上，马克思已经以他的实际言行向我们证明了这一点。在1859年，美国一家德文报纸对马克思的这段经典表述进行指责之时，即指责马克思的这一提法只适用于现今这样一个物质利

---

① 《马克思恩格斯全集》（第26卷 第一册），人民出版社，1972年，第300、315、300页。
② 昂利·施托尔希的"文明论"主张，要把内在财富即文明要素同物质生产的组成部分——物质财富区别开来，"文明论"应该研究文明要素的生产规律。[参见《马克思恩格斯全集》（第26卷 第一册），人民出版社，1972年，第294页。]
③ 《马克思恩格斯全集》（第26卷 第一册），人民出版社，1972年，第295—296、416页。

益占统治地位的世界,而不适用于中世纪(天主教占统治地位的时代),也不适用于古代雅典和罗马(政治占统治地位的时代),马克思对对方居然会以如此无知和庸俗的方式来反驳他表示震惊,他说,关于中世纪和古代世界的这种老生常谈难道还会有人不知道吗?当你们这样来反驳对手的时候,难道不应该首先对自己有一个自我反思吗?面对这个问题,难道不应该先想一想,为什么政治会在古代世界起主要作用,而天主教会在中世纪起主要作用?这根本就是由这两个时代谋生的方式和方法决定的,"此外,例如只要对罗马共和国的历史稍微有点了解,就会知道,地产的历史构成罗马共和国的秘史"。① 马克思对于美国报纸的这一反驳很明白地表明了"决定"和"制约"是如何在形而上学的语言架构之外有它的现实基础的,表明了"决定"和"制约"根本不是统治和操控的意思,表明了决定者是如何产生了决定者的否定和遮蔽的力量的。而这一批评事件也同时表明,在形而上学之内来理解"决定"和"制约"的含义是一件多么轻而易举且普遍发生的事情。

此外,在马克思对施托尔希的"文明论"进行批判的时候,马克思的这一超出形而上学的立场也是清晰可辨的。马克思指出,如果想研究精神生产和物质生产之间的关系的话,首先必须不能把物质生产本身当作"一般范畴"或者"抽象范畴"来考察,而是要"从一定的历史的形式来考察",因为物质生产从来就不是作为抽象的物的范畴而存在的,它一直都是历史的存在。像施托尔希这般,没有历史地考察物质生产本身,没有把它当做一种历史发展的特殊形式来考察,而是当做一般的物质财物的生产来考察,那么他就"失去了理解的基础",只有在这种基础上,才能够既理解统治阶级的意识形态的呈现样态,也才能理解为什么精神生产在一定的社会形态下会是自由的生产。离开这一基础的话,就只会是毫无内容的空谈。②

可见,马克思并没有通过指出物质生产和精神生产之间的决定和

---

① 《马克思恩格斯全集》(第23卷),人民出版社,1972年,第99页。
② 《马克思恩格斯全集》(第26卷 第一册),人民出版社,1972年,第296页。

被决定的关系就将问题草草了结，在面对精神生产的问题时，马克思更加重视的是对物质生产的考察，是对物质生产的历史性考察。总而言之，这些分析论证表明，只有依然立足于物质生产之中，从物质生产本身出发，而不是将物质生产扩大为鱼龙混杂的社会总体以期增加对艺术和意识形态的能动性和独立性的解释力度，方才是符合马克思哲学之本意的、对艺术和意识形态问题进行理解的正确道路，同时，这也是保证马克思哲学能够居有历史唯物主义之本质基础的唯一道路。

四

因此，全部问题的关键所在便落在了如何理解作为历史的决定者和制约者的"物质生活的生产方式"这一问题上了。可以说，随着"物质生活的生产方式"之本质的水落石出，那一系列让人心绪不宁的问题——马克思关于艺术和意识形态与物质基础之关系的那些看似前后矛盾的说法，马克思所坚持的艺术和意识形态的能动性和相对独立性的本质根据的问题，马克思是否以及在何种程度上在物质与意识、经济基础和上层建筑这样的架构中给艺术以定位的，以及在历史的真理性基础和艺术是否为历史建基这一问题上所展开的马克思与海德格尔之间的真正关系等——都将获得最终的澄明。

"物质生活的生产方式"，顾名思义，是指生产物质生活的方式。这种生产方式，在马克思历史唯物主义的语境中，始终是通过"现实的个人"的"感性的""对象性的""实践的""生产性的"历史活动而得到表达的。这种现实的个人的生产-劳动，通过它自己所产生的无可辩驳的现实伟力而成为了历史发展的真实基础。

虽然这一对马克思的整个思想体系来说具有极端重要性的生产-劳动概念被运用得如此广泛和频繁，但是我们却又不得不承认，我们对它一直是思之甚少，同时又误解甚多的。可以说，这乃是导致我们对马克思的那段经典表述总是脱不开狭隘的理解，以及马克思关于艺术和意识形态的观点总是无法被我们妥善地安顿在由我们所构想出的马克思的思想体系之中的根本原因所在。

在日常生活中,我们常常从单纯的物的角度来理解生产-劳动。这倒不是说我们不知道生产劳动是一种活动,是一种起作用者,而是因为受到整个时代之真理本质——这一真理本质通过形而上学而得到建立①——的规定,我们已经习惯于从作为"行动"(actio)的"操作"(operatio)②的角度来对活动(或曰起作用者)进行理解。以这种理解为基础,能够将这种意义上的生产-劳动的本质特征及其所产生的巨大结果标识出来的就是由这一活动所带来的"成果";"成果"的本质在于它"是由一个先行于它的实事、一个原因带来的"③。于是,马克思所说的生产—劳动的概念就在原因—结果这样的形而上学的构架中被安置起来。随着"成果"之被从生产-劳动的领域中突出出来,历史的基础被理解为越来越庞大的物的聚积就是再自然不过的事情了。从这样的理解基础出发,马克思关于历史过程中的决定性因素——作为生产-劳动,作为物质生活的生产方式——之被理解为"经济决定论""生产工具决定论"就是再自然不过的事情了,因为所有这些理解所共同致力的目标都是要最大限度地获得"成果"(作为单纯的物的成果)。

与上述理解不同,海德格尔从另一个方向对马克思的生产-劳动概念进行解读,即把生产理解为人的自我生产。"马克思主义把生产设想为:社会之社会性生产——社会生产其自身——与人作为社会存在体的自身生产",但是由于马克思认为"人的根本就是人本身","全部马克思主义都以这个论题为依据",因此,马克思拥有一个关于人的"理论想法",这个想法作为基础包含在黑格尔哲学之中。虽然"马克思以他的方式颠倒了黑格尔的观念论,这样他就要求给予存在先于意识的优先地位",但是由于"对马克思来说,存在就是生产过程。这个想法是马克思从形而上学那里,从黑格尔的把生命解释为过程那里接受来的",因此,马克思的"生产之实践性概念只能立足在一种源于形而上

---

① [德]海德格尔:《林中路》,孙周兴译,上海译文出版社,1997年,第72页。
② [德]海德格尔:《演讲与论文集》,孙周兴译,生活·读书·新知三联书店,2005年,第44页。
③ [德]海德格尔:《演讲与论文集》,孙周兴译,生活·读书·新知三联书店,2005年,第45页。

学的存在概念上"。海德格尔指出,"既然马克思主义这么想,它就正是当今之思想,在当今进行统治的就是人的自身生产与社会的自身生产",而"人的自身生产带来了自身毁灭的危险"。因此,海德格尔总结道:"如果没有黑格尔,马克思是不可能改变世界的。"①

可见,无论是那种从单纯的物的角度所做的理解,还是海德格尔此处依循着黑格尔自我意识哲学的方向所做的理解,其共同之处就在于他们都将马克思的生产-劳动概念限制在近代形而上学的范围之中来理解。虽然其具体的理解方向有所不同,一个从近代形而上学之二元建制的客体方面,而另一个则从这一建制的主体方面进行理解,但由于"抽象物质"的观念和唯心主义分享着同样的前提和预设,并因此具有同样的性质和方向②,所以,这两种理解就其本质来说是相同的,都局限在近代形而上学的范围之内并因此分有了近代形而上学的本质基础——"自我意识",因此也可以说,这两种理解都是依循着"我思"或"自我意识"来制订方向。

而事实上,这两种错误的对马克思的理解方向,马克思在1845年春天写作《关于费尔巴哈的提纲》的时候就已经给予了坚决的批判,"从前的一切唯物主义(包括费尔巴哈的唯物主义)的主要缺点是,对对象、现实、感性,只是从客体的或者直观的形式去理解,而不是把它们当作感性的人的活动、当作实践去理解,也不是从主体方面去理解","和唯物主义相反",唯心主义发展了"能动的方面",但却是"抽象地发展了",因为他们"不知道现实的、感性的活动本身"。③ 由

---

① [法] F. 费迪耶等辑录:《晚期海德格尔的三天讨论班纪要》,丁耘摘译,载《哲学译丛》2001年第3期。很显然,海德格尔在这里对马克思之生产概念的解读是非常片面的,他只是抓住了马克思的只言片语就加以论断,比如"人的根本就是人本身",由此就断言马克思关于人有一个抽象的理论的想法,他根本没有去领会马克思关于这个人本身的在其他著作中的进一步阐述,关于现实的个人的阐述。显然,海德格尔作为一个哲学家,他并不想全面了解和研究马克思到底说了什么,他提到马克思的目的,不过是想阐明自己关于存在或者人的存在的超出形而上学基本建制的领会。所以吴晓明教授很明确地指出,海德格尔仅仅把眼光停留在了1843年写作《黑格尔法哲学批判导言》时的马克思身上,而根本没有关注马克思在1845年春就开始的对费尔巴哈的批判,以及这种批判所具有的本质重要的意义。(参见吴晓明:《重估马克思哲学革命的性质与意义》,载《复旦学报》2004年第6期。)
② [德] 马克思:《1844年经济学哲学手稿》,刘丕坤译,人民出版社,1979年,第81页。
③ 《马克思恩格斯选集》(第1卷),人民出版社,1995年,第54页。

此可见，马克思所说的那个作为历史发展之现实基础的生产-劳动是不可以只从客体的角度，也不可以只从主体的角度进行理解的，而必须既从客体的角度又从主体的角度来理解。

但是，这种既从客体的角度又从主体的角度而进行的对于生产-劳动的解读并不是在近代理智形而上学的范围之内对客体的原则和主体的原则的简单拼凑和嫁接。事实上，在近代形而上学的基本建制中，这种嫁接和拼凑是根本无法实现的。因此，若要达到这一综合，是唯赖哲学思想的真正创造——要本质性地超出近代形而上学的框架，超出自我意识之存在特性（作为主体性）的规定——才得以实现的。那么，马克思是否真正达到了这一综合？作为这一综合之结果的**感性的**、**对象性的活动**，是否已经决定性地超出了由自我意识之主体性所标识的形而上学的视域之外了？

马克思在《1844年经济学哲学手稿》中对感性的、对象性的活动的本质做了如下的重要提示，它所要表明的乃是现实的、从事着生产劳动的人的存在机制："当现实的、肉体的、站在坚实的呈圆形的地球上呼出和吸入一切自然力的**人**通过自己的外化把自己现实的、对象性的**本质力量设定**为异己的对象时，"进行**设定**的那个东西并不是主体，而是"**对象性的**本质力量的主体性"，因此，由这些主体性所进行的本质力量的活动，也就不再是主体的活动，而是"**对象性的活动**"。这种活动与主体活动的不同在于，它并不是从自己的"纯粹的活动"出发来创造对象，而是它所创造的对象，作为"对象性的产物"，仅仅证实了它的活动是对象性的活动，是"对象性的自然存在物的活动"。[1] 显然，在马克思所阐述的这种存在机制中，那种形而上学意义上的"主体"，那个无法超越也不需要超越自己半步的内在的"意识""我思"，是不存在的。这里的人不是作为"主体"而是作为"**对象性的**本质力量的主体性"而活动着。在这种活动中，人与自然界进行着身体的和精神的交往，而之所以可以进行精神的和身体的交往，也正是由于人是某种与"我思"不同的东西：人一向已经在自然界之中，或者说人一

---

[1]《马克思恩格斯全集》（第3卷），人民出版社，2002年，第324页。

向已经在人之外,或者说自然界一向已经在自然界之外,这乃是同一件事情的不同表述。① 正是在这样的活动中,形而上学"主体"的存在机制——"意识的内在性"被贯穿,人"出—离"②地存在着了。可见,马克思对于作为历史发展之现实基础的生产-劳动(作为感性的活动)的理解,以及对于作为生产劳动之基础的人(作为现实的个人)的理解,根本不是海德格尔所指责的那种"理论想法",即不是通过"我思"(Cogito)或"意识之内在性(Immanenz)"③而被规定的"主体"的想法。这样的"人"以及这样的"感性的、对象性活动"对形而上学来说乃是一个禁区。在这样一个禁区中,我们实在无法多说什么,而只能就"人"或"感性活动"的根据和基本建制进行原则性的提示。而同时,这样的提示也是尖锐和有限的,它会不断地被这个时代误解和视而不见。

事实上,这一超出形而上学之基本建制的领域,作为感性的、创造的、活动的、人的领域,既不是纯粹的物的领域(因为它是主体性的),也不是自我意识和纯粹活动的领域(因为它是对象性和感性的),其存在的维度,在《1844年经济学哲学手稿》关于人作为类存在物的本质特征的一段阐述中,得到了些许提示和领会。马克思指出,人是一种类存在物。之所以被叫作类存在物,就在于"它把类看作自己的本质",因此它的本质也表明,这是一种"有意识的类存在物"。这种类存在物的活动被马克思又叫作"生产"。诚然,"动物也生产",但人的生产与动物的生产是不一样的,这种不一样,就是人区别于动物的本质特征,因此也是标识人存在的独特性的本质特征:动物的生产是片面的,即它只生产它直接需要的东西,只是在受到肉体直接需要的支

---

① 此处的"在自然界之中"要依循海德格尔的"在之中"这样一种存在机制来理解,即被理解为"居而寓于……,同……相熟悉"(海德格尔:《存在与时间》,陈嘉映等译,生活·读书·新知三联书店,1987年,第68页)。否则,如果仅仅是物理空间上的一物在另一物中,那么自然界又如何成为人的无机的身体呢?
② 参见[法]F. 费迪耶等辑录:《晚期海德格尔的三天讨论班纪要》,丁耘摘译,载《哲学译丛》2001年第3期。
③ 参见[法]F. 费迪耶等辑录:《晚期海德格尔的三天讨论班纪要》,丁耘摘译,载《哲学译丛》2001年第3期。

配下才生产，它的产品直接同它的肉体相连，它只生产它自身；而人的生产则是全面的，即他在不受肉体直接需要支配的时候也生产，因此他的产品并不一定直接同肉体相连，他生产出整个自然界。总而言之，人并不像动物那样只能按照它所属的种的尺度（即按照本能）来生产，而是可以"自由地对待"他的产品，他可以按照任何一个种的尺度来生产，并懂得如何处处将"内在的尺度"用到对象上去。这里"内在的尺度"是什么？自然不好被理解为作为主体的"意识的内在性"的尺度，因为这种理解与马克思《手稿》所要表达的思想是自相矛盾的。根据上下文来理解的话，把内在尺度理解为种的尺度还是比较妥帖的。既然如此，也就是说，人在活动的时候，可以以最符合活动对象的尺度，即活动对象自己的内在尺度，来进行生产。马克思把人类的这种生产特性叫作"人也按照美的规律来建造"。[1] 换言之，真正属人的生产活动，在其本质上是一种艺术的活动（不是作为现象的艺术活动，如歌唱、绘画，而是具有艺术本质的活动）。马克思所指出的这种活动的艺术性（作为人的对象性活动的本质）与海德格尔对艺术作品本源的分析是如此相似：存在之真理（马克思称之为"内在尺度"）是被作品的被创作存在（在马克思那里叫作劳动产品）而开启出来并被带入澄明的（马克思那里就叫生产）。正是在这种改造对象世界的活动（具有艺术性质的活动）中，"人才真正证明自己是类存在物"。这种生产就是人的类生活，"通过这种生产，自然界才表现为他的作品和他的现实"。此处，马克思提到了作为这种活动结果的自然界，其实就是一种作品存在，同时，也是人自身的存在，是他的现实。这些表达当中所透露出来的隐晦之意，已经迫使我们无法再在传统形而上学的二元框架中去安顿马克思了。幸好，上一节我们对海德格尔的艺术作品作为存在之真理的澄明这一观点做了细致入微的分析，通过分析所展现出来的理解视域，极大地帮助了我们对马克思这段看似普通其实却很晦涩的文字的领会。按照洪堡的意思，通过对"内在澄明"（对作为生产的存在本身的领会）和"对外部境况的守护"（对语言

---

[1]《马克思恩格斯全集》（第3卷），人民出版社，2002年，第274页。

异化现实的考察),马克思思想的真相似乎也就向我们展露出来了。

总之,正是通过艺术的尺度,我们才理解了人的存在活动之特性,理解了作为人之存在本质的生产的真实属性。因此可以说,在马克思那里,"感性、对象性活动"的基本建制就是"艺术"。这一艺术,作为使得作品得以成立的东西,以及使得社会历史之得以持存和发展的那种东西,乃是一种东西,即基于同样的基本建制之上的东西。这种东西,作为一种感性的创造本身,作为起作用者,指的都是那种作为"在场者在场的一种方式"的"带出来"(her-und vor-bringen),"是某物从自身而来把自身带入在场之中,或者是人来实行这种对某物的带出"①,而不是作为创造者的主体的一种作用和操作。因此,这种生产—劳动或者这种作品的创作的基本特征"并不在于作为成果和因果性的效果意义上的 efficere[起因] 和 effectus[效应]",而是在于被亚里士多德称为"实现"或"隐德莱希"的东西。② 那么,这样的东西,在当今之世界中,如果不从艺术中,还能从何处取得其基本建制上的规定呢?!但美学的语言若还禁锢在形而上学思考问题的方式中,就仍然对这一领域处于失语状态。这样的禁区意味着一个新的存在论视域的打开,对马克思的任何一种近代形而上学意义上的解读唯有在这样一个境域中方能显出自身的狭隘并获得最彻底而坚决的批判,同时也唯有在这一境域被打开之际,在马克思哲学中的那些关于艺术和意识形态之基本性质的判定等问题上,由于我们狭隘的形而上学眼界所造成的那些理解上的前后矛盾和冲突才能获得最内在的澄明。在这样的生产—劳动的境域中,在这样的历史唯物主义的基础中,马克思实现了与海德格尔的相遇。

综上所述,正因为艺术乃是真理的源始发生,是感性活动的基本建构,因此,按照艺术之真理本质的真实展开来说,艺术与现代性批

---

① [德]海德格尔:《演讲与论文集》,孙周兴译,生活·读书·新知三联书店,2005年,第43页。
② [德]海德格尔:《演讲与论文集》,孙周兴译,生活·读书·新知三联书店,2005年,第44页。

判这一时代的首要课题和任务之间是不存在乌托邦关系的,艺术按照自己的历史性本质将必然地参与到历史本身的运作之中,成为历史开启并重又开启自身的基础和契机。可见,我们平日出于对艺术之本质以及艺术与历史之关系的狭隘理解而作出的法兰克福学派的艺术理论乃是"审美乌托邦"的这一评价缺少坚实的基础,是难以成立的。

第二部分

对法兰克福学派现代艺术研究的批判性考察

毫无疑问，法兰克福学派是深受艺术乃真理的源始发生这一古老思想传统的影响的。可以说，自卢卡奇奠定西方马克思主义研究路向伊始，卢卡奇在《历史与阶级意识》中所关注的"如何在异化、拜物教化的现实的原动力中，产生出启蒙、非拜物教化的意识"① 这一主题就一直深深地影响着后来的西方马克思主义理论家们，成为他们把精力投入艺术和审美研究的直接动因。在这一思想的影响下，如何发挥艺术与审美在粉碎日常生活之意识的异化、实现人类解放之目的的主体意识革命中的作用就一直成为法兰克福学派美学研究的重要主题。

但是，仅仅理论地谈论艺术与真理的本质关联并不是法兰克福学派进行美学研究的主要目的。因为那样一种艺术之为真理的主张如果想最终避免成为一场空谈，如果艺术要在现实的生活中真实地成为一种真理的力量并行之有效地瓦解现代性的统治的话，艺术是离不开它的当代载体的，换言之，艺术作为真理的源始发生的性质和作用必须依靠当代的艺术实践本身的展开来加以呈现。对于这一点，法兰克福学派的学者们是有着清醒的认识的。因此他们主张，真正贯彻批判理论之精神的乃在于立足于当前的艺术实践，着手对当代艺术实践的本质进行批判性的研究，唯此方有可能为人类指出一条现实的救赎之路。

在此，也许会有学者提出质疑：既然有关艺术与真理的本质关联并不是法兰克福学派艺术理论的主要议题，而本书所要阐释的中心议题又恰恰是法兰克福学派的艺术理论，那么上述围绕着艺术与真理的本质关联所展开的大量讨论岂不有离题之嫌？

诚然，这一番讨论乃是超出法兰克福学派本身之外的追问，法兰克福学派自身也很少涉及这些问题。但是，问题的实质却是，唯有对这些追问保持虔敬之心，并对追问的本质有清醒的认识，方才能够保证我们把法兰克福学派美学理论的研究带入自由之境并使之富有成效，从而才不至于在错误的路向上将这个学派的种种努力最终化为乌有，

---

① 波琳·琼斯：《马克思主义美学》英文版，第9页，转引自冯宪光：《"西方马克思主义"美学研究》，重庆出版社，1997年，第75页。

毕竟，在这些追问中所蕴涵着的本质性的东西乃是一切真正的艺术研究所应具备的首要前提和理论动力。而作者之所以耗费大量篇幅再三重申这一基本前提和动力，乃是因为这一本该具有的前提和动力在我们这个时代几乎丧失了它所有自我表白的能力。同时，也正是基于这样的时代状况，即在这样一个不仅艺术对自主言说之真理的经验力量，而且应该说是一切与真理相关的经验力量均被现代文明的大工业作践成用以支撑文明运转的生产性的空泛材料的时代中，法兰克福学派艺术批判的声音才会显得艰涩、陌生和遥远，以至于它的立场和精神实质常常被当作不合时宜的浪漫化趋向而被忽略和抛弃。至少在作者刚刚接触法兰克福学派的艺术理论的时候，就时常心生此种疑惑，对他们艺术研究的主旨以及整个学派以审美为其理论归宿大为不解，私底下总认为这种理论探讨是脱离时代的，有点异想天开的。由此可见，消除时代状况对人类心灵的控制，使这个时代真正达到对其文明根基的自我反思就成为一切思想的事业能够真正开始的先决条件。也正因如此，我们才在前面展开了那些似乎与主题不甚相关的大量讨论。

在我们对这一重要的理论前提和理论动力进行了一番努力的理解和阐释之后（鉴于作者的理论功力，这种努力也许在实际上仍然被证明是不甚成功和成效甚微的），我们将展开对法兰克福学派艺术理论的研究工作。在此，我们无意对他们的艺术理论做面面俱到的整理和阐述，虽然这同样是一项十分重要并充满艰辛的工作。为本书的主题所限，即为法兰克福学派自身的理论目的能否实现的理论探讨所限，我们将把我们讨论主要限定在如下的问题域内：在法兰克福学派看来，当代艺术实践是否表达了时代的真理？在一个全面异化的时代中，艺术要以怎样的姿态和行动才能真正担当起艺术真理的使命，才能去刺破重重帷幕，唤起沉睡的心灵，将阴云笼罩、魅影憧憧的大地带入澄明？

当然，法兰克福学派的艺术批判所针对的"当代艺术"并非通常艺术史上所界定的"当代艺术"。我们通常所说的当代艺术一般是指在现代派艺术衰落之后，于20世纪六七十年代在西方兴起的一种超越艺术、走向实物-装置-行为-概念的艺术形式。为了区别于现代主义艺术，我们有时又称之为"后现代主义艺术"。① 以绘画为例，在绘画这一领域中所兴起的"后现代主义"风潮是以杜尚和达达派为先驱的。它以"反艺术"来从事艺术，其最显著的特征是"日常性"，即主张打破艺术与生活的区别，宣称生活即艺术，把原先属于"非艺术"的日常生活事物强行确立为艺术。比如波普艺术、法国"新现实主义"和意大利"贫穷艺术"就明确将日常用品和生活废品认作艺术。行为艺术和概念艺术也无不将日常活动和语言视为艺术。因此当代艺术的创作者可以全无技艺，外行和凡夫俗子皆可成为艺术家。而且事实也正是如此。比如德国"激浪派"的成员中，除了几位是学音乐的，其他大多是商人、社会保障工作者、工程师、化学家、经济学者、广告设计师，等等。② 虽然这种艺术实践在今天的国际舞台上风头正盛，但其艺术内涵实在乏善可陈，它能够作为"艺术"而位列仙班的事实似乎只是在预示着末法时代的来临。

法兰克福学派的研究并未涉及上述艺术形式，因为在法兰克福学派第一代学者将他们的热情与精力投入到艺术理论的研究中时，"当代艺术"还未兴起。而在"当代艺术"兴起之后，法兰克福学派的后继者们却主动地放弃了对艺术领域的研究而将兴趣转向别处（这一放弃到底是代表着理论研究的进一步深入还是预示着现代性统治的进一步巩固和完成，我们暂且不论）。因此，整个研究所涉及的当代艺术实践实际上大致包括两类。一类是发生在少数孤独的艺术家那里的艺术活动。这些艺术活动具有自我立法的性质，它们不属于去迎合大众，大多数作品如同哑谜，所能引起的感动和启发总是只属于少数人。这种

---

① 后现代主义与现代主义的关系到底是怎样的，后现代主义是对现代主义的继承还是如后现代主义自己所宣称的那样是对现代主义的反叛，艺术界至今争论未休。但是就作者看来，虽然后现代主义在精神实质上也许秉承了现代主义的艺术原则，即摒弃传统、打破历史，但是现代主义在反叛艺术之传统形式的时候仍然为保存艺术的身份和尊严而挣扎和奋斗着，因此，现代主义艺术在进行摧毁的时候是痛苦的，绝望的，焦虑的；然而后现代主义却在将现代主义的原则推向极端的时候上演一出不但抛弃传统的艺术形式，而且轻贱自己的尊严和价值的闹剧，因此后现代艺术的摧毁则是快乐的，狂欢的，宣泄的。所以，作者认为这两种主义之间还是有本质区别的。
② 关于"当代艺术"的发展状况及其本质真相可以参阅河清：《艺术的阴谋》，广西师范大学出版社，2005年。

艺术实践常常使得传统的艺术批评处于失语状态。这种类型的艺术活动，也就是通常所称的"现代派艺术"或"现代主义艺术"。在法兰克福学派学者的语境中，他们常常将这种艺术简称为"现代艺术"。为了迁就他们的语言习惯，在本书的写作中，笔者也基本上采取了"现代艺术"的说法来取代"现代主义艺术"，而只在标题上保留"现代主义艺术"的字样，以与当代语境保持一致。另一类是自觉地把自己融合到大众趣味和大众情绪的领域中去的艺术活动，也就是通常所谓的"大众文化"。这些艺术家们创作着群众喜闻乐见的艺术作品，从而成为到处被人崇拜的偶像。然而，正如阿多诺所指出的，此一被喜爱乃是以牺牲艺术的本质为代价的：这些艺术家在今天"是供人娱乐的专家"，他们和作为欣赏者的大众之间显得亲密无间，毫无差别，艺术作品与世俗生活之间的距离已然被取消。①

无论是从当代艺术的哪一种实践来看，其最基本的处境就是它们正以各自不同的方式使艺术本身深陷一场前所未有的困境和危机之中。阿多诺将这一困境和危机表述为艺术的"确定性的丧失"，也就是说，时至今日，已经没有什么与艺术相关的东西是不言而喻的、不思而晓的，像艺术的本质、艺术与社会的关系、艺术存在的合理性等一切有关艺术的事情，都成了问题。② 这一危机直接导致的后果就是它将直接威胁到艺术的真理本质，它使得艺术沦为一个附庸，从而使之只能作为流行的文化现象而伴生。因此，对当代艺术实践所面临的这场危机的本质进行分析、批判，并对之进行有效的克服，就成为法兰克福学派能否实现自己的艺术研究之目的——使艺术担当起真理的使命，为人类的解放开启一条现实的道路——的关键所在。

为此，我们将围绕着法兰克福学派自身的艺术理论研究的这一主题（对当代艺术危机的本质进行剖析和克服）和目的（通过真正的艺术实践而为人类的解放开辟出现实的道路）而展开我们的研究工作。同时，我们也将试图通过这一研究来展示法兰克福学派对当代艺术实

---

① ［德］阿多诺：《美学理论》，王柯平译，四川人民出版社，1998年，第432页。
② ［德］阿多诺：《美学理论》，王柯平译，四川人民出版社，1998年，第1页。

践的这一批判性分析到底将当代艺术的真理事业推进到了怎样的程度，它距离艺术真理的目标到底有多远，距离"审美乌托邦"这一最普遍的评价又有多远。鉴于本雅明和阿多诺在这一领域的杰出贡献，我们将给予他们的思想以特别的关注，同时，我们也将对霍克海默、马尔库塞以及洛文塔尔的思想予以扫描。

第三章

现代主义艺术的证词（I）
——本雅明：废墟上的救赎之光

即使在现代艺术已经出现了半个多世纪的今天，人们对现代艺术的排斥和愤怒依然没有太多缓解。正如威廉·巴雷特在《非理性的人》中所指出的："任何人如果想对整个现代艺术获得全面的了解，势必遭受类似落入荆棘丛中的痛苦。"① 不仅普通民众觉得整个现代艺术仿佛是存心反叛观众的阴谋家，即使是一些颇有艺术修养的鉴赏家、文艺理论家，也对现代艺术忍无可忍，他们为在现代艺术中发现了背叛过去艺术精华的灾难性趋势而感到痛心疾首。

现代艺术于总体上告别了古典主义的审美理想，拒斥我们对它的传统的形象期待，它不断地尝试着新的艺术语言的构造，试图通过不断创新的艺术语言来使人们熟悉的日常语言形式陌生化，从而达到挣脱传统、蔑视权威的效果。可以说，"具备革新艺术语言的能力"乃是所有渴望跻身于现代主义的人都必须遵循的一条共同的路线。②

然而，这不断翻新的艺术语言对于早已被日常生活模式定了格的我们来说未免显得过于晦涩难懂。弗雷德里克·R. 卡尔这样描述道，在现代派艺术中，它们几乎总是要破坏人们习以为常并因此也是维系社会稳定的各种观念，"不管何特性，现代原则与那条按魔鬼意图行事的瓦解原则是画等号的"。像托马斯·曼的《浮士德博士》，就集中表现了现代主义这方面的特点，比如，小说里传统叙述脉络的丧失，缺乏传统的价值；诗歌不再具有可读性；乱七八糟的意象堆积，人物的陌生化，对非重点人物、边缘人物的侧重；还有绘画中，形象缺失，大量运用色块和几何图形；音乐中，缺乏曲调，采用非和声。③

有些人把这种在艺术语言上不断求"新"求"变"（当然是越变越抽象，越变越非对象化，这是现代主义艺术与当代艺术的最明显的区别之一）的现代艺术风格当作是一种对时髦风尚的追赶，认为它的发

---

① [美]威廉·巴雷特:《非理性的人》，杨照明等译，商务印书馆，1995年，第42页。
② [美]弗雷德里克·R. 卡尔:《现代与现代主义》，陈永国、傅景川译，中国人民大学出版社，2004年，第1页。
③ [美]弗雷德里克·R. 卡尔:《现代与现代主义》，陈永国、傅景川译，中国人民大学出版社，2004年，第7—8页。

展乃至成功是艺术上的商业利益的操控和推动所致。然而,伽达默尔正确地对此种观点作出了评判:"事情的实质远非如此肤浅。"① 在现代主义艺术风头正劲的时候,商业利益或许确实起到了一定程度的推动作用。但是总的说来,现代主义艺术在它狭小的圈子之外从未获得过真正的理解和接受。革新不仅意味着被排挤,还意味着被嘲弄。因此,现代主义艺术家的经历常常很悲惨。关于这一点,我们只需回忆一下现代主义的发展过程就会立即明白——1857年波德莱尔发表《恶之花》时,由于其中的几首诗而受审;1913年斯特拉文斯基的《春之祭》在巴黎首次公演时,由于和弦冲撞、调性冲撞、节奏冲撞而引起观众的不满与骚乱;乔伊斯在出版《尤利西斯》时遇到重重困难并两次进入美国法庭,该书在英美长久以来都是禁书;在此之前,还有绘画界学院派批评家对印象主义以及其后的野兽派、立体派和抽象绘画的怒斥;在欧洲现代主义运动大势已去的1945年,70岁的阿诺德·勋伯格从加利福尼亚大学退休,有三个孩子需供养,为完成歌剧《摩西与阿龙》的创作,他不得不申请古根海姆基金会的资助却遭到拒绝,尽管这部他生前未竟之作乃是现代主义运动所产生的最伟大的歌剧之一。所有这些无不表明现代主义的艺术语言所面临的敌意之深,商业资本在这个运动中所可能谋取到的暴利将是极其有限的。事实上,现代主义只有以冲淡了的形式出现才被公众接受,如柯普兰、巴尔贝尔的作品,以及斯特拉文斯基的新古典主义的作品。换言之,现代主义必须部分地屈从于传统的审美习惯才能生存下来。即使是一些经历了严峻考验、现在已被公认为经典的现代主义作品,人们在表达他们的尊敬的同时,心里还是时常抱怨和诅咒那些磨损神经的表现方式,认为这些表现方式只不过是些智力游戏,对于艺术本身和社会历史来说,并无多大意义。比如《尤利西斯》的第一位中译者萧乾先生在剑桥研读这部小说时就这样认为,乔伊斯的创作之路并不是中国作家要走的路,中国还太穷,太落后,搞不起这种象牙之塔,我们的小说需要贴近社会,贴

---

① [德] 伽达默尔:《伽达默尔集》,严平编选,邓安庆等译,上海远东出版社,2003年,第482页。

近人生。后来,在去乔伊斯墓前凭吊之后,先生在他的《瑞士之行》里这样写道:"这里躺着世界文学界一大叛徒。他使用自己的天才和学识向极峰探险,也可以说是浪费了一份禀赋去走死胡同。"①

是的,人们从来都不喜欢视听感觉上大刀阔斧的变革,人们在这一向度上所能给出的让步是极其有限的。现代主义的这种对于传统艺术形式的颠覆活动常常被认为是缺乏变革的现实基础的,因此并不具有实际的意义——这些变革仅仅基于主体对艺术创作的直接曲解,即把"创作"(Schaffen)理解为骄横跋扈的主体的天才行动,是对创作的唯心主义的抽象发展,因此必然落入形式主义的泥淖。例如西方马克思主义的创始人卢卡奇,就一直对现代主义艺术抱有这种敌意。按照马丁·杰伊的说法,卢卡奇一直对现代主义艺术充满敌意,对普鲁斯特、乔伊斯和卡夫卡等这些现代主义艺术的代表们置若罔闻,认为他们总是宣扬形式主义和主体性。② 卢卡奇认为现代艺术的表现方法和手段只适用于嬉拟之作的创作,因此就现代主义文学来说,其对人物形象和人物的内心生活的塑造是非常缺少"智力外观"的,并因此越来越"降到很低的水平",他甚至断言,现代文学艺术的宗旨就是"取消精神"。③ 在斥责现代主义文学的同时,卢卡奇盛赞现实主义文学,认为现实主义文学的艺术想象能够"以巨大的忠诚再现历史总体",能够"有机地协调客观世界和主观想象"之间的关系。④

在现代主义的艺术形式不断遭到排斥的同时,也有不少学者持保留意见。比如威廉·巴雷特在《非理性的人》中就这样反问,普通人对现代艺术心生反感是因为现代艺术扭曲现实、晦涩难懂,但是我们身处其中的这一现实世界,以及这一文明所依据的价值观念,对于普

---

① [爱尔兰] 詹姆斯·乔伊斯:《尤利西斯》(上卷),萧乾等译,文化艺术出版社,2002年,第3—4页。
② [美] 马丁·杰伊:《法兰克福学派史(1923—1950)》,单世联译,广东人民出版社,1996年,第200页。
③ [匈] 卢卡契:《卢卡契·文学论文选 第一卷 论德语文学》,范大灿编选,人民文学出版社,1986年,第573页。
④ [美] 马丁·杰伊:《法兰克福学派史(1923—1950)》,单世联译,广东人民出版社,1996年,第200页。

通人来说就肯定是清晰明白的吗？不！巴雷特指出，普通人对现实世界的"理解"只是出于某些习惯性的分类架，或者说，现实世界是被他们的观念习惯处理过了的世界，他们将世界纳入到自己的观念习惯和经验中，便自以为完成了对世界的理解。因此当一位画家在一张脸上画三只眼睛，两个鼻子，或者将躯干扭曲拉长的时候，普通人会因为它不符合习惯性的分类而心生畏惧，甚至怒火中烧。但事实上，现代文明肆无忌惮的不断扩张已经把这一文明带到了深渊的边缘，它深刻地改变了这个世界，除非我们闭上眼睛什么都不看，继续躲在往日的价值观念和宗教格言里自欺欺人，否则我们就不得不承认，严格按照事物的外观进行临摹和创作，依然无法消除人们对现今世界的恐惧。① 相比之下，那些被扭曲了的人物造型或许更贴近人类当代的生存实质吧。伽达默尔也在同样的意义上替现代艺术进行辩护：任何种类的艺术都是一种认识形式，它有助于加深我们对自己的认识，从而也加深我们对世界的熟悉性。但是这样一种认识形式要发挥作用是有前提的，即需要一个为整个世界提供基础和保障的具有普遍约束力的传统的存在。这样的世界和传统已随着巴罗克艺术的结束而终结了，这是一个如此显而易见，以至于我们不得不去接受的事实。我们生活于其中的现代工业世界，不仅把一切具有仪式感、崇高感的形式都驱逐到了生活的边缘，其实从某种程度来说，它也成功地摧毁了"事物"的存在。今天的我们根本不再与"事物"本身发生关系。一切事物现在都变成了可以随意买卖的商品，它们没有历史，也没有生命。经由它们，我们根本不能经验到"事物"——一种不可取代的东西之存在。这就是现代世界的模样。如果今天的视觉艺术按照传统艺术的形式来运作的话，能够帮助我们认识和理解这些事物吗？② 如果今天的艺术不顾时代的特征而继续痴迷于古代的艺术传统并顽固不化的话，那么我们一定会看到比现代的那些抽象晦涩的艺术表现更加荒唐不堪的艺术现实，就像波德莱尔曾举过的一个例子那样：假使现代有一位画家，想

---

① ［美］威廉·巴雷特：《非理性的人》，杨照明等译，商务印书馆，1995年，第44页。
② ［德］伽达默尔：《伽达默尔集》，严平编选，邓安庆等译，上海远东出版社，2003年，第490、492—493页。

要画一位现代妓女,但是艺术造诣平平,也没什么想象力,可贵的是他虚心好学,于是取法于缇香或拉斐尔对妓女的表现方式,那么他最终完成的,很有可能是一件"虚假的、暧昧的、模糊不清的作品"。因此,波德莱尔强调道,我们没有权利蔑视和忽视现在,因为艺术家"全部的独创性都来自时间打在我们感觉上的印记"。①

应该说,无论是巴雷特、伽达默尔还是波德莱尔,当他们这样为现代艺术辩解的时候,他们都没有丝毫贬低传统艺术的意思。只是他们已经意识到,西方传统自身的瓦解是一个不争的事实,并且,导致这一瓦解的并不是现代艺术的崛起,毋宁说这一瓦解乃是西方传统内在机制自行展开的必然结果。因此,无论我们的艺术传统是多么的伟大,多么具有人文关怀,无论我们多么热爱和留恋这一传统,我们都已在事实上远离了这个传统。今天,我们不但无法依照传统的方式来创作新的艺术作品,即便是历史上流传下来的那些伟大的艺术作品也已被永远地移出了它们的世界。就像海德格尔所说的,传统艺术作品所属的本质空间已经不可逆转地逃离和颓落了,我们今天只能达到作品的对象存在,却很难达到这些作品的作品存在,即这一作品所展开的存在之真理的领域,即便我们可以对这一领域做出精确的说明。② 因此,威廉·巴雷特不无嘲讽地说,"那些把过去的伟大作为反对现代艺术的论据捧上天去的美学家可曾知道,他们对,比如说,卡尔特的圣母(the Virgin of Chartres)所做的反应,同中世纪人的反应比起来是多么苍白无力? 可曾知道,他们自己的美学观,不管有多么深的修养,实际上是一种多愁善感? ……是一种对其客体不真实的感情"③,"事实上,我们在这一阶段能有艺术可言,已是幸运的了"④。

总而言之,关于现代主义艺术的争论最终落在这样一个问题上:现代主义艺术的形式革新到底具有怎样的性质? 这一完全非理性的、怪

---

① [法]波德莱尔:《1846年的沙龙》,郭宏安译,广西师范大学出版社,2002年,第425—426页。
② [德]海德格尔:《林中路》,孙周兴译,上海译文出版社,1997年,第24页。
③ [美]威廉·巴雷特:《非理性的人》,杨照明等译,商务印书馆,1995年,第44页。
④ [美]威廉·巴雷特:《非理性的人》,杨照明等译,商务印书馆,1995年,第43页。

异荒诞的艺术语言是一群玩弄艺术于股掌之中的现代主义艺术家的纯粹主观的幻想和杜撰，还是对时代本质最直观的展现？换言之，现代艺术距离存在的真理到底有多远？

第一节 理念的表征：通达现代艺术的正确道路

为了申请大学教授资格，本雅明在1925年春天完成了论文《德国悲剧的起源》的最后写作和修改。虽然论文在提交之后遭到法兰克福大学教授们的一致否定，认为论文如一片泥淖，令人不知所云，但是在今天，它却被视为20世纪德国文学-哲学批评领域中最有创见的一部杰作。

从表面上看，这是一篇艺术史方面的学术论文，旨在清除艺术史中长久以来存在的对"巴罗克"艺术的种种误解。但事实上，本雅明通过对这一艺术形式的考古学分析所要真正澄清的乃是对现代艺术之本质的认识以及对现代经验的重新理解。

关于这一研究的真实意图，本雅明在《德国悲剧的起源》一书的开篇就已经指明。在"认识论——批评序言"一章的末尾处，本雅明谈到巴罗克艺术与当代德国文学之间的惊人类比：两者所关注的都是"如何唤起悲伤和共鸣的工具"；所追求的都不是"宏大的艺术发展，而是基于戏剧朗诵的一种韵诗"；在语言的运用上，两者都努力营造一种"夸张"的语言结构；两者都不代表着"真正艺术成就的一个时代"，而是"标志着具有坚定不移的艺术意志的一个时代"。所有颓废时期的艺术特征都是如此。本雅明指出：虽然这些类比表明，它们在表面上具有伤感的形式，"但在倾向上却是肯定的。"借用1904年的一位文学史家的话来说，近两个世纪以来，艺术的感觉和风格与17世纪的巴罗克文学非常接近，"大多数巴罗克作家都内心空虚，或深感不安，而表面上又专注于形式的技巧问题"[①]。因此，本雅明把他那个时代的

---

① ［德］本雅明：《德国悲剧的起源》，陈永国译，文化艺术出版社，2001年，第25页。

艺术家又称作"巴罗克后裔"①。正是基于如此众多的相似性，本雅明指出，在现代艺术让所有同时代人和后来者们都无法理解的时候，"德国巴罗克古怪的艺术媒介表现出来的许多相关倾向"却对我们更好地理解本时代的艺术形式有很大的帮助。②

既然巴罗克艺术在我们对现代艺术以及现代经验的理解上有如此重要的帮助，那么巴罗克艺术到底是一种怎样的艺术呢？事实上，正如本雅明所指出的，艺术史的研究在这一问题上一直是缺乏洞见的，而且这一洞见的缺乏并非因研究的主观努力程度之不够，相反，这一研究越是努力和严谨就越会在本质上背离巴罗克艺术的真理，越会由于其研究理念上的本质性矛盾而陷入恶的无限循环中。因此，应该以何种态度、采取何种方式来研究巴罗克艺术（即要对以往艺术史研究的研究理念进行深入而彻底的审查）方能够形成有价值的洞见，进而对现代艺术本质的澄清有所裨益，就成为本雅明艺术理论研究中的一个具有基础性和前瞻性的重要问题。

一

"巴罗克"（Baroque）一词最初来源于西班牙文的"barrueco"，意指一种不规则的、奇形怪状的珍珠。在文化史上，"巴罗克"一词通常用来指称17世纪到18世纪初叶整个欧洲和拉丁美洲所兴起的一股文化思潮。这股思潮最初发源于17世纪教皇统治的罗马，后来蔓延到欧洲其他地区和拉丁美洲。在其传播的过程中，它同当地的艺术倾向和艺术流派不断抗争并逐渐融合，最终形成了带有不同民族色彩和独特风格的巴罗克艺术。因此，所谓的"巴罗克艺术"实是由这些千差万别的艺术形式共同组成的。故而，在艺术观念史上，"巴罗克"的涵义十分复杂，人们只能对"巴罗克"进行大致的描述而无法给出准确的定义。对此，第一位研究巴罗克的现代学者亨利希·沃夫林（Heinrich

---

① ［德］本雅明：《德国悲剧的起源》，陈永国译，文化艺术出版社，2001年，第26页。
② ［德］本雅明：《德国悲剧的起源》，陈永国译，文化艺术出版社，2001年，第27页。

Wöfflin)在1888年写的《文艺复兴与巴罗克》一书中指出,"巴罗克变幻得如此之快",很难从整体的角度对之进行思考和界定,它的作为历史开创的形式和它的终结形式之间毫无相似之处,根本无法辨认它们之间的连续性。① 然而,尽管各种巴罗克艺术形式之间有着显著的差异,但是在对文艺复兴时期古典主义艺术理念(追求平衡、适中、庄重、理性与逻辑的艺术准则)的反叛上却是一致的。因此巴罗克艺术一反文艺复兴艺术的平静和克制,在总体上表现出戏剧性、豪华和夸张的特点。于是,在绝大多数的欧洲语言中,巴罗克最终成为过分、变形、反常、怪异、荒诞和不规则的同义语而被用来指称17世纪的艺术了。

然而,本雅明认为,这些对于巴罗克艺术形式之特征的归纳和总结只是表面性的描述,这些描述根本不足以揭示巴罗克艺术的本质。事实上,人们从来没有真正地理解过这些夸张的形式,而且,这些与古典主义艺术形式背道而驰的怪异风格正是一直使得巴罗克艺术备受冷落和误解的原因:想要真正欣赏这一划时代的文学,存在着很多障碍,其中最重要的一个障碍,就是"特别标志着巴罗克戏剧之特点的那种棘手的形式"②。

本雅明指出,艺术史的研究工作在处理这些非理性的、无法被容纳到其概念的逻辑总体之中的巴罗克式"棘手的形式"时总是捉襟见肘,谬误百出,究其原因乃在于艺术史研究所遵循的方法论原则与它所要研究的客体(巴罗克艺术)之间存在着本质的冲突,本雅明将之表述为概念与理念的冲突。其实,这种冲突不仅存在于对巴罗克艺术的解读中,在本雅明看来,这一冲突一直都在,艺术史研究的基本原则(概念的原则)根本就不适于处理各种形式的艺术客体(作为理念),不管这一客体是"哥特""文艺复兴"还是"巴罗克"。虽然艺术本能地感到这样被概念粗暴地对待十分不妥,但是艺术长久以来所形成的温和庄重的表现形式却最大限度地迁就与宽容了概念的这一粗俗举动,于是,概念便一直以天然合法的统治者身份肆虐这片异乡的土

---

① 转引自秦露:《文学形式与历史救赎》,华夏出版社,2005年,第31页。
② [德]本雅明:《德国悲剧的起源》,陈永国译,文化艺术出版社,2001年,第19—20页。

地。然而，巴罗克艺术却以其异端的品格激怒了艺术史研究的基本原则，从而整个地遭到了抛弃。但是也正因为如此，这一极端的对立反而将这一内在的冲突尖锐地呈现在我们面前：要么，我们把巴罗克逐出艺术的殿堂；要么，我们必须重新审视我们惯用的方法论原则。

本雅明毅然选择了后者。他认为，若要搞清楚巴罗克艺术的真实本质，就必须首先对艺术史研究所一直秉承的方法论原则进行认识论基础的批判。但是，切莫以为本雅明对艺术史研究方法的批判只是在对认识工具的适用性做单纯的考量，换言之，切莫以为这一考察只是具有认识论的意义。事实上，仅仅具有认识论意义的方法论研究乃是黑格尔所批判的那种坏的唯心论原则的逻辑后承，即把认识当作媒介或工具单独地孤立出来，把思想划在一边，把实在划在另一边，然后再来探讨思想是否可以达到以及如何达到实在。本雅明是与此完全不同的，他从未在思想和实在之间进行二分，也从未对认识方法做过孤立的理解。

当然，在我们力图将本雅明的认识论批判区分于那种单纯的、将自己的意义只局限于认识领域的方法论研究的时候，我们丝毫也没有轻视方法的认识论意义。相反，我们是如此清醒地意识到作为认识手段的方法在现代科学（艺术史的研究自然是现代科学的一个分支）中的举足轻重的地位和作用，而这一意识却是那一出自对科学方法的狂热崇拜并因此给予方法以极度关注的单纯的方法论研究所从未达到的（它不仅从未达到过，并且反倒在其对方法的极度关注与崇拜中将方法溺死在它形而上学的思维原则中，换言之，思想和实在二分的原则禁锢了方法的生命力）。按照海德格尔的说法，这一对方法和现代科学之间的真正关系的洞见就在于，在现当代科学的建立机制当中，方法并不是作为一种单纯的工具来服务于科学的，相反，方法倒是科学所服务的对象，包括科学所提出的论题，都是"由方法来摆弄、提出的"，同时，科学的论题也被方法加以利用，被方法设置入自身之中，必须始终服从于方法。今天科学所呈现出来的那种"肆虐着不知何去何从的疯狂奔跑"，依然来自于方法的推动，同时这种推动不断被加强，越来越被技术所操控。方法是拥有暴力的。科学论题不过是方法的组成部分。① 正是基于方法对现代科学具有奠基性的作用这一意识，我们才能在一个更广阔的视域中看待和估价本雅明此一认识论批判的地位和作用。换言之，本雅明对现代艺术史研究的方法论原则的清算按其本意是绝不会仅仅具有认识论意义的，他的批判并非仅仅意在用新的方法代替旧的方法，而是要在批判中将一个久被遮蔽和遗忘的领域从现代科学的框架中松动出来并展现开来。随着这一领域的松动与展现，一切都会脱开旧有的羁绊而重获鲜活的生命，我们也将凭借这一领域的敞开而取得关于世界的源初经验。

然而，这一批判要如何进行方才能够按照批判者的本意而端呈出这一崭新的领域呢？为避免任何粗糙观念对这一道路的先行阻断，本雅明首先提出的便是如何使这一认识论批判得以可能的问题，即如何使得批判不是以新的辞令来重复旧有的被批判对象的错误。在本雅明看来，若要这一批判富有意义和成果，其前提就是要在存在论的基础上对艺术的本质做出重新的理解。当然，这里的"做出重新的理解"并不是求真的意志动用另一种强制来取代现代科学的强制（此取代的结果只能是用一种知识取代另一种知识），而是这一意志首先要为所思之物开放出领地，从而才能接受、顺应并获得艺术准许切近之允诺，并最终取得关于艺术的本质经验（绝非知识）。在此经验获取之际，精神才能重新回归自己精神的品质，才能离开旧有的窠臼，才能不滥用它强制的武器并持之有度。因此，就这一认识论批判的实质来说，其意义就在于，它不仅是推动巴罗克艺术的研究深入到本质层面的内在动力，同时也是精神保持其高贵品质的内在要求，正如本雅明在"认识论——批评序言"的结尾处指出的那样，精神必须"通过某种严格的实习"方能"到达有利的位置，并从这个位置上鸟瞰全景，同时仍能控制自身"，同时本雅明也把自己的这篇文章就视为是对"这一实习的过程"的描述。②

---

① ［德］海德格尔：《在通向语言的途中》，孙周兴译，商务印书馆，1997年，第146页。
② ［德］本雅明：《德国悲剧的起源》，陈永国译，文化艺术出版社，2001年，第27页。

二

那么，艺术的本质是什么呢？本雅明指出，艺术属于真理的领域，艺术的本质乃是理念。

毫无疑问，"理念"和"真理"是两个需要万分警惕的词，它们被过于频繁地使用着，且常常在丧失掉其本有的原则、搀杂了许多粗糙的观念的情况下被使用着。因此，这里的"理念"和"真理"究竟是哪样一种层次上的"理念"和"真理"便成为我们是否能够切近艺术之本质并取得关于艺术之新经验的关键所在。本雅明正是以此为切入口而开始对美学以及艺术史研究的方法论原则进行颠覆的。

在日常观念以及在现代科学的领域中，真理总是被等同于知识。但是在本雅明那里，真理恰恰是与知识完全不同的，真理"拒绝以任何方式被抛射到知识的领域"①。面对这一绝对反常识的提法，如若我们依然想保有哲学对心智的统治，而同时又想忠诚于自己的心灵，不愚弄他人也不欺骗自己的话，那么，我们就必须直面这两种提法的对立，不是以记忆的方式（此乃知识的方式），而是以生存的方式（这才是真理的方式），取得对此一对立的基本的生存经验。否则，真理就只会成为神龛中的神像而不会执掌世俗的权杖，哲学的探讨就只会停留在口头上、大脑中，而不会驻扎到人类的心灵里，不会触动常识，甚至不会触动我们自己。因此，仅仅知道、记住或重复本雅明的观点和结论依然是不够的，在这个我们对真理的这一存在基础已无多少领会的时代，弄清楚真理究竟与知识有怎样的不同才是更为重要的。

事实上，对真理与知识作出区分并非自本雅明开始，这种区分在西方由来已久。按照本雅明的说法，柏拉图在《会饮篇》中就已经对真理与知识进行了区分，这最明显地表现在《会饮篇》对真理的界定上，即把作为理念王国的真理的本质内容界定为美，宣布真理是美

---

① ［德］本雅明：《德国悲剧的起源》，陈永国译，文化艺术出版社，2001年，第3页。

的①。本雅明认为，搞清楚柏拉图关于真理与美的关系的观点，实际上是艺术哲学所有研究的基本目的，同时也是正确理解真理内涵的关键②，因为，正是真理与美之间的这种关系，才更清楚地提示了真理与知识之间最为重大的差异。③

然而这是如何可能的？美是如何保证真理之不同于知识的呢？本雅明指出，"美"绝对不仅仅是真理之特征的一个隐喻，毋宁说，"美"所标识出来的乃是真理的存在模式，"由于外部表象的缘故，美总是逃逸的：在理智面前惶恐，在爱者面前胆怯"，因此，真理之所以能够呈现美的特征乃在于真理是**理念自我表征**的结果，"真理的这种表征冲动是美自身的藏身之所，因为美只要自由地接受那种状况就会依然光彩夺目、明显可感。其光彩……只有通过藏身于真理的祭坛才能揭示其纯真"④。因此，真理之美的本质来自于理念自身的显现与流溢，即自我表征。只要真理是美的，真理就必然不是对秘密的一个"揭露过程"，而是对秘密的一种公正的"启示"⑤。凡在理智强制运行其意念以达到揭露秘密之目的之处，美均会逃逸，真理也必然隐匿。

相反，知识则不具有美的特征，它并非理念之自我表征的结果。本雅明指出，知识的本质乃是**占有**，"被意识所占有"⑥。这样的"占有"与"表征"之不同就在于，占有乃源于意识自身"所确立的一种一致性"，而表征则"衍生于一种本质"，即衍生于理念。⑦ 因此，"对于被占有的事物来说，表征是次要的"，占有之于事物乃是**外在的手段**，这一手段甚至可以完全不顾及它的感受而"在意识中创造客体"，而真理则是"在被表征的理念的舞蹈中体现出来"的，因此对于真理来说，没有什么作为外在方法和手段的"表征"，表征（或曰自我表

---

① ［德］本雅明：《德国悲剧的起源》，陈永国译，文化艺术出版社，2001年，第4页。
② ［德］本雅明：《德国悲剧的起源》，陈永国译，文化艺术出版社，2001年，第4页。
③ ［德］本雅明：《德国悲剧的起源》，陈永国译，文化艺术出版社，2001年，第5页。
④ ［德］本雅明：《德国悲剧的起源》，陈永国译，文化艺术出版社，2001年，第4—5页。
⑤ ［德］本雅明：《德国悲剧的起源》，陈永国译，文化艺术出版社，2001年，第5页。
⑥ ［德］本雅明：《德国悲剧的起源》，陈永国译，文化艺术出版社，2001年，第3页。
⑦ ［德］本雅明：《德国悲剧的起源》，陈永国译，文化艺术出版社，2001年，第3页。

征)"作为形式内在于真理之中"。①

关于知识之本质的这种论断,马克思在《1844年经济学哲学手稿》中有过类似的说法。在批判黑格尔哲学的本质乃是意识和自我意识的哲学时,马克思指出了知识的虚无主义本质:"知识是意识的唯一的行动。"当意识知道某个东西时,这个知道,就是知识,同时对意识而言,它会把它的知道就当做这个东西自身的存在。所以意识很看轻对象,它总是把对象虚无化,因为它知道对象不过是它的外化。无论是作为知识的意识,还是作为思维的意识,总是将自己直接冒充为"感性、现实、生命"。②

总而言之,无论是本雅明还是马克思,他们都认为,知识只是意识之自我存在的证明,绝非理念和真理的产物。这一对知识与真理的区分在现代性统治的世界中总是不被接受的,也许正因为这一区分恰好戳到了现代性的死穴而使得它不得不为了生存的需要而拼命否认吧。然而这一区分却是如此古老地存在于人类早期的智慧中,按照本雅明的说法,这一区分乃是"原始形式的哲学的最深邃的意图之一,即柏拉图的理念论"③。

既然真理乃是理念的自我表征,既然真理与知识的不同被归结为理念和意识的不同,那么作为真理之王国的理念又是如何有别于作为知识之王国的意识的?换言之,进行着自我表征的理念世界是以怎样的、不同于意识的方式存在的?

总的说来,本雅明对于理念世界的描述是直接反对柏拉图主义的,甚至从某种程度上来说也是直接反对柏拉图本人的。虽然黑格尔在《哲学史讲演录》中对柏拉图的理念论做了批判性的澄清,即力求把理念从形式思维对之进行的反历史的、完全错误的理解中拯救出来,也即把理念不是理解为只是存在于"我们理智中的一种思想",一种抽象的共相,也不是理解为"存在于我们之外"的"实体"、"独立的本

---

① [德] 本雅明:《德国悲剧的起源》,陈永国译,文化艺术出版社,2001年,第3页。
② 《马克思恩格斯全集》(第3卷),人民出版社,2002年,第327—328页。
③ [德] 本雅明:《德国悲剧的起源》,陈永国译,文化艺术出版社,2001年,第3页。

第三章 现代主义艺术的证词（I）——本雅明：废墟上的救赎之光

质"，因而同样是一种抽象的共相，而是把理念理解为"本质"或"精神"，理解为"自己反映自己、建立自身同一的过程"，是"自在自为地有普遍性的东西"，因而是世界中的真实存在。黑格尔指出，"理念就是现实世界"。① 然而这一对"理念"之具有历史性的真理本质的挽救却由于黑格尔意识哲学的本质而变得徒有其表。事实上，在黑格尔那里，理念虽然成为运动中的共相，但是这一运动却自始至终没有跨出自身，"共相、类本身就是自己的生成。它是这样的东西，它的生成［发展］即是它自己的潜在性的实现，它所变成的东西，即是它原先就已经是的东西。它是它自己的运动的起点，但它在运动的过程中决不走出自身之外"②。因此黑格尔认为，柏拉图对"理念"的这一历史性本质的揭示恰好指明了"意识的真实性质"，即"以其自身为对象的东西，或者自己为自己而存在的东西"。③ 正是以此为依据，黑格尔将柏拉图哲学视为哲学之作为科学的开始，认为他"把握了苏格拉底的基本原则的全部真理，这原则认本质是在意识里，认本质为意识的本质"④。也许在柏拉图的时代，尚没有发展起如此完备的自我意识的原则，因此黑格尔把理念的本质如此这般地导回到意识之中的做法是过于急迫的，但不可否认的是，在柏拉图那里至少存在着可以进行如此理解的潜质，因此黑格尔无非是按照柏拉图理念自身的潜质对之进行了形而上学的完成。

本雅明所说的理念则是与此完全不同的。本雅明通过理念这一名称所要进行的全部努力，就是去破除意识以"概念"的同一性原则对具有丰富个性的、无法被还原为概念的现象客体的褫夺，或者说，就是要使理念与那总是以自我为中心的意识的意志完全区别开来。当然，意识的概念演绎所要求的"一致性"并非理念的真理所不要求，相反，真理必须是"整一"的，"整一是真理的直接和本质属性"，"真理的整

---

① ［德］黑格尔：《哲学史讲演录》（第二卷），贺麟等译，商务印书馆，1960年，第179、187页。
② ［德］黑格尔：《哲学史讲演录》（第二卷），商务印书馆，贺麟等译，1960年，第183页。
③ ［德］黑格尔：《哲学史讲演录》（第二卷），商务印书馆，贺麟等译，1960年，第183页。
④ ［德］黑格尔：《哲学史讲演录》（第二卷），商务印书馆，贺麟等译，1960年，第149页。

一是不容任何质疑的"。但是，真理的整一与意识的整一（本雅明又称为"概念的整一"）又是完全不同的，真理的整一并非出自于"意识所确立的一种一致性"，而是出自"一种本质"，因此，本雅明把真理的整一称作"本质的整一"。① 那么，"本质"又当如何来理解？本雅明指出，"把理念界定为本质。这就是理念论的真理概念的含义"。在柏拉图哲学的体系内，真理和理念，作为本质，具有无上的形而上学的意义。② 黑格尔曾经同样指出过，应该把柏拉图的理念理解为"本质"，理念"这种共相是自在自为的真实存在，是本质，是唯一具有真理性的东西"。③ 可见，无论是在黑格尔那里还是在本雅明那里，由"本质"一词所提示出来的乃是"理念"至高无上的、不容置疑的、绝对真理的地位，它不屈从于任何其他的东西，它是自身的目的。只是黑格尔与本雅明对何谓"本质"、何谓"真实"有如此不同的理解，以致理念之整一的这种本质性地位便在不同的哲学体系中有了完全不同的外观。在黑格尔体系中，作为本质的理念乃是意识，意识必须通过牺牲现象客体，把质贬低为定额上的量的行动才能保证自身存在的整一。而本雅明的理念之能够成为本质，能够获得"整一"，能够成为不容置疑的真理，则正是由于它在自身中保持了现象客体的差异。换言之，在本雅明那里，唯当理念拯救了现象客体的独立性，理念才能获得自身的拯救，因此，在这样一种作为整一、作为本质的理念中，并没有意识的立足之地。

然而，若要真正理解这一点却并非一件容易的事。因为，如果理念并不像意识那样越过个性和差异，以精神（作为概念）的名义对全部关系实施强权，那么理念如何才能在保持差异和个性的同时又保持住自己本质的地位，保持自身的整一呢？什么样的"整一"才不会因为"整一"而戕害到多样和差异，才不会让多样和差异虚有其表？换言之，"一"与"多"如何才能在理念中做到真正的融合？就事情的本质而言，"一"与"多"、"整一"与"差异"的真正统一对于意识来说

---

① ［德］本雅明：《德国悲剧的起源》，陈永国译，文化艺术出版社，2001年，第3—4页。
② ［德］本雅明：《德国悲剧的起源》，陈永国译，文化艺术出版社，2001年，第4页。
③ ［德］黑格尔：《哲学史讲演录》（第二卷），商务印书馆，贺麟等译，1960年，第179页。

是不可想象的,不管这一意识是被降格了的、粗俗的、片面的形式化思维,还是被提升了的、保持了差异于自身之内的"绝对精神"。

本雅明以"星座"为喻对理念的这份独特的存在进行了说明。本雅明指出,理念并不是像概念那样要以它的种来包括其各个类,这不是理念的任务,"理念的意义可以用一个类比来说明。理念之于客体正如星座之于群星。这首先意味着理念既不是客体的概念,也不是客体的法则。……理念……决定其相互关系"。[①] 可见,以星座方式存在的理念是无法用所谓的真理的意志褫夺现象客体的个性,然后将这些客体收归自身的统治的。每一个客体,以它自身全部的丰富性,都对理念充满着意义,都是不可以被理念勾销或者在相互之间进行替换的,正如每一颗星星,以它或明或暗的光泽和独特的位置,构成星座的每一个不可替代的部分一样。因此,应该说,唯如此众多又饱含个体差异的现象客体的存在才成就了理念自身的存在,正如星座唯在它所包含的每一颗星星都坚守其位并放射独特光芒的时候才显现出来一样。正因为如此,本雅明从不放弃对"细节"的捕捉,极其重视具有个性的"极端"。他说,只有当孩子们紧紧围在母亲身旁,相互之间产生亲近感之时,母亲才真正作为实际上的母亲而存在。同样,"也只有当各个极端都聚集在周围之时",理念才具有生命,否则,"理念就是模糊的"。[②]

现象客体的保持自身个性的存在对于理念来说具有无与伦比的重要性,然而,现象的这一显赫地位有没有威胁到理念的存在价值和意义呢?换言之,"一"是不是面临着被"多"架空的危险呢?本雅明指出,虽然以类似于星座方式存在的理念并不是可以在现象客体的世界中找得到的特定因素,但是理念却也决不是幻想的结果,理念世界依然是真实的存在,是本质。实际上,就如星座一样,理念的意义就在于它是现象客体之间的相互关联的整体,是一种结构的给予。当然,这一作为本质的"结构"或者"关联"均不是由理念强加给现象的,

---

① [德] 本雅明:《德国悲剧的起源》,陈永国译,文化艺术出版社,2001年,第7页。
② [德] 本雅明:《德国悲剧的起源》,陈永国译,文化艺术出版社,2001年,第8页。

理念"不是在经验现实中实现自身的一种意图"①，正相反，这种结构或者关联乃是一种"无意图的存在状态"，"真理即意图之死"②。然而，事情的微妙之处就在于，理念的这一存在状态虽然无意图，但它却是"决定这个经验现实的本质的力量"③。然而，这又是如何可能的？本雅明的描述让我们如坠雾中。

在本雅明的言说中，理念的存在状态似乎太玄妙了，玄妙得几近于不可言说，一说就显得牵强和不真实。因此，我们有些担心是不是理念只是被说得如此玄妙，从而才远离了意识，我们甚至开始怀疑本雅明在这里是不是陷入了某种神秘主义的呓语，某种并非事情本身，而只是本雅明脑海中的臆想。然而，本雅明的下述阐释却为这一不可思议的存在状态开启一丝光亮。

本雅明指出，理念的这种独有的、"超越所有现象性的一种存在状态，就是名称的状态"④。在本雅明看来，名称的状态是与经验认知中的词语（本雅明用"概念"一词加以表达）的状态完全不同的，"在经验认知中，词语变成了碎块"⑤。然而，词语变成碎块有什么不妥吗？难道词语本来不就是碎块吗？它不是一直被我们当作碎块，当作用以标记事物的符号而使用的吗？但是本雅明却认为词语的破碎乃是人类堕落的标志，是人类巨大灾难的开始。这似乎有些危言耸听，作为事物之标签的词语竟能够威胁到人类的幸福？诗人斯退芬·格奥尔格质朴的诗句给了我们些许暗示，他说，"词语破碎处，无物存在"⑥。在这句诗里，我们至少可以体察出两点提示：其一，词语不应该是破碎的标签，不应该是零零散散的、忽东忽西的从我们脑子中冒出来的东西，词语的破碎违背了词语的本质；其二，由于破碎并非词语的本质，因此当词语破碎时便使自己受到损害，而在词语由于受损而缺失之处，事物也不再存在。可见，在词语与物之间存在着本质的关联，换言之，

---

① ［德］本雅明：《德国悲剧的起源》，陈永国译，文化艺术出版社，2001年，第9页。
② ［德］本雅明：《德国悲剧的起源》，陈永国译，文化艺术出版社，2001年，第8页。
③ ［德］本雅明：《德国悲剧的起源》，陈永国译，文化艺术出版社，2001年，第9页。
④ ［德］本雅明：《德国悲剧的起源》，陈永国译，文化艺术出版社，2001年，第9页。
⑤ ［德］本雅明：《德国悲剧的起源》，陈永国译，文化艺术出版社，2001年，第9页。
⑥ ［德］海德格尔：《在通向语言的途中》，孙周兴译，商务印书馆，1999年，第130页。

第三章 现代主义艺术的证词（I）——本雅明：废墟上的救赎之光

唯当表示物的词语已被发现之际，物才是一物，物才存在，唯词语才使物获得存在，物的存在居于词语之中。可是，这里的提示却再次挑战了我们的常识，词语是从何处获得了它的这种资格的呢？当我们想到人造卫星、原子弹、核反应堆之类的事物时，我们便会从心底抵制这种看法，事物哪里是由于单纯的词语才获得了存在，事物明摆着并不依赖于后来加给它们的名称的嘛！在事物的存在方面，关键的不是词语，而是科学的行动！就在我们几乎要决心摒弃本雅明以及诗人对词语之本质的探索之际，海德格尔及时伸出了救助之手，他这样说道："且慢。让我们先来压一压思想的仓促。"词语与物之间的关系，是如此地让人莫名其妙，即便是人造卫星这类物，假如并不是那种急不可耐地想在技术上提高速度的急迫招呼着人（唯有在这种速度提高的召唤中，现代科学技术才可能存在），假如这种急迫并没有把人设置到它的指令（Geheiss）中，假如这种指令没有挑起人进一步的急迫，假如这一切都没有被谈论，"那么，也就没有什么人造卫星：词语破碎处，无物存在"。[①] 由此可见，物的存在之扎根于词语中，或者说，语言乃存在之家园始终是一个先决的事件，而以经验认知为目的的词语（即概念）恰恰遗忘了这一事件，它丧失了关于这一事件的所有经验，并同时丧失了获取这一经验的任何能力。正由于它切断了对这一事件的所有记忆，它便恣意妄为地篡改词语的本质，以工具性的态度对待和使用词语。在这一使用中，词语由于被从它与事物的源初关联中连根拔起而必然破碎掉，而后这些破碎的珍珠又被纯粹思维以自己的法则再度黏合起来，成为纯粹思维便于对事物记忆和换算的通用符号。只是这再度被黏合起来的词语由于缺失了有机体的生机和灵韵而只能成为纯粹思维的一块徒具形式的惨白白的遮羞布。

这种把语言作为事物的外在符号来使用的语言观被本雅明一直严厉地批判着，他把这种语言观称为"无价值和空洞"的"资产阶级的语言概念"[②]，是人被蛇引诱后获取的无名称的、外在的知识，是人类

[①] ［德］海德格尔：《在通向语言的途中》，孙周兴译，商务印书馆，1999年，第133页。
[②] ［德］本雅明：《本雅明文选》，陈永国等编，中国社会科学出版社，1999年，第266页。

"语言精神真正的堕落"①之标志。而理念所拥有的名称的状态则是与此全然不同的。在本雅明看来,名称出自命名的行为,命名并非随意地赋予某物以一个名称,名称和命名均有它的本质渊源,这一渊源就是上帝的语言。在这里,我们不要过快地将本雅明的思考定性为"神学的",因为当我们这样做的时候,我们除了获得一个标签外,我们将一无所得,这个标签会像一块高耸的墓碑,永远封尘本雅明通过"上帝的语言"所要展现的一片旖旎风光。无独有偶,当海德格尔论述语言的本质的时候,他也在极力区分着名称和符号,他用格奥尔格的另一句诗来讲述名称之不同于符号的本质渊源。诗曰:"期待着远古女神的降临/在她的渊源处发现名称——",由此可见,名称的发现者乃是女神,名称的发现地点,是女神的渊源处,这两者都使我们不敢贸贸然地就"把'名称'理解为单纯的标记"。那不是标记,名称会是什么呢?海德格尔指出,也许,这种命名着的词语和名称具有类似于我们常说的"以皇帝的名义"和"以上帝的名义"这类短语所指明的那种意思,"这里,'以……名义'(im Namen)表示:服从指令,按照指令"。②当然,我们在这里同样不会用"神话学"来封尘海德格尔。虽然,无论是对本雅明的"上帝",还是对海德格尔的"女神",我们都无法再用更清晰的逻辑语言做进一步的剖析和表达,似乎思想在这里就已经碰触到了它的疆界,但是我们却十分清楚地知道,这个"上帝"和这个"女神"所要揭示的乃是符号学语言观的所有反面:真正的语言从不以纯粹思维为自己的本质渊源,它从不为了实现对知识的获取而将自己发展成一套思想通用的货币符号,因此它必然是无意图的;它在给事物以名称的时候并没有取代或遮蔽事物,相反事物与名称如此相得益彰,事物就在这一名称中达于自身的存在;名称的给出也从来都不会是零散而破碎的,它与事物的在存在论根基上的血肉相连就是它神圣而永恒的家园;这个家园不仅为名称提供了整一性,同时也保证了事物存在的多样性,因此,在这个家园中,一与多以纯粹意识无

---

① [德]本雅明:《本雅明文选》,陈永国等编,中国社会科学出版社,1999年,第274页。
② [德]海德格尔:《在通向语言的途中》,孙国兴译,商务印书馆,1999年,第131—132页。

法想象的方式水乳交融。若一定要给出什么具体的例证以能够使这种神秘状态明晰化的话,那么本雅明说,这种语言状态就是伊甸园的亚当对事物进行命名的状态,"亚当给事物命名的行为"既不是偶然的行动,也不是戏耍之举,亚当的行为只是意指伊甸园的一种存在状态,在那里,词语不是为了交流而冥思苦想出来的,也就是说,不是出于纯粹意识的活动,"理念是在命名的行为中无意展示出来的"①。因此,本雅明总结道:名称的状态,"说到底不是柏拉图的态度,而是亚当的态度,亚当才是人类之父、哲学之父";而名称状态所独属的"理念",也"最好应解释为语境的表征",它"是任何词语本质中的象征的因素",是"一种原始的认知形式","在这种语境中,独特的和极端的东西与其对等物携手并肩",在这种认知形式中,"词语拥有自身的与名称一样的高贵,未为认知意义所伤害"。②

由此可见,本雅明的那个一直显得玄妙而无法把捉的理念其实就是语言,是作为本质的语言,是给出万物存在和意义的作为其生命来源的语言,因此也可以说,以语言为本质的理念其实就是世界的存在,是存在的家园。既然理念以语言、以存在为其本质,那么理念就必然是历史的(概念是无历史的)。本雅明指出,理念论的核心就是历史,"理念总是面对历史的世界,直到它在历史的总体性中被完全揭示出来"。但是本雅明所说的理念的历史并不是科学主义的历史,而是与科学主义均衡流变的历史正相反对的东西,"这个历史在性质上是内向的,不能被理解作漫无边际的东西,而应被解作与本质存在相关的东西,因此,可以将其描述为这个存在的过去和后续的历史",而同时,理念历史的这一内向的聚合也并非形而上学的构建,并非形而上学以无历史的方式对历史的锻造,因为即使理念的历史是向内的,历史的视角依然"可以引申到过去或未来,而不屈从于任何原则的限制"。③ 可以看到,理念的历史特性是与理念的存在特性、语言特性保持着最本质的同一的。我们唯有透过如此被揭示出来的共同视界才能

---

① [德] 本雅明:《德国悲剧的起源》,陈永国译,文化艺术出版社,2001年,第9页。
② [德] 本雅明:《德国悲剧的起源》,陈永国译,文化艺术出版社,2001年,第8—9页。
③ [德] 本雅明:《德国悲剧的起源》,陈永国译,文化艺术出版社,2001年,第17—19页。

对理念的本质及其存在有所领会。

至此，关于理念的讨论似乎可以告一段落了，因为理念的秘密好像已经大白于天下了。然而，我们心里却依然忐忑不安，这种把理念引向名称、引向语言、引向存在，试图通过我们对语言的经验来增进对理念本质的理解的做法到底有多少功效呢？事实上，在大多数情况下，只要我们认真地对待并试图亲身经历这种阐释，换言之，只要我们不是把"理念乃是指语言"当作一个新观点，当作语言学所产生出来的又一新的知识来学习和接受（对于知识的学习总是比较容易的，因为那无关生命的痛痒，那是记忆的事情），而是把它当作人类存在的基本经验来领会的时候，我们就会依然感到困惑难解，因为语言的本质、语言与我们的关系就如理念的本质、真理的本质一样，也被整个现代意识深深地遮蔽着。因此，谜底的宣布并不代表着探索的终结，当我们被本雅明和海德格尔引领到语言的面前，当他们试图向我们指出一条通往获取语言之经验、理念之经验的道路时，我们自己心灵的征程才刚刚开始。切莫让学习的态度（这实际上是纯粹思维懒惰的表现，也是纯粹思维唯一的表现）来完结这一征程，否则，纯粹思维将带着它对我们的莫大嘲讽来庆祝自己的最终胜利。

三

在从哲学的基础上对理念和真理的本质进行了阐明之后，我们便对本雅明在进行德国悲悼剧的研究之前做"认识论——批评序言"的苦心有了些许真实的体悟。由于艺术乃属于真理和理念的领域，而真理和理念又是这样一个与纯粹思维（或曰纯粹意识、概念）完全不同的非逻辑、非概念的领域，那么纯粹思维若想凭一己之力而探得这一领域的奥秘就必然是徒劳无功的。因此，本雅明批评以往的哲学和艺术史研究虽然不吝吹嘘自己以发现真理为目标，但在实质上都是"对语言所指向的那个真理领域的抛弃"[1]，因为它们都在不遗余力地以纯

---

[1] ［德］本雅明：《德国悲剧的起源》，陈永国译，文化艺术出版社，2001年，第1页。

粹思维的概念为原则而展开对真理的诱捕，它们始终都没有怀着一颗虔诚之心来发现其研究客体之赋有个性的真实存在。

文学史对于悲剧的研究就是以这种错误的方式进行的，概念思维的原则在这一领域中以归纳推理的方式展开它的活动。正如本雅明所指出的，悲剧（作为艺术）是理念，不是概念。作为理念，它"并不包含分类系统中各个概念层面所依赖的那种一般性：普遍性"①，而艺术理论运用归纳推理方法的唯一目的就是要在各种悲剧现象中找出共性，并从而把它们界定为悲剧的本质。换言之，艺术理论深刻地误解了词语的理念性质，它"依据流行的语言用法归纳地界定理念"②，把悲剧变成具有普遍性、共性的概念来处理和把握，因此，艺术理论的研究方法必然是成问题的，它在对其任务的完成方面也必然是薄弱的。通过这种研究方法所获得的统一性将不会是事物的客观本质，而只会是研究者的主观状态。

本雅明反对归纳推理的方法在艺术研究领域中的运用，但是同时他也反对这样一种对于归纳推理的反对，即出于对材料的多样性的热爱，认为归纳推理必然造成对材料细节的疏漏与错判。本雅明指出，虽然这种反对意见正确地认识到了归纳推理方法的症结所在，认识到了它不过是在用一个发明出来的抽象概念，试图去掌握千变万化的精神显示和个性，而这些抽象概念又给予各种不同的形式和精神一个虚假统一的表象，但是这样一种反对却是不充分的，它必然以怀疑主义为最终归宿。③ 因为理念的真理虽然垂爱和保护现象的丰富个性，将现象质的差异视为自己的生命，但是理念却绝不是杂多的单纯集合，它乃是本质的整一。因此，理念虽不像概念那样"把类似的当作同一的，但在极端之间进行了一种综合"④，唯这种综合才保证了理念作为本质的至高存在，并同时使得世界能够免遭怀疑主义的吞噬。然而在这样一种出于对材料的细节错误的恐惧而对归纳推理的反对中，却没有任

---

① ［德］本雅明：《德国悲剧的起源》，陈永国译，文化艺术出版社，2001年，第11页。
② ［德］本雅明：《德国悲剧的起源》，陈永国译，文化艺术出版社，2001年，第11页。
③ ［德］本雅明：《德国悲剧的起源》，陈永国译，文化艺术出版社，2001年，第12—13页。
④ ［德］本雅明：《德国悲剧的起源》，陈永国译，文化艺术出版社，2001年，第13页。

何东西能够凝聚起来,精神的火焰被熄灭了,作为本质的构成性理念的存在与刚愎自用的概念一起遭到了质疑和抛弃。因此,本雅明认为,以这种方式来反对归纳推理对于真理的事业是毫无帮助的,它依然与理念的世界擦肩而过。他强调说:"方法论必须从对某一高级秩序的信任开始,这个秩序高于科学的真实主义所提供的秩序。"① 当然,这个秩序就是理念的秩序。

既然方法论必须从对理念秩序的信任开始,那么到底何种道路才能担当这种信任,才能使这种信任不会被方法的利器扭曲和消解?本雅明认为,道路只有一条:表征。正如我们在分析理念的存在状态时已经初步表明的,"表征"乃是理念的显现与流溢,是理念的自我活动;这一自我活动并不具有纯粹思维自我实现的意图性,因为理念的存在本身就不是像纯粹思维那样充满欲望与野心的;作为理念显现的唯一方式,并且也作为我们达到理念的唯一道路,表征并不外在于理念,它衍生于本质,因此它内在于理念。故此,表征之路并没有一般方法论的强取压迫之势,"目的性结构的阙如是其基本特点"②,它不会伤害理念自身的存在,它守护着我们对理念秩序的信任,并完成它作为方法论的使命。

然而,我们要如何实施这种表征才能获得真理,这依然是一个尚未解答的问题。如果说表征乃是理念的自我表征,那么我们就只能沉浸在表征的光芒中沉思和描述,这是本雅明要求我们做的。但是我们依然不清楚的是,我们到底要沉思和描述什么?是沉思和描述理念吗?不,正如本雅明所指出的,理念并不是实体性因素,它作为永恒的星座,不是诸现象的共性(或曰概念),而是"对现象的客观阐释"③(作为语境),因此理念本身不能被直接沉思和描述。那么是沉思和描述现象吗?如果是为了确定现象之间的相似性而将现象聚集起来并加以描述,那么所得到的依然不会是为现象提供客观阐释的那种内在的张力

---

① [德] 本雅明:《德国悲剧的起源》,陈永国译,文化艺术出版社,2001年,第13—14页。
② [德] 本雅明:《德国悲剧的起源》,陈永国译,文化艺术出版社,2001年,第2页。
③ [德] 本雅明:《德国悲剧的起源》,陈永国译,文化艺术出版社,2001年,第7页。

(即理念),而只会是"纯粹的不和谐"①,虽然它会被叫作共性;但是如果这种沉思和描述不以寻找现象之间的相似性为要点,那么"沉思和描述现象"应该是一个不错的说法。当然,不错与正确之间终究还是有距离的。

现在,虽然我们仍然不很清楚如何通过经验的因素(现象)来表征理念,但是上述关于理念与现象之间的这样一点关系的澄清却是非常必要的,即各现象之间并不因彼此的相似性而构成理念的立身之所。这一关系是一个禁令,也是一个路标,它在否定的意义上为我们划清了表征之路的界限和方向:理念应该以其构成因素的非相似性或者说断裂为其存在的基础,"理念存在于不可简约的多元性之中"②,因此,如果理念的表征必须从现象入手的话,那么它的着眼点就应该是独具个性的、不可简约的现象。本雅明指出,这种现象就是极端或曰典型。当然,不可否认的是,极端和典型是以"最纯粹的碎片"③的方式存在的,而碎片又仿佛是与理念的整一相隔最遥远的东西,那么看似最异质的东西怎么就成了彼此之间的本质需要了呢?这似乎又超出了纯粹思维的理解力了。本雅明认为,这是由理念本身的非逻辑、非概念的性质决定的。就理念的性质来说,"思想碎片与其基础观点的关系越不直接,其价值就越大,而表征的光彩取决于这种价值,就如同马赛克的光彩取决于玻璃彩釉的质量一样"④。因此,极端尽管以非中心化的碎片的方式存在,却仍能以最夺目的方式闪现理念的光辉。并且,正是由于每一块碎片都以全部的热情散发出理念的光彩,因此理念的断裂并不导致其状态的分崩离析,相反倒是产生出一种奇妙的和谐,一种不再是由理性所控制的那种修女气质的和谐,而是一种充满张力的激烈的和谐,对此,本雅明是这样描述的:"理念遵循这样的法则:一切本质都是完整纯洁的独立存在,不仅独立于现象,而且特别相互独立。正如天体的和谐取决于并不相互接触的行星轨道,所以,理念世

---

① [德]本雅明:《德国悲剧的起源》,陈永国译,文化艺术出版社,2001年,第11页。
② [德]本雅明:《德国悲剧的起源》,陈永国译,文化艺术出版社,2001年,第15页。
③ [德]本雅明:《德国悲剧的起源》,陈永国译,文化艺术出版社,2001年,第16页。
④ [德]本雅明:《德国悲剧的起源》,陈永国译,文化艺术出版社,2001年,第2—3页。

界的存在取决于纯粹本质之间不可沟通的距离。每一个理念都是一颗行星,都像相互关联的行星一样与其他理念相关联。这种本质之间的和谐关系就是构成真理的因素。"① 总而言之,本雅明认为,唯极端(典型)才是对理念具有意义的东西,才是理念在自我表征中所展开的东西,才是我们为了表征理念而要沉思和描述的对象。

在本雅明看来,对于艺术的理念而言,巴罗克艺术就是这样一个不可或缺的极端。巴罗克的那些夸张的表现方式虽然溢出传统,与传统的审美方式格格不入,但是却不会威胁或者损害艺术理念的存在,究其原因就在于艺术是理念,而非概念。理念是历史的,概念才是非历史的,因此理念必须"面对历史的世界",必须不断地吸收着从历史的流变中生发出来的极端,"直到它在历史的总体性中被完全揭示出来","在任何情况下,如果理念所包含的全部可能的极端没有得到实际探讨的话,那么,理念的表征就不能说是成功的"②。所以,理念并不惧怕反传统(只有概念才惧怕),理念的内在本质使得它必然欣喜于巴罗克艺术的极端品质。然而以往对巴罗克艺术的研究却从来没能认识到这一点,因此也从未贯彻理念表征的精神。在知识-概念的精神原则,即以意识所确立的一种一致性为基准而对艺术客体进行统摄的原则,因此也必然是对极端进行扼杀的原则的指导下,文学史研究对巴罗克艺术之本质的定位呈现出三种认识上的偏见,本雅明以德国悲悼剧③的遭遇为例进行了分析:

第一种,以亚里士多德的悲剧理论为标准对巴罗克艺术进行批判。这是那个时代的主导性倾向。以这种理论模式为基础,德国巴罗克的悲悼剧被视为是对古典悲剧的讽刺模仿:它的戏剧主题是对古代皇家戏剧的拙劣模仿,语言的浮夸表现,以及血腥的结局,是对古希腊悲剧艺术和悲剧无法避免的灾难性结局的曲解。于是,悲悼剧看起来"仿

---

① [德] 本雅明:《德国悲剧的起源》,陈永国译,文化艺术出版社,2001年,第10页。
② [德] 本雅明:《德国悲剧的起源》,陈永国译,文化艺术出版社,2001年,第17—18页。
③ 德国悲悼剧具有巴罗克艺术的本质。本雅明指出,德国悲悼剧起源于巴罗克文学,在整个世纪里,创作的原则始终没有改变。(参见本雅明:《德国悲剧的起源》,陈永国译,文化艺术出版社,2001年,第13页。)

佛是一次阳痿的悲剧复兴"。① 本雅明指出,这种观点倾向"夸大了亚里士多德学说对巴罗克戏剧的影响",巴罗克戏剧其实从来没想过要去模仿古典戏剧,所以在模仿的意义上去比对巴罗克戏剧的成败是没有什么意义的。事实上,"现代德国戏剧史上还不曾有过古代悲剧的主题发生重大影响的时期"②。而评论家们总是急不可耐地轻率"谈论曲解和误解",从来没想过去进一步研究为什么会出现这种改变③,从而使得这一评价至今未得到纠正。因此,本雅明认为,这种文学研究"肯定不能达到客观欣赏巴罗克戏剧的目的,反而会加剧关于这一主题的反思从一开始就陷入的混乱"④。

第二种,从亚里士多德关于悲剧能够引起怜悯和恐惧这一观点出发,将巴罗克悲悼剧认为是悲剧形式的真正代表。本雅明指出,这种看法是断章取义的,因为虽然亚里士多德将引起怜悯和恐惧的效果视为悲剧的属性,但是亚里士多德从来没有宣称只有悲剧才能唤起怜悯和恐惧。事实上,永远不能由艺术对观众所产生的效果来决定这个艺术到底是什么形式。歌德曾经为亚里士多德进行过辩护,他说,艺术作品本身就是永恒而完美的,它本身就是一个整体,亚里士多德在艺术完美的本质面前可曾想过什么效果的问题吗?无论亚里士多德是否与歌德的判断一致,对于艺术哲学的研究方法来说,非常重要的是,所谓的心理效果在有关戏剧的争论中不应该占有任何位置。因此,维拉莫维茨-莫埃伦道夫也曾经宣称:一定要坚定这种信念,即情感净化不能对作为体裁的戏剧发生性质方面的决定性影响,即便人们把戏剧所达到的情感效果看成很重要的因素,但是怜悯和恐惧这样的情感依然是不足以说明问题的。⑤

第三种,比上述借助亚里士多德的理论为悲悼剧辩护更加不幸、更加广泛的乃是借助"必然性"为悲悼剧的合法性进行证明。本雅明

---

① [德] 本雅明:《德国悲剧的起源》,陈永国译,文化艺术出版社,2001年,第21页。
② [德] 本雅明:《德国悲剧的起源》,陈永国译,文化艺术出版社,2001年,第33页。
③ [德] 本雅明:《德国悲剧的起源》,陈永国译,文化艺术出版社,2001年,第21页。
④ [德] 本雅明:《德国悲剧的起源》,陈永国译,文化艺术出版社,2001年,第22页。
⑤ [德] 本雅明:《德国悲剧的起源》,陈永国译,文化艺术出版社,2001年,第22—23页。

指出，所谓的历史现象的必然性问题始终是一个先验的问题。他认为"必然性"是个构思糟糕的假设，用它来美化巴罗克悲悼剧，实在没什么意义。① 这一用来美化的"必然性"不仅包括"主观的必然性"，即把作品视为作者精湛技艺的真诚表达，同时也包括"历史必然性"，即"把作品或形式视作在一个有问题的语境中一种后续发展……阶段"②。就后一种必然性来说，"三十年战争"便常常被拿来解释所有导致巴罗克悲悼剧遭受批判的那些过错，其论调基本上总是这样的：很多人都说这些是野蛮人为野蛮人所写的戏剧。但这却是出自那个时代的人们所需要的，换言之，是历史的必然，如他们一样地生活在战争和血腥冲突的时代里，这样的场面不是相当自然的吗？他们只是把他们自身的生活方式以艺术的方式展现在他们面前，呈现出一幅图画，同时在这种图画中，他们天真地、残酷地陶醉于这种快感之中。③ 本雅明指出，无论是通过哪种必然性，就问题本身的深入展开来说都没有丝毫益处：用"主观的必然性"来解释艺术作品，即把艺术作品认定为作者的主观禀赋即兴的必然结果，我们实际上一无所获，而"历史必然性"的证明则只是"在表面上相对于纯粹的偶然性"，它不是一个具有积极意义的辩护，毋宁说它是"辩解式的托辞"，是"手段"，在这种尝试中，"有价值的思想和准确的观察没有发挥潜力"。④ 因此可以说，这两种"必然性"的解释，虽然在消极的意义上肯定了巴罗克艺术存在的合理性，但却在积极的意义上否定了其存在具有艺术的本质。

四

总而言之，本雅明通过认识论批判所要做的就是对概念所致力的形而上学的总体实施全面批判，并以此批判为基础而展开对于差异和个性的全面拯救。尤为可贵的是，本雅明知晓如果概念仅仅走向它的

---

① ［德］本雅明：《德国悲剧的起源》，陈永国译，文化艺术出版社，2001年，第23页。
② ［德］本雅明：《德国悲剧的起源》，陈永国译，文化艺术出版社，2001年，第23页。
③ ［德］本雅明：《德国悲剧的起源》，陈永国译，文化艺术出版社，2001年，第24页。
④ ［德］本雅明：《德国悲剧的起源》，陈永国译，文化艺术出版社，2001年，第23—24页。

第三章 现代主义艺术的证词（I）——本雅明：废墟上的救赎之光

反面就会跌入无底深渊。因此，本雅明在批判概念的同时，力图避开这一可能碰到的晦暗前景，换言之，他虽然强调差异、个性、非同一性对于理念、对于存在之真理的举足轻重的意义，但是他并未让它们沦为概念的极端对立面从而分享着和概念同样的形而上学前提。为此，本雅明从未忽视对作为真理本质的整一的强调，并同时对这一不同于概念之总体的整一进行了多方阐述，以期望借此给差异和个性的存在奠定本质的基础。

对我们而言，唯有以深入理解这些理论铺垫所展开的存在论视阈为基础，本雅明为艺术研究所指出的道路——表征才会去除它可能造成的神秘主义外观，才会脱开那些看上去似是而非、自相矛盾的言说而被证明为是一条正确的、具有现实意义并行之有效的道路。唯行进在这条道路上，我们才有可能阻断武断的偏见，以审慎和虔诚的态度返回到对理念所包含的全部可能的极端的寻找（不是在思想中进行观念的推演）当中。

当然，这种寻找工作绝不是传统形而上学家乐意做的，但是它却是真正的哲学家为担当真理的事业所必须要做的。就这种活动的实质来说，它更像是艺术家和文人的工作，"艺术家则与哲学家分担表征的任务"[①]。本雅明曾经用"拾垃圾者"这一意想不到的比喻来形容这一寻找活动。显然，这不是个令人愉快的形象，但是这一形象的不愉快并非出自本雅明想象力的拙劣，事实上，造成这一不愉快的乃是这个时代，是这个时代逼迫着艺术家与哲学家只能以肮脏的、浑身散发阵阵的腐臭气味、在垃圾堆里翻捡谋生的流浪汉形象登上昔日崇高的哲学与艺术的殿堂——凡被这个大城市弃之不顾，当做废物扔掉的东西，都被拾垃圾者分门别类地收集起来。他每日勤勉地捡着垃圾，通过对它们的精细分选、取舍，便明白了现代人的纵欲和挥霍的编年史。他不断聚敛着这些垃圾，如珍视财宝一般看护着这些垃圾，因为这些垃圾"将在工业女神的上下颚间成形为有用之物或令人欣喜的东西"[②]。

[①] ［德］本雅明：《德国悲剧的起源》，陈永国译，文化艺术出版社，2001年，第6页。
[②] ［德］本雅明：《发达资本主义时代的抒情诗人》，张旭东等译，生活·读书·新知三联书店，1989年，第37、99页。

可见，本雅明的眼光是犀利的，他以"拾垃圾者"的形象准确生动地再现了哲学家活动的层面与价值，而且越是在这样一个现代工业文明的强大统治日益巩固与完成的时代里，哲学家就越要固守这一形象，不离不弃——与主流价值保持距离，在被工业文明碾碎的废墟里寻找和守护精神家园的火种。

本雅明自己就是这样的拾垃圾者，他一直在文学史以不符合亚里士多德的诗学原则为由而鄙弃的废墟里寻找着巴罗克以及现代艺术的精神火种。他坚信，这样的寻找一定会获得丰硕的成果，不仅是要在现代工业时代保存最有用和最令人欣喜的东西，而且会"在鼎盛时期将这些事物狂暴地置于光天化日之下，以便开辟一块终极乐土，一个真空，总有一天能使其以灾难性的暴力捣毁这个世界"[①]。

第二节 寓言：理解现代艺术的钥匙

一

"寓言"（Allegory，或译为"譬喻""讽喻"[②]）概念是本雅明《德国悲剧的起源》一书中所阐释的中心概念，是本雅明对巴罗克艺术的本质所做的最关紧要的回答，他希望通过对寓言本质的揭示而为巴罗克文学奠定哲学的基础，并以此来确立巴罗克风格在艺术领域中的真正地位。然而，寓言理论的意义却远不仅于此，按照卢卡奇、阿多诺和霍克海默等人的话来说，本雅明关于巴罗克"寓言"的阐释乃是一把"解释现代艺术的钥匙"[③]。

---

① [德]本雅明：《德国悲剧的起源》，陈永国译，文化艺术出版社，2001年，第38页。
② Allegory一词有多种译法。伽达默尔在《真理与方法》一书中所涉及的作为巴罗克普遍形式的"Allegorie"在中译本中被译为"譬喻"。见《真理与方法》，洪汉鼎译，上海译文出版社，1999年，第90—104页。刘北成先生在《本雅明思想肖像》中将allegory译为"讽喻"。见《本雅明思想肖像》，上海人民出版社，1998年，第97页。
③ Andrew Arato and Eike Gebhardt: *The Essential Frankfurt School Reader*, Urizen Books, 1978, p. 208.

就我们的研究目的而言，弄清楚寓言理论的这后一个意义将是十分重要的，它代表着我们最终的努力方向。只是本雅明在书中并没有对此一意义做出直接的交代，因此，本雅明对现代主义艺术到底持何种看法就只能从我们对寓言理论本身的理解中来加以领会了。因此，到底什么才是本雅明所说的"寓言"？在怎样的意义上寓言与现代艺术相连并成为开启现代艺术的钥匙？我们应当从怎样的角度方能切近寓言的这层本质，从而领会到本雅明在这个时代重提巴罗克寓言的苦心？

在本雅明的语境中，寓言首先是一种与古典主义的象征相对立的艺术表现形式，它在艺术史上最普遍的存在形式就是巴罗克风格。然而，这一观点并非那个时代的普遍共识。事实上，在艺术哲学受古典主义象征观念统治的这一百多年中，人们要么根本没有对巴罗克艺术的风格特征作出过正确的判断，即没有意识到巴罗克风格的特点是寓言的技巧而非古典主义的象征，要么虽然已经发现巴罗克风格是一种与古典主义完全不同的表现形式，但却因为古典主义的象征观念一直统治着人们对艺术本质的理解而使得寓言的作为艺术表现形式的身份从未得到过承认，继而巴罗克风格也就被看作是一种在艺术技法上不甚成熟、没有太多建树的东西而被排除在艺术的正统之外。本雅明指出，即使是像歌德、叔本华、叶芝这样的人也依然没有摆脱对寓言形式的那些马马虎虎的处理，他们都接受了关于寓言与象征之区分的现代观点，即认为象征是对于理念的表达，因此在本质上是属于艺术的，而寓言则是对概念的表达，因此它只是纯粹的标示符号，绝非艺术的表现形式。① 这样的情况从歌德的时代一直延续至今，从未有过什么根本性的改观。一个显见的例证便是法兰克福学派的另一思想巨匠——阿多诺。作为本雅明思想上的亲密战友，阿多诺也与他的诸位前辈一样否认了巴罗克艺术的真理本质，他认为这种艺术形式与浪漫派以及风格主义一样，都在"无中生有，把不存在的东西描写成仿佛存在的东西。这些虚构的实体是对经验现实的粉饰结果，其效应在于以假

---

① ［德］本雅明：《德国悲剧的起源》，陈永国译，文化艺术出版社，2001年，第132—133页。

充真"①。

然而本雅明却与那个时代的主导观念完全不同，他不仅将巴罗克艺术的风格特征指认为寓言，而且还要为寓言的艺术性质恢复名誉。但是本雅明并不意图在继续维持古典主义象征观念之统治的情况下为寓言争取一席之地，他要做的乃是通过颠覆象征观念在艺术哲学和艺术实践中的统治地位，同时去除象征观念在今天这样一个时代仍旧作为艺术表现形式的合法身份，来恢复并确立寓言之于这个时代的不可动摇的艺术地位。因此本雅明毫不留情地将象征观念指认为是一位暴虐统治艺术哲学一百多年的篡位者，它给美学带来的是"一种浪漫的和破坏性的放纵"，"导致了现代艺术批评的荒芜"，使得"对每一种艺术形式的'深度'审视"成为不可能。②

可以看到，本雅明罢黜象征观念的决心同古典主义贬斥寓言的决心一样地坚决。但是，为什么寓言会与象征处于尖锐的对立之中呢？对立的根据何在？值得注意的是，寓言与象征之间的这种对立并非自古就有。伽达默尔在《真理与方法》一书中曾对寓言（Allegorie，即譬喻）与象征（Symbol）的概念史做过一番研究，他指出：尽管这二者最初分属不同的领域，譬喻属于 Logos（讲话）的领域，它是通过某个其他的东西而"使原来那个所意味的东西得到理解"，而象征自身的存在即具有显而易见的意义，人们于其中可以认识"某个他物"。这种不同并没有构成对立，事实上，二者之间是很相近的，"都具有通过彼一物来再现此一物的共同结构"，而且从词源来看，这两个词也具有某种共同的意义。③ 因此，即使是在 18 世纪，在"对于我们时代的美学和历史哲学起了决定性影响的温克尔曼"那里，这两个概念仍然"在相同的意义上"被使用着，"而这种用法是与整个 18 世纪的欧美文学相符合的"。④ 情况一直到 18 世纪末才发生了改变，这时，寓言和象征之间的区别不仅变成一种对立，而且这种对立还具有了价值对立的意义，成

---

① ［德］阿多诺：《美学理论》，王柯平译，四川人民出版社，1998 年，第 34 页。
② ［德］本雅明：《德国悲剧的起源》，陈永国译，文化艺术出版社，2001 年，第 130—131 页。
③ ［德］加达默尔：《真理与方法》，洪汉鼎译，上海译文出版社，1999 年，第 92、93 页。
④ ［德］加达默尔：《真理与方法》，洪汉鼎译，上海译文出版社，1999 年，第 92 页。

为区分艺术与非艺术的分水岭,尤为重要的是,象征在这一对立中取得了对艺术的绝对主导权。

然而,我们不禁要问,缘何寓言与象征之间的这些区别会在后来转变成一种对立?将两者对立起来的需要究竟是怎样产生的?这种对立需要的产生难道只是偶然的吗?换言之,要将两者对立起来的意志是与时代的真理为达自身的巩固而必然采取的行动无关的吗?关于这一点,只要我们看看寓言与象征之间的那种激烈的对峙关系就会明白:如果这一对立的斗争与争夺时代真理之阐释权的战斗无关,那么又有什么理由去倾注全部的热情来向对方开战呢?因此,应该承认,无论是在本雅明那里还是在古典主义的拥护者那里,寓言与象征的对立都不是一个无关痛痒的对立,不是一个仅仅局限在艺术的表现形式领域而与时代真理的自我确立无关的对立。诚然,在其外观上,寓言和象征确实是以艺术形式的身份对立的,但是形式并不仅仅就是形式自身,只有僵化的形而上学的思维方式才会将形式本身做孤立的理解和抽象的运用。事实上,形式根本就不具有一般美学所赋予它的那种形而上学的意义,它不是作为纯粹外在的东西而与内容相对待,然后又在此基础上产生与内容之间的相互作用。真正说来,形式本身就是内容,是本质性的东西。正像本雅明说的那样,"形式本身恰恰显见于低劣作品的嶙峋瘦骨之中",而一部重要的作品则"要么确立体裁,要么废除体裁"。① 因此,以艺术的表现形式之方式确立起来的这一对立,它的意义必定不会为外在的形式本身所限,它具有超越这一限制的能力。

总而言之,艺术领域中的这对范畴的对立乃是打上了时代之印记的,建立并规定了时代之真理本质的那个基础也同样地建立和规定了寓言与象征的对立,因此也可以说,这一对立,以及在这一对立中象征之取得绝对优先权的这一事实由于标识出了那个时代由以确立自身的那个基础而成为那个时代的根本性现象。正是基于这一事实,对于我们的研究工作而言,仅仅通晓这一对立的种种外在表现就变得远远不够,我们还必须深究这一对立由以产生的那个基础。唯当这一"基

---

① [德] 本雅明:《德国悲剧的起源》,陈永国译,文化艺术出版社,2001年,第31、16页。

础"清楚明白地被彰显之际，我们才能够真正理解这一对立的本质，理解寓言的本质，理解本雅明为寓言恢复名誉的行动到底具有怎样的高度和意义。

二

那么，到底是何种时代的基础为这一对立的产生提供了契机？在此，我们并不想冒独断论的危险而对这一基础下断言。既然寓言与象征的对立乃是标识出那个时代之本质特征的根本性的现象，那么我们相信，通过对这一对立现象的充分沉思则一定可以把握到那个决定了这一现象的时代的基础。因此，我们必须重新回到寓言与象征的对立中，我们必须再次审慎地考察寓言与象征到底在什么方向上形成了对立。

实际上，寓言与象征之间各自依据怎样的基础而与对方构成了对立之态势这一问题在艺术史中是一直蔽而不明的。正像本雅明所指出的那样，1800年左右象征化的思维方式对首创的寓言式表达还十分陌生，因此在寓言研究方面基本上没有什么有价值的尝试，一般说来，作家们只是模糊地了解了一些关于现代寓言式的看待事物方式的真实文献，即巴罗克时代的文学和视觉的寓意画册。① 因此，两者对立的依据问题在整个19世纪为自己找到的表达乃是十分拙劣的，这个表达就是我们在上面提到过的，歌德、叔本华等人未加分辨便加以接受了的那套流行的观点，即认为寓言只是传达了概念，是纯粹的标示符号，因此不属于艺术的范围，而象征则展现了理念，因此符合艺术的本质要求。然而只要我们稍加注意就会发现，这一观点远没有触及问题本身。事实上，这一观点只不过外在地建立了两者的对立，通过援引其他的概念（即"概念"和"理念"）为对立提供了虚假的平台，而寓言和象征本身却在向这一虚假平台的过渡中沦为空洞的名词。因此，这样的对立始终只是人为建造的，对立的基础不过是对这一对立进行

---

① ［德］本雅明：《德国悲剧的起源》，陈永国译，文化艺术出版社，2001年，第132—133页。

认识的人主观赋予的,这一基础决非生长自相互斗争着的寓言与象征内部之间的力量对比,而就事情的本质来说,真正的对立乃只能是在两者的斗争中从各自内部喷薄而出的愤怒之火。

本雅明十分不满 19 世纪的文艺理论家们对这一问题的解释,但同时,本雅明自己也未就这一问题给出清楚而系统的阐释。然而,这并不表明本雅明在这一问题上也同样地陷入混乱,因为在他对寓言与象征的本质所做的那些具有原则高度的点滴表达中,我们已经可以大致看到他在这一问题上所持见解的深度,这一深度乃是必须在拥有了当代哲学的视野之后才能被我们准确地捕捉并加以透彻地领会。为了文章论证和阐述的需要,为了能将本雅明那些隐晦的表达明晰化,我们将援引伽达默尔对这一问题的阐述。

伽达默尔只是通过简洁而明晰的语言便道出了寓言与象征之间隐秘的对立之基础。他指出,象征与寓言(即譬喻)之所以能够形成对立就在于两者具有完全不同的形而上学前提。虽然寓言与象征拥有颇为相似的共同结构,即都是"通过彼一物再现此一物",而且两者也均由于这样一种共同结构而在宗教领域内获得了优先的运用,服从于"从感性的事物出发来认识神性的东西"之目的,但是在这样相似的结构和共同的目的中,象征概念却显现了一种譬喻所不具有的"形而上学背景",即"从感性事物出发导向神性的东西,这是可能的,因为感性事物并不是单纯的虚无和幽暗之物,而是真实事物的流溢和反映"。换言之,在象征概念中,可见事物与不可见事物、艺术作品所特有的理念和外在显现之间必须是"内在统一"和"完满和谐"的,这便是现代的象征概念所具有的形而上学性质,它具有一种"灵知性的功能"。而譬喻并不是以这种"形而上学的原始类似性为前提",它本身就是他物,并通过自身而对对象进行阐明,所以,在譬喻与被譬喻之物之间,是具有某种不和谐性的。① 伽达默尔总结说,正是这一不同的形而上学之前提,在 18 世纪末导致了两者的对立:象征具有"内在的和本质的意味",而譬喻则具有"外在和人为的意味";"象征是感性的

---

① [德]加达默尔:《真理与方法》,洪汉鼎译,上海译文出版社,1999 年,第 94—95、103 页。

事物和非感性的事物的重合，而譬喻则是感性事物对非感性事物的富有意味的触及"。①

然而，伽达默尔所指出的寓言与象征之间的这一哲学基础的不同（即此物与彼物的"重合"或"不重合"、"和谐"或"不和谐"），作为两者能够对立的内在依据，只是为对立的实际产生提供了可能性。事实上，这一"不同"作为两者诸多不同中的一个，与其他不同一起安睡在这两个概念自身内部已经很久了。这一不同之所以能够在18世纪末突然活跃起来，并将自己突显为一种根本性的不同，进而导致两者之间的相互敌对，这实在要归功于主观精神（或曰自我意识）在人类历史中的日趋成熟的发展。这一精神在中世纪的漫漫长夜里暗自积蓄着力量，在经历了法国大革命和宗教改革的震荡后，最终在19世纪达到普遍的自觉，即精神（即自我意识）发现自己实现了与现实世界的真正和解。正像黑格尔所指出的，被中世纪发展出来的与神圣生活相隔绝和对峙的外部世界（自然界、人的心情、欲望和人性的世界）作为有限的、现实的东西现在终于得到了精神的尊重，从这种尊重中，就产生出各种科学的努力：人们要求认识各种规律和力量，要求把感觉中的个别的东西转化为普遍的形式，无论是现世的东西，还是那永恒的东西，即自在自为的真理，现在都要通过纯粹的心灵本身为人们所认识和理解。②当世俗原则与自身取得了和解之时，外部世界就变得安宁、有序，各个社会阶层、各种生活方式就得以确立，换言之，"一种普遍的、理智的联系"被确立起来③，每个人都欣喜地接受它的支配。在这种普遍理智的支配下，19世纪便成为了一个到处洋溢着"对科技进步的信仰"和"对有保证的自由、至善至美的文明的满怀信心的期待"的时代。④

可以说，正是由于自我意识致力于克服中世纪遗留下来的各种对立，致力于世界统一体的建立，并且也正是由于自我意识凭借它新生

---

① ［德］加达默尔：《真理与方法》，洪汉鼎译，上海译文出版社，1999年，第95—96页。
② ［德］黑格尔：《哲学史讲演录》（第四卷），贺麟等译，商务印书馆，1978年，第5页。
③ ［德］黑格尔：《哲学史讲演录》（第四卷），贺麟等译，商务印书馆，1978年，第13—14页。
④ ［德］加达默尔：《哲学解释学》，夏镇平等译，上海译文出版社，1994年，第108页。

儿般强大鲜活的生命一下子中断了往日世界颓毁败坏的面貌,建立起了新世界的形相,因此,作为自我意识之本质要求的"和谐"与"一致"便在获得了现实世界强有力印证的同时成为了新时代的普遍要求和共识。而以现象和理念的"内在统一"和"完满和谐"为其形而上学前提的象征概念由于暗合了时代精神的这一心意便获得了成功的发展,它借此登上权力的宝座,成为艺术领域的主宰就成为一件情理之中的事情,而譬喻也自然地由于其背离了和谐的原则而必然成为德国古典主义贬斥的对象。

在此必须指明的是,象征在艺术领域中之崇高地位的确立是具有重大意义的,这一意义的重大并不是指它规定了适宜艺术的表现手法,而是指它通过对艺术表现手法的规定而进一步规范了艺术的本质及其感性的审美意象之特征(或曰美的基本特征)。具体说来,首先,当艺术把象征确立为其最适宜的表现手段的同时,艺术也就把象征所包含的那个形而上学的基础(即艺术的内容和艺术的形式之间的统一)认定为自己的理念了。因此,在西方历史上迄今为止对艺术的本质做了最全面的形而上学之沉思的黑格尔的《美学》中,古典主义艺术由于创造出了将内容和形式进行了完美结合的独立完整的自由整体而被认为是完美地体现了艺术之概念的真正的艺术。①

然而,问题在于,艺术的内容乃是理念,艺术的外在形式却是诉诸感官的形象,因此艺术要如何才能把这两方面调和成为一种自由的统一整体呢?能够结合为统一整体的内容和形式是不是也需具备某种共同的特质方能达成这种结合呢?按照黑格尔的说法,这种共同的特质之具备乃是这一统一体的内在本质和要求。并且事实上,这一特质也是我们在古典型艺术中所能发现的普遍风格。黑格尔从哲学的角度将这一无论是艺术的内容(之为理念)还是艺术的外在感性形象都必须具备的特质或普遍风格称为"具体":艺术的内容必须是本体、普遍性和特殊性三者和解了的统一,唯有这种统一体才是具体的,唯有这种具体才是真实的;而艺术的感性形式之具体则在于它必须是具体的

---

① [德]黑格尔:《美学》(第二卷),朱光潜译,商务印书馆,1979年,第273—274页。

内容本身就已含有的感性的表现，因此这一表现在本质上必须是符合心灵的，它们只是为着心灵（Gemüt）和精神（Geist）而存在的。① 因此可以说，艺术理想的本质就在于使外在的现象符合心灵，使现象成为心灵的表现，而适于将自己如实地显现于外在事物中的心灵也必然是具体而自由的，换言之，是和它本身协调一致的。因此，当"具体"这一哲学的特质通过外在的感性形象表现出来的时候，它必然要超越对于自然的那种空洞的摹仿，它要把现象中不符合心灵原则的东西抛开，要对现象杂多进行清洗，结果，它就把自己塑造成了规定着整个艺术作品之通体气韵的灵魂，这种气韵就是被我们称为艺术风格的东西。由此可见，古典主义艺术风格的形成乃是象征之被确立为艺术之正统表现手法的另一直接后果。至于这种风格的特征，黑格尔认为，这是一种和悦和静穆的如神一般的气象，相比这种气象，其他一切形象都是有限领域的，一切困苦、忿怒和旨趣，在它面前，都不是什么严肃的事，而只有否定一切个别事物而忠实地返回自身，才使得"这种神们具有和悦和静穆的气象"②。当然，这并不是说，在古典型的艺术中就完全排斥苦难、忿怒等有限领域的形象。虽然很多古典艺术处于一种"无斗争的满足里"，但是，恰如黑格尔所指明的，即使在"主体有深刻的分裂"的悲剧中，比如当他们整个遭到挫折的时候，和悦依然是其基本的性格：悲剧主角在饱受命运折磨的时候，依然会"露出一种简单的自在心情，好像在说：'事情就是这样。'这时主体仍然忠实于他自己"。所谓忠实于自己，意思是主体从来没有发生过自我怀疑，没有懊悔，没有想过"如果没有当初，那么现在也不是这个样子"的内心动荡不安，他们勇于担当自己的命运，用黑格尔的话说就是："束缚在命运的枷锁上的人可以丧失他的生命，但是不能丧失他的自由。只有守住自我的镇定才能使人在苦痛本身里也保持住而且显现出静穆的和悦。"③

总而言之，与象征之被确立为艺术领域之唯一合法的表现手段同

---

① ［德］黑格尔：《美学》（第一卷），朱光潜译，商务印书馆，1979年，第88—89页。
② ［德］黑格尔：《美学》（第一卷），朱光潜译，商务印书馆，1979年，第202页。
③ ［德］黑格尔：《美学》（第一卷），朱光潜译，商务印书馆，1979年，第202—203页。

第三章 现代主义艺术的证词（I）——本雅明：废墟上的救赎之光

步发生的，乃是统一与和解之被确立为艺术的理念以及艺术美的感性特征。至此，不仅艺术的表现手法，而且艺术的内容本身（作为艺术的理念）及其他所展现的风格，就全都被时代精神的气质牢牢地占有了。

那么如此说来，应时代要求而生的象征之于寓言的统治权岂不是天然合理的吗？在这个时代，难道还有什么比"历史的必然性"更有说服力的吗？但是，"历史的必然性"所能给出的诠释度是十分有限的，它在哲学上依然保持着一种先验的性质，正如本雅明所批判的那样，必然性乃"是个构思糟糕的谓项"，"这种必然性只能在渗透到形而上学本质的分析中才能捕捉得到"。① 所以，思想依然需要进一步深入存在本身，不能就此停歇。在此，我们必须继续追问，主观精神（或曰自我意识）所造就的这种统一到底是一种怎样的统一？

事实上，这种"统一"即使在其发展的辉煌鼎盛时代也已处处显露出它浪漫主义的虚弱本质，它的真实业绩和它关于这些业绩的幻想之间实际上存在着让人啼笑皆非的对比。因此，在那个时代，当一般大众满足于文化和进步的同时，那些具有独立头脑的人们却对未来怀着不安的预感。例如，歌德就这样写道：人类在未来将变得更加聪明和机灵，但却不是更加美好、幸福和强壮，上帝不再会爱他的造物，"他将不得不再一次毁掉这个世界，让一切从头开始"。② 即使是黑格尔，作为完成了的自我意识在哲学上的代言人，也不得不承认那个时代依旧衰败。因此，黑格尔在将这个时代的本质指证为是一个自我意识获得了诞生的崭新的时代之同时，又十分谨慎地做出了一个在他看来是十分要紧，并且必须牢牢记住的补充规定，即这个新时代"首先呈现出来的只是它的直接性或者说它的概念"，它"还不是一个完全的现实"③，因此，他知道这个时代依然需要自我批判，新时代的精神还需

---

① ［德］本雅明：《德国悲剧的起源》，陈永国译，文化艺术出版社，2001 年，第 23—24 页。
② 转引自 ［德］卡尔·雅斯贝斯：《时代的精神状况》，王德峰译，上海译文出版社，1997 年，第 9 页。
③ ［德］黑格尔：《精神现象学》（上卷），贺麟等译，商务印书馆，1979 年，第 7 页。

"走完各种错综复杂的道路并作出各种艰苦的奋斗努力"① 之后才能达到它的现实。然而,当黑格尔试图通过对主观精神的批判来开辟一条理解人类社会现实的道路的时候,他亦知他唯一能做的这种努力,即这种哲学的批判,对于现实的自我改造来说实在是力量微薄,因此他无可奈何地这样说道,如果这个衰败的时代需要某种补偿,那么哲学,作为一种补偿,只能达到一种局部的或外在的普遍化,决非实质上的统一。"哲学是一个孤独的圣所",它必须远离世俗世界,才能守护真理,"直接地属于实践的事情不是哲学所关心的"②。

因此,就事情的本质来说,"统一"并不真正地存在过,即使是在那样一个繁荣祥和的年代里。然而,由于那个时代还依然深陷于对思维的三重假设的天真的信赖之中,即断言的天真、反思的天真和概念的天真③,黑格尔与他的同时代人虽然已经对时代的命运深有感悟,但是他们仍然保持着乐观主义的主观意愿,他们并不把这些在新时代中处处显现出来的毁损败坏归罪于新时代的本质,而是将其保持为新时代的精神为了实现自身而不得不经历的种种磨难。因此,黑格尔强调,如果对时代败坏之迹象的谴责进而涉及精神的本质,那就很不公平了,这就如不愿意承认它有继续展开的必要之不合理是一样的。④ 由此可见,他们在精神的实践中实际上放弃了与残酷命运的直面相对,或者说,放弃了将自我意识依然面对的种种对立纳入到自我意识的命运本身中来,因此,他们不仅错误地估价了对立的来源和性质,也深刻地误解了自我意识的本质和命运,他们依然怀着巨大的热情沉溺到对统一的无批判的实证主义的建立中去。因此,一方面,那个时代的主观精神已经外强中干,在本质上失去了与现实战斗的勇气,并开始与现实分离并转向自身,但是另一方面,它又不愿面对这一现实,不愿意进行自我反思,所以它便退缩到意识形态领域,继续编织关于和解的

---

① [德]黑格尔:《精神现象学》(上卷),贺麟等译,商务印书馆,1979年,第7页。
② 转引自卡尔·雅斯贝斯:《时代的精神状况》,王德峰译,上海译文出版社,1997年,第11页。
③ 具体论述请参阅加达默尔:《哲学解释学》,夏镇平等译,上海译文出版社,1994年,119—128页。
④ [德]黑格尔:《精神现象学》(上卷),贺麟等译,商务印书馆,1979年,第8页。

虚假而乏味的神话,以便在世俗世界的外观上继续维持它的统治。故而,在那个时代,在艺术、宗教、哲学等这些容易被精神操控和塑造的领域里,统一仍然被强大的精神力巩固为真理,并被确立为世俗的榜样以弥补实际发生的败坏。也许,这就是一个时代在即将分崩离析之前所能做的最后的挣扎和努力。

但是,到了20世纪,时代精神发生了真正的转向。上个世纪所呈现的繁荣祥和之景象的虚假本质终于被纳入反思的范围之内,因此,"19世纪"这个术语在20世纪头十年的文化意识中是具有特定的意味的,伽达默尔对这一意味做了这样的总结:"这个术语意味着滥用,代表着不真实、没有风格和没有趣味——它是粗糙的唯物主义和空洞的文化哀婉的组合。"[1]

与此同时,伽达默尔在《20世纪的哲学基础》一文中对20世纪时代精神的这一转向也给予了本质性的分析。他指出,伴随着第一次世界大战,出现了一种真正的划时代意识,它把19世纪牢牢地归入过去的范围之中。这一意识之所以具有划时代的意义,不仅在于它已经意识到那个对"统一"满怀信心的时代已然终结——这种终结不仅意味着人们已经"意识到离开了一个时代,更主要的是有意识地退出这个时代,而且是对这个时代最尖锐的拒斥",因此,20世纪的先驱者们的集体表现就是,"团结一致地反叛19世纪的精神"[2],而且更重要的是在于,19世纪意识的终结由于哲学基础领域内的革命而得到了富有成效的巩固,借助这一巩固,20世纪对19世纪的反叛才不再是向其对手的无原则的倒退,从而它才真正地与19世纪的精神区分开来。这一哲学基础领域内的革命,伽达默尔认为是始自尼采的,他指出,"尼采是一个伟大的、预言性的人物,他从根本上改变了本世纪批判主观精神的任务",进一步而言,尼采把批判的目标对准了"从我们之外降临到我们身上的最终、最彻底的异化——意识本身的异化"。[3] 正是由于20世纪的时代精神有了尼采作为后盾,正是由于尼采通过对自我意识的

---

[1] [德]加达默尔:《哲学解释学》,夏镇平等译,上海译文出版社,1994年,第108页。
[2] [德]加达默尔:《哲学解释学》,夏镇平等译,上海译文出版社,1994年,第108页。
[3] [德]加达默尔:《哲学解释学》,夏镇平等译,上海译文出版社,1994年,第115页。

批判而将这个时代从 19 世纪的"三重天真"中拯救出来,这个时代对主观意识的批判才真正地撼动了世俗世界的基础,从而使自身超越了所有启蒙时代的浪漫主义批判。在此基础上,伴随着第一次世界大战而出现的那个意识才真正在根基上完成了它对上个世纪的终结,并真正地将 19 世纪牢牢地归入了过去。

在以尼采为后盾而展开的这个时代中,意识和自我意识不再能够清楚地证明它们所思维所意指的东西"不是对真正处于意识和自我意识之中的东西的伪装和歪曲",它的"过度的、自我破坏的、使幻想破灭的方式"是随处可见的。① 因此,围绕着"意识本身的异化"而展开的大规模的意识形态的批判就越来越多地渗透到艺术、宗教和哲学等领域中的那些被人无条件接受的信念之上。本雅明重提与古典主义的象征概念相对立的寓言概念,试图为寓言恢复名誉的行动,其实就是要对自我意识自身的异化进行意识形态的批判,他要揭去自我意识在艺术领域中的伪装——象征。

三

本雅明明确指证并批判了象征的自我意识之本质。他指出,象征将艺术作品所特有的理念和外在显现之间的关系"歪曲成表象与本质的关系",基于这种关系,象征在其本质上便只能是"思想的符号,它是自足的,集中的,坚决固守自身的"②,也就是说,象征使得外在显现仅仅服从于本质自身展开的逻辑,因而断绝了它与真实的自然和历史的一切内在关联。因此,通过象征所展现的艺术便是自我封闭的,断绝历史的,它对于绝对之物的追求虽然是热情洋溢的,但却是最终不承担任何责任的。由于象征在本质上背离了以理念为本质的艺术,它形成一个孤立的世界,因此它便漠视了在现实的世界中所发生的那些真实的事情,漠视了千疮百孔的大地在这个时代里的痛苦低吟。

---

① [德] 加达默尔:《哲学解释学》,夏镇平等译,上海译文出版社,1994 年,第 116 页。
② [德] 本雅明:《德国悲剧的起源》,陈永国译,文化艺术出版社,2001 年,第 131、136 页。

毫无疑问,古典主义者会立即作出这样的反驳:艺术高于现实生活。艺术并不是一种经验科学,它并不以忠诚反映现实生活中具体事物的细碎为其任务。相反,在艺术作品中,我们往往体验到一种十分丰满的意义,这一意义并不会被限定在与特殊的内容或对象的具体的联系之中,而是更多地代表了生命的意义整体。这就使得艺术的体验脱开了狭隘的认识论经验的范围而具有了一种无限的意义。正是通过对这一具有无限意义的生命意义之整体的表达,艺术才成为了艺术。无限自然不会受有限的束缚,因此在古典主义者看来,摆脱与当下正在发生的现实的联系,解除日常情感的对象性负荷,将之转变为对生命的整体意义的自我关照,此乃艺术的分内之举。

然而,古典主义者却并不能凭这一论断成功地驳倒本雅明。事实上,本雅明根本就不反对这一论断,正相反,他倒是以此论断作为其前提的:艺术高于现实生活,艺术必须跨过现实生活的门槛方能修成正果,艺术必须表达出那个超越经验现象的意义整体。本雅明对于艺术的这一立场早已在他关于艺术之本质(作为理念)的论说中表白得十分清楚:作为艺术之本质的理念必然在本质上高于现象。而本雅明之所以又以象征漠视现实生活为由对古典主义进行批判,实在是因为古典主义者狭隘地理解了这一正确的论断,换言之,它对艺术高于现实生活这一论断进行了形式逻辑的处理,"高于"被理解为"可以忽略不计"。而古典主义者之所以能够对"高于"做这样片面的理解,又是源于他们对艺术本质的先行判断:艺术所要表达的那个具有超越意义的存在整体乃是自身和谐统一的东西,唯这种和谐统一的理念才有资格通过感性的形式表现出来,也唯有在里里外外都获得统一的艺术才是美的。因此,虽然古典主义者正确地坚持了艺术高于现实生活的论断,但却由于他们对艺术的历史性本质做了最无历史根据的抽象设定,他们就必然歪曲这一论断,并通过这一论断堂而皇之地实现了对现实生活的真实性及其尊严的藐视。本雅明所要批判的正是古典主义自己从不加以反省的对艺术之本质的错误处理:把艺术的本质纳入到自我意识的抽象建构中,也即无历史地建构艺术由以建立自身的那个生命意义的整体,因此,这个意义整体也就无非是自我意识在艺术领域中设立的一个关于自己的影像。本雅明批判这一影像,把它称作"总体性的虚假表象"和"人为的神圣之光"①。

真正的艺术当然会时刻谨记自己高于现实的本质地位,但却并不会因此让自己的"谨记"变成一种对现实生活之本质的掩盖与虚构,不会让自己的"谨记"成为一种偏执和障眼,因此也不会让自己的"谨记"自行展开为一种逻辑的法则而横行天下。真正的艺术之理念是始终向现实的历史敞开自身的,它绝不会因为现实生活充满着冲突与苦难就将它们驱逐出审美的领域,或者在这一冲突和苦难之中人为地建造静穆和悦的神的气象,相反,它平和地等待着、吸纳着(不是吞噬并使之虚无化)历史中不断涌现出来的极端,并通过对这种极端的吸纳和敞开而开启出大地的真理,即那个具有超越性质的生命意义的整体。

本雅明认为,能够本质地担当并实践艺术这一理念的便是将不和谐包容于自身的寓言。与古典主义的象征致力于"总体性的虚假表象"和"人为的神圣之光"不同,寓言始终面对着真实的历史。而真实的历史,在虚假的神圣之光无可挽回地褪去了的时代里(巴罗克就是这样的时代,现在也同样是这样的时代),必然呈现为一个破碎衰败的过程。本雅明这样描述:真实的历史是"历史弥留之际的面容,是僵死的原始的大地景象",历史中所发生的一切,都刻在那垂死的面容上,它们显得那么不适时宜、悲哀。尽管历史的表现完全缺乏古典主义的那种均匀和谐的形式,缺少所谓的人性的自由之美,"然而,正是这种形式才最明显地……提出了人类生存的本质这个谜一样的问题"②。本雅明指出,面对这样残败不堪的历史的废墟,思想只能采取寓言的形式加以表达,因为,寓言式地看待事物方法的核心,并不是像象征那样将毁灭理想化,将自然的销蚀形象在瞬间用救赎之光照亮,而是把历史解读为"耶稣在现世的受难"③,换言之,正是死亡这样一个无法抹去、无法回避的残酷事实在最终极的意义上颠覆了任何统一和谐的幻

---

① [德]本雅明:《德国悲剧的起源》,陈永国译,文化艺术出版社,2001年,第145、148页。
② [德]本雅明:《德国悲剧的起源》,陈永国译,文化艺术出版社,2001年,第136页。
③ [德]本雅明:《德国悲剧的起源》,陈永国译,文化艺术出版社,2001年,第137页。

第三章　现代主义艺术的证词（I）——本雅明：废墟上的救赎之光

想冲动。因此，在寓言式的表达中，在死亡最严酷的逼视下，古典主义所张扬的那种自由的、完善的、实在的和美的神圣之光是完全无法驻足的，取而代之的是认识历史的忧郁的目光，是自由的缺乏，是神圣的美的坍塌，是具有隐喻性质的神秘碎片，"破碎化是寓言方法的原则"。碎片，是巴罗克艺术创造的最精美的材料。①

　　于是，我们便在巴罗克悲悼剧中看到了它对它那个时代历史生活之本质的观照。本雅明指出，悲悼剧很少描写出身低下的人物，它只以君主为主要人物，只对君主的命令、杀戮、绝望、弑婴、弑父、冲突、乱伦、战争、叛乱、哀伤、哭泣、哀叹等进行描写，或者说它只关注君主其人的堕落。但是，这些主题的选择并不是外在的、偶然的，不是基于悲悼剧作家的个人兴趣和偏好，也不是为了迎合大众的口味。之所以将主题限定在君主身上，并且尤其限定在君主人性的堕落之上，实在是因为君主乃是那个时代能够达到真正的自我理解的关键所在。在巴罗克时代，为了应付宗教改革运动给社会带来的动荡不安，为了重新确立全面稳定的历史复兴的理想，于是就产生了对绝对君主权力的需要和承认，君主被看作历史的代表，他像掌握权杖一样控制着历史的进程。因此，正如奥皮茨所指出的，就那个时代而言，想要真正理解民族历史的关键，不是人与神的冲突，或者人与命运的抗争，而是要理解王族政治，理解王族的美德和罪恶，透视王族政治的外交和阴谋的操纵②，而本雅明也正是在这一意义上才强调地指出，巴罗克悲悼剧这些主题的选取"与其说是悲悼剧艺术的题材，毋宁说是其核心"③。

　　但是，这并不是说，在巴罗克时代不再有对宗教的渴望。事实上，在欧洲历史上所有深刻动荡和分化的时期里，唯有巴罗克发生在基督教权威未被动摇的时代。虽然当时的宗教改革对教会和社会组织结构产生了强大的冲击和破坏，但经过数世纪小心谨慎建立起来的组织异常牢固的教会却只是摇晃了一下而已，随后它便凝聚起所有的力量准

---

① ［德］本雅明：《德国悲剧的起源》，陈永国译，文化艺术出版社，2001年，第154、147页。
② ［德］本雅明：《德国悲剧的起源》，陈永国译，文化艺术出版社，2001年，第35页。
③ ［德］本雅明：《德国悲剧的起源》，陈永国译，文化艺术出版社，2001年，第35页。

备着一场有力的反击，这场反击就是作为巴罗克时代之中心任务的反宗教改革运动。可见，在那个时代里，宗教渴望并没有失去其重要性。但是，正如本雅明指出的，这种渴望在那个世纪却不再能够通过宗教而得以实现。异端学说被禁止了，与其说是由于基督教严格地行使了权威，倒不如说是强烈的世俗意志无法通过异端的行为对教义的反抗自行表达出来，因此，无论是对宗教的顺从，还是叛逆，都无助于现实生活的自我表达，"所以，那个时代的全部精力便集中在生活内容的彻底改造上，同时，正宗的神学形式也得以保留下来"①。

但是，当神圣不可侵犯的自决权力被授予君主之时，往往无法回避的情况是，在神圣的权力与君主卑微的人性之间存在着一种失衡和冲突，这常常导致君主的毁灭。本雅明指出，在悲悼剧作家的眼中，君主的毁灭并非只是代表着君主个人的遭际，事实上，君主乃是作为统治者以人类和历史的名义遭受毁灭的，因为就毁灭的根源来说——时代对于君主神圣不可侵犯的权力的信任与君主的统治能力（作为凡人的无能和堕落）之间的对立，这一根源实际上正是巴罗克时代人类生存处境的本质基础，因此，在悲悼剧中，君主就成为与基督一样高贵的受难者。②本雅明认为，君主的这一受难者的形象十分重要，正是通过这一形象，那被由过分华丽、夸张、怪诞的情节和语言形成的装饰层所掩盖着的巴罗克悲悼剧的真正的基础和主题才得以显现：这一基础和主题依然是关于人类救赎的问题，只是这一救赎绝对不会来自某种超历史的神圣力量（无论是上帝还是人类所自诩的理性本身），这一救赎必然只能在绝望无助的世俗历史中发生，人类只能依靠自身的力量来寻求拯救。③但是后世的研究者们却总是忽视这一基本的历史事实，因此他们总是误解巴罗克艺术，把巴罗克对这些主题的展示仅仅认定为一种情节上的夸张和怪诞而加以谴责，因此本雅明批评道：只要理论上还未真正展开对暴君剧的研究和探讨，那么，关于这一时期悲

---

① ［德］本雅明：《德国悲剧的起源》，陈永国译，文化艺术出版社，2001年，第48页。
② ［德］本雅明：《德国悲剧的起源》，陈永国译，文化艺术出版社，2001年，第42—43页。
③ ［德］本雅明：《德国悲剧的起源》，陈永国译，文化艺术出版社，2001年，第47—50页。

悼剧之本质的所有理解和观点就都不是什么真知灼见。①

然而,当巴罗克寓言从对超感性世界的真实想象返回到历史的真实存在并致力于将这一真实的历史展现出来的时候,寓言还远没有完成艺术所提出的任务。换言之,仅仅将人世间作为其存在真相的衰败和废墟呈现出来还是远远不够的,它并不应该是寓言的终极目标。因为,寓言若想真正担当起艺术的理念,实践并完成艺术的真理使命,它若想在根本上断绝自己向古典主义的形而上学之本质的倒退,那么它还必须在以各种艺术形象展现历史的真实性的同时,将历史中那些散落的、坍塌的碎片以星座的方式凝聚起来,换言之,它必须将这片大地所承受的苦难的意义呈现出来,也就是要将那份生命的意义整体呈现出来,或者,用海德格尔的语言来说,寓言还必须让废墟般的现实走进它存在的光亮中,唯当此时,存在的真理才发生出来,寓言才真正将自己成就为艺术,并且也唯当此时,艺术才保证了自己对于生活的超越,保证了自己作为理念的本质地位。

正是在这一意义上,本雅明进一步地提出了这样一个切中要害的问题:"最重要的是:巴罗克戏剧所耽迷的那些残酷和痛苦的场面究竟有什么意义?"② 本雅明反对对这一问题做如下的解答:其一,认为悲悼剧中这些视觉的和言语的冲击力只是为了造成某种对比的快感,因此才把皇室改造成地牢,把娱乐室改造成墓穴,把皇冠改造成悲凄的柏树环。本雅明认为,这样的理解是错的,或至少是浅薄的。其二,在本雅明看来,甚至将这种视觉和言语上的对比和冲击解释为是为了突出表象的真实的存在基础也同样没有准确地把握寓言技巧的本质。本雅明指出,象哈尔曼那样以"一把竖琴转变成'刽子手的斧头……而雷电则在政治的天空中闪光'"的方式来解释寓言,乃是所有那些关于寓意象征的无数轻率的文献中的"一个永远不可逾越的、粗野到不知羞耻的程度的例子"。③ 本雅明接着又援引了哈尔曼在《古歌论》

---

① [德] 本雅明:《德国悲剧的起源》,陈永国译,文化艺术出版社,2001年,第44页。
② [德] 本雅明:《德国悲剧的起源》,陈永国译,文化艺术出版社,2001年,第179页。
③ [德] 本雅明:《德国悲剧的起源》,陈永国译,文化艺术出版社,2001年,第192页。

中的一段具有相同风格的阐释来进一步明确哈尔曼的意思：如果我们联想到那些或者由于瘟疫的爆发、疾病的蔓延，或者由于战争的伤亡而出现的布满整个欧洲大地的尸体，那么，我们就必须承认，"我们的整个存在都变成了死亡的意象"：玫瑰花变成了荆棘，百合变成了荨麻，天堂变成了墓地……①

本雅明的这段引文是值得我们警醒的，因为我们常常就是在哈尔曼的意义上，即认为现代主义艺术正像巴罗克艺术一样对现实具有否定的功能这一向度上，来指认本雅明的寓言理论之本质，并且我们常常就仅仅停留在这种否定的意义上去理解。然而现在我们却发现，这样一种指认恰恰是本雅明极度反感和排斥的。本雅明指出，像哈尔曼这样来解释寓言，最后只会"跌入令人头晕目眩的无底深渊"，即便不是这样，甚至在极端的表现中，其结果也必然是，它那全部的黑暗、虚荣和无神性都只不过是一种自欺"，这是对寓言的全面误解②。由此可见，如果我们依然按照通常的做法将法兰克福学派的美学理论命名为"否定的美学"的话，那么这样一个称谓至少对本雅明来说是不那么贴切的。

当本雅明批判了以上两种观念之后，他试图为他自己提出的问题，即"那些残酷和痛苦的场面究竟有什么意义"提供解答。他指出，虽然墓地的荒凉无序是寓言形象的基本图式，但是这一图式却不仅仅是人类生存荒芜景象的象征，寓意在其中所再现的其实乃是"作为复活的寓言"。③ 因此，本雅明认为，哈尔曼的错误就在于，他以为死寂就是纯粹的死寂，他以为死寂就已经成为了终结，他没有把这些意指死亡和遭罚的阴森景象同时就理解为即将到来的救助和赎罪的转向的意象储存，由于他将这两种意象错误地区别开来，因此他也就片面地理解了寓言的意向，并错误地理解了寓言的本质。本雅明认为，事实上，正是"在巴罗克的死亡符号里，寓言反映的取向被颠倒了；它第二次

---

① ［德］本雅明：《德国悲剧的起源》，陈永国译，文化艺术出版社，2001年，第192—193页。
② ［德］本雅明：《德国悲剧的起源》，陈永国译，文化艺术出版社，2001年，第193页。
③ ［德］本雅明：《德国悲剧的起源》，陈永国译，文化艺术出版社，2001年，第193页。

第三章 现代主义艺术的证词（I）——本雅明：废墟上的救赎之光

乘坐宽阔的方舟回转家门，回来救赎"。①

我们暂且先不去说本雅明这里的"救赎"到底是什么意思，也暂且先不讨论本雅明所指的寓言的取向又是如何被倒转过来的，但是本雅明通过对上述观点的指责所意欲要表达的那一倾向却是值得我们注意并需要加以肯定的，并且也正是这一倾向使得他对于寓言艺术本质的理解要比他所批判的那些观点深刻得多。这一倾向就是，本雅明认为寓言的寓意乃是自我回转的，并且他认定，寓意的这一自我回转乃是对寓言所呈现的那些破碎的、分散的意象之谜的解答，并因此也是对寓言本质的解答。具体来说就是，本雅明认为，巴罗克寓言在呈现死寂、衰败的社会现实的同时，却并没有仅仅停留在对这一社会现实的描述和写照这一简单层面上，它没有像镜子一般只是对这样的社会现实加以如实的反映。诚然，即使在哈尔曼的视域中，寓言也已经形成了它对于古典主义象征的巨大优越性，它将象征的那层自欺的神性面纱揭开，它展现了社会生活真实的遭遇，那种荒谬和虚无，但是如果寓言对生活虚无本质的揭示仅仅以这种虚无本质为目的的话，换言之，如果它对于虚无的揭示就直接地停留在虚无之中，而没有使这一虚无本身发生自我批判，也就是说，没有将"世界"与"大地"之间的源始斗争（这一斗争在这个时代自然表现为大地的被扭曲，但同时被扭曲的大地也一定在它博大而深邃的坚韧中涌动着种种抗争的潜流）展现出来的话，那么寓言就永远不可能成为真理的源始发生之所，永远不可能将存在者的存在敞开出来，相反地，它只能成为这一社会现实的俘虏，跟在社会现实这一丑陋的现状后面亦步亦趋，因此，它也必然在本质上重又回落到形而上学的窠臼中，与它所反对的古典主义的象征不会有什么本质的区别，同样地不会对整个的社会生活发生任何积极的作用。因此，正是在这一意义上（虽然也许仅仅是在这一意义上），我们认为本雅明对于寓言本质的这一指认具有十分重要的意义。总而言之，寓言的意象本身之所以能够发生自我翻转则一定是因为这一寓意将自身衰败的意象置身于一种更为本质、更为宽广和更为

---

① ［德］本雅明：《德国悲剧的起源》，陈永国译，文化艺术出版社，2001年，第193页。

深邃的视域之中了，正是由于这样一个视域的呈现，这一衰败方才发现自己并非是这个世界的最终判决，它发现自己的存在原来是如此得荒谬和不合理，因此它根本不是这个世界存在的真实基础。可以说，唯当此时，寓言才真正地撼动了这个世界的基础，并给予作为这个时代之基本建制的形而上学的统治以沉重的打击。

那么，在本雅明的视野中，这一更为本质、更为宽广和更为深邃的视域是一种怎样的视域呢？而寓言又是如何在这一视域中发生了转向从而使死寂的世界重新复活了呢？或者说寓言是如何为这一废墟的世界找到一条救赎之路的呢？按照本雅明的看法，那个"把自身抛给撒旦深沉的精神而背叛自身的世界"，事实上就是"上帝的世界"。① 然而，对于我们而言，本雅明的这一断语实在是匪夷所思，这怎么可能呢？本雅明对此未曾给予过更为明确的答复。但是很显然的是，本雅明的这种信念无疑是与犹太教受难和衰败作为一种赎救的教义密切关联的②，而本雅明也正是以这一信念为基础对寓言意象的反转进行解释的，"在上帝的世界里寓言家醒了过来"，寓言发现，自己所珍视的邪恶也不过是寓言，它不是一种真实的存在，它只存在于寓言中，代表一种"绝对的主观思考"③，因此，寓言最终发现，"当上帝从坟墓里带来了收获的时候，那么，我，一具象征死亡的骷髅，也将成为天使的面容"④。本雅明指出，正是由于寓言在展现社会现实之虚无本质的同时也赐予了这一虚无以虚无主义的本质，因此它也就向人们昭示了这一虚无的界限，并从而为世界保留了一丝救赎的希望。

以上便是本雅明对寓言的本质所作的说明。平心而论，本雅明对寓言本质所做的阐释比他的前辈，比他的同时代人，甚至比我们今天关于寓言的那些普遍的看法都要深刻得多。这一深刻性最突出地表现在本雅明正确地指出了寓言对待世俗生活的那种精神，而这一精神，

---

① ［德］本雅明：《德国悲剧的起源》，陈永国译，文化艺术出版社，2001年，第193页。
② 本雅明的这一信念在他的许多论述中都可以看到，比如关于驼背小人的论述、历史哲学论纲（新天使）和论卡夫卡的文章。
③ ［德］本雅明：《德国悲剧的起源》，陈永国译，文化艺术出版社，2001年，第193—194页。
④ ［德］本雅明：《德国悲剧的起源》，陈永国译，文化艺术出版社，2001年，第193页。

第三章 现代主义艺术的证词（I）——本雅明：废墟上的救赎之光

在本雅明看来，也正是现代艺术在面对如此这般的现实之时所应该持有的。这种精神，按照本雅明的说法，首先在于诚实与不欺，"上一世纪各种风格和世界观的可怕混杂已经极为明确地告诉我们，虚伪的或骗取来的经验将把我们引向何方。因此，我们不能再认为，承认自己的贫乏很丢人"①；在对时代完全不抱幻想的同时，这一精神还必须让自己勇于面对这种现实，不唾弃这种现实，即使这种现实是像恩索特的那幅杰出的油画所描绘的那样："大都市的所有街道上都在闹鬼：市侩招摇过市，身着狂欢节服饰，戴着扭曲的粉饰面具，头顶着金光闪闪的花环。"② 在本雅明看来，那些杰出的现代主义者，如波德莱尔、卡夫卡等，正是具备了这种精神的人，他们"摒弃了传统的人的形象，那种庄严、高贵、以过去的牺牲品为修饰的形象，……他们像新生婴儿哭啼着躺在时代的肮脏尿布上"③。本雅明指出，唯有这种人，方才真正地脱开了一切来自于传统的幻想之束缚，唯有这种人，方才可以称之为"现代人"，他们不以"描述现实"为目的，他们以"改变"为目的。④

然而，怎样改变呢？当我们去除了对现实的任何幻想的成分，并且也抛开了对现实的任何简单化的接受或者简单化的否定的态度之后，改变将在哪里发生呢？正是在这里，本雅明的思想盲点暴露了出来。本雅明的意思似乎是在说，只要真诚地面对，不离不弃，改变就已经出现了，世界就乘着诺亚方舟就此转回了家门。但是这种基于犹太教的禁止神像的教义而作出的解释，其跳跃性实在太大，对于这样的解释接受与否，好像实在是属于信仰和启示的范畴，而绝非理智可以横加干预的。于是，伊格尔顿对本雅明的解释这样评价道，瓦尔特·本雅明把"马克思关于历史通过恶而进步的观点""推向一种滑稽的极端"，马克思的辩证法在本雅明那里变成了一种令人吃惊的辩证法，这种辩证法依赖着"弥赛亚式的阅读"，莽撞地在黑暗的历史生活之中，

---

① ［德］本雅明：《经验与贫乏》，王炳钧译，百花文艺出版社，1999年，第253—254页。
② ［德］本雅明：《经验与贫乏》，王炳钧译，百花文艺出版社，1999年，第253页。
③ ［德］本雅明：《经验与贫乏》，王炳钧译，百花文艺出版社，1999年，第255页。
④ ［德］本雅明：《经验与贫乏》，王炳钧译，百花文艺出版社，1999年，第255页。

在堕落的痛苦中寻找"拯救的征兆",而放弃了在现世中寻找救赎力量的可能性。①

由此可见,尽管本雅明对寓言本质的分析总体上而言独到而深刻,但是这样的解释是无法令人满意的,尤其是在他作为所有这些解释之依据的那种犹太教信念之碰到冰冷的社会现实的时候,就一定会出大问题,因为这一信念在本质上是如此快速地、并且毫无中介地指向上帝的救赎,然而事实上,深藏在这一无中介之下的却是无底的深渊。因此,我们不得不说,本雅明在他的思想中很明显地保留了一种极其深重的主观主义倾向,这种倾向使得他对于艺术之于世界的批判性的革命力量的思考就此止步。所以,虽然本雅明对寓言的诸多看法深刻而富有洞见,对我们正确理解现代艺术的本质有颇多的启发,但是这些洞见和启发最终还是受到了他那种主观主义倾向的影响而成为一种有限的洞见和启发。并且,在这一主观主义倾向的影响和制约下,只要本雅明在这一有限的洞见的基础上再往前走一步,就必然落入那个无底深渊,而此时,从那无底的深渊中根本不会生出如本雅明所说的上帝的救赎,死亡的骷髅根本不会变成天使的面容,等待他的只有粉身碎骨,就像他那令人万分痛惜却又极富讽刺意味的生命的终结一样。

因此,虽然如阿多诺、霍克海默等人早已指出的那样,本雅明的"寓言"理论乃是理解现代主义艺术的一把钥匙,但是它的意义却仅只在于一把钥匙,虽然它确实是一把重要的钥匙。因此,对我们而言,对现代主义艺术之本质的探询尚未结束,前方的道路依然艰辛漫长。

---

① [英]伊格尔顿:《美学意识形态》,王杰译,广西师范大学出版社,1997年,第325—326页。

第四章

现代主义艺术的证词（II）
——阿多诺：作为否定力量的现代艺术

如果说，本雅明试图在认识论的方法上使艺术摆脱传统美学的形而上学思维方式的钳制，从而为现代艺术的研究和发展开辟出道路和空间的话，那么阿多诺则更为直接地探讨了现代艺术的本质，探讨了艺术在当代所必须坚守的原则，从而为现代艺术的真正确立奠定坚实的基础。

第一节　艺术，作为模仿

在阿多诺那里，艺术的本质依然被归于"模仿"。关于这一点，阿多诺在《美学理论》一书中多有提到，"艺术是模仿行为的庇护所"，"模仿作为艺术理想"，"艺术是模仿性的，是离不开模仿行为的"。① 但是，当这样的观点被明确地归于阿多诺名下的时候，我们不免心中疑惑：难道阿多诺不是一直反对现实主义艺术的吗？他与卢卡奇在这个问题上不是一直存在着激烈的争论吗？如果现实主义艺术的本质可以被合理地理解为亚里士多德"模仿论"的逻辑后承，就像绝大多数的美学著作所声称的那样，那么阿多诺又是如何可能坚持艺术的本质是模仿这种观点的呢？难道在这个问题上，在这个艺术哲学的首要问题上，阿多诺就已经陷入了一种自相矛盾了吗？如果因循着最通常的观点来理解"模仿"，即把模仿理解为"再现"（就像现实主义美学所做的那样），那么我们差不多就要完全肯定上述种种推断了，而基于这种论断，阿多诺的美学意义就将在实际上被勾销。

这样看来，问题的实质在于，"模仿"到底具有怎样的内涵？如果说，阿多诺在艺术哲学领域中的建树是名副其实的话，那么这一概念势必被阿多诺赋予了与通常理解不同的内涵。但是，如果情况果真如此，那么为什么阿多诺不另立新词来表达其意却还要对"模仿"概念进行沿用呢？这种沿用似乎表明阿多诺在力图保留模仿的某种原意，

---

① ［德］阿多诺：《美学理论》，王柯平译，四川人民出版社，1998 年，第 95、198、220 页。

而这种原意却是在我们通常的理解（即"再现"）中已无法再寻获的，因此才有了两种模仿的对立。那么阿多诺所试图保留的原意到底是什么？哪种对于模仿的理解才是更加适当而贴切的？还是两种理解都离真理尚远？如果说我们对于模仿的那种通常理解是存在着问题的，而按照我们由来已久的信念，即我们现今对于模仿的理解（特别表现为现实主义的模仿概念）乃是承袭着亚里士多德的精神实质，这岂不是说亚里士多德对于艺术的模仿本质的界定是存在问题的吗？而如果亚里士多德的模仿也是存在问题的，那么阿多诺所试图保留的模仿的那种原意又发源于何处呢？或者，事情全然不是这副模样，并非是亚里士多德出了问题，而是我们从一开始，从这个概念的发端处就已经完全错误地领会了它的意思。如果我们对亚里士多德的误解是真实存在的，那么这个误解又是如何普遍且根深蒂固地发生于我们的思想中的？由此看来，"模仿"似乎还被保持在它谜一般的本质中，虽然它总是如此频繁地被艺术理论家们一再提及和论说。

一

最早提出艺术的"模仿"（mimesis）一说的是柏拉图。但是由于柏拉图把艺术视为对理念的模本（即现实事物）的模仿，因而从根本上贬低了艺术价值，因此对后世并未产生很大的影响。亚里士多德虽然同样认为艺术的本质在于模仿，但是他却肯定了艺术模仿的真实性，他认为："诗是一种比历史更富哲学性、更严肃的艺术，因为诗倾向于表现带普遍性的事，而历史却倾向于记载具体事件。"[①] 也许是因为这种观点更贴近人类对这一问题的朴素理解，亚里士多德的艺术模仿说一直得到广泛的流传，影响深远。在现今的艺术理论研究中，只要一谈到模仿问题，则必定追根溯源到亚里士多德那里。然而有一个现象是必须引起注意的，这一现象就是，当我们这样提及亚里士多德之模仿说的时候，我们对于自己口中所谈的"模仿"概念乃是与这位古希

---

① ［古希腊］亚里士多德：《诗学》，陈中梅译注，商务印书馆，1996年，第81页。

腊先贤口中所说的"模仿"在本质上并无二致这一点是深信不疑的。比如英国学者拉曼·塞尔登在其所编撰的《文学批评理论——从柏拉图到现在》一书中就这样写道:"最有影响的再现理论起源于亚里士多德的《诗学》。……《诗学》中的观点也是诸如爱弥尔·左拉和卢卡契等19世纪和20世纪的作家们所提出的理论的先导,并与之十分相似。"① 车尔尼雪夫斯基对亚里士多德的《诗学》也有着基本相同的评价,"《诗学》是第一篇最重要的美学论文,也是迄至前世纪末叶一切美学概念的根据","亚里士多德是第一个以独立体系阐明美学的概念的人,他的概念竟雄霸了二千余年"②;中国最富影响的美学家朱光潜先生在他的《西方美学史》一书中也同样把亚里士多德视为欧洲美学思想的奠基人。但是事情果真如此吗?我们真的承袭了亚里士多德关于艺术模仿说的精神本质了吗?为谨慎起见,还是让我们暂且放下陈见,返回到亚里士多德那里,看看"模仿"一词在他那里,在古希腊的生活世界中,是如何被界定的吧。

亚里士多德关于艺术的模仿本质的经典表述是"技艺模仿自然"。但是当这句话映入我们眼帘的那一刹那,一种褫夺性的理解顷刻间便已完成,也就是说,这一表述会立刻被我们纳入到唯在近代才真正确立起来的主体-客体的对峙架构中加以考量。在这样一种由笛卡儿哲学奠定基础的架构中,一切主动性必然被归于精神(作为"我思"的"主体")的特权,自然只是符合数学形式的单纯质点纯粹位置变化的领域,是有待被主体处理的质料,全无精神和理性可言。面对这样一个被祛魅的数学化的自然界,艺术对自然的模仿行动除了是主体对作为机械物质的自然界的"再现"和"描述"之外还能是什么呢?因此,在这一时代架构中,"模仿"之被理解为主体对客体的"再现"就是再自然不过的事情了。

事实上,现实主义艺术在19世纪中叶前后的发展和兴盛正是以这

---

① [英] 拉曼·塞尔登:《文学批评理论:从柏拉图到现在》,刘象愚等译,北京大学出版社,2003年,第34页。
② [俄] 车尔尼雪夫斯基:《美学论文选》,缪灵珠译,人民文学出版社,1957年,第124、129页。

一形而上学的架构为时代基础和思想前提的。虽然在表面上，现实主义美学以反对形而上学（表现为现实主义美学对古典主义美学的反叛）为出发点，但实际上，两者却分享着同样的形而上学前提。正像美国学者琳达·诺克林所指出的，"忠于眼前的事实"是现实主义艺术的一个十分重要的方面，何谓"忠于"，怎样才能达到"忠于"，就是要摆脱一切传统的或世俗的道德观，以及"形而上学价值的干扰"，"对证据做实事求是、锱铢不爽的考察"。[1] 换言之，现实主义者之所以能够"忠于"眼前事实，对眼前事实进行"再现"，正是以对自然的这种实证主义态度，即以空间均质性为基础对自然作一种数学的构想为前提。唯有面对这样的自然，再现性的写实才得以可能。这种将自然客体化、数学化的祛魅行动并非孤立的历史过程。伴随自然的祛魅过程的完成，人类对于自身存在的祛魅也趋于完成，即去除人之存在的理性和价值的一面。因此，在19世纪的那种相当唯物的实证主义的观察方式看来，道德、观念或思想都只不过是一种物质建构而已，和其他的物质建构没有什么不同，历史也不再与价值、信仰合为一体，剩下来的只是作为可经验观察的事实的历史。虽说对于人之存在的理性和价值方面的祛魅最初确实是以对形而上学的反叛为目标的，但是这种祛魅是一种真正的祛魅吗？换言之，通过这种祛魅，它还原出了现实的人的真实存在了吗？毋宁说，通过这种祛魅所完成的只是对人之存在的再次褫夺、再次形而上学化，即用物质这种抽象化的存在替换了人作为理性的抽象化存在和人作为价值的抽象化存在。

唯有当这种对待自然、对待人类自身以及人类历史的实证主义态度（也就是一种形而上学的态度）形成之后，才有可能出现现实主义的那种反对造假、追求"真实"的艺术风格。而这种"真实"的标准，按照这种实证主义的态度，就是以"可经验观察"这一被认为是唯一客观的准则来加以界定的，就像库尔贝写于1861年的一篇宣言中提到的：绘画在本质上只能是对真实存在的事物的表现，作为一种具体的艺

---

[1] ［美］琳达·诺克林：《现代生活的英雄：论现实主义》，刁筱华译，广西师范大学出版社，2005年，第15—16页。

术形式,它有着"全然物质性的语言",它只能表现"可见可触的物体",而不能表现看不见的或者根本不存在的形而上学之物。① 可见,19世纪现实主义对"真"的这种诠释和强调在19世纪之前是根本不可能的,甚至是无法想象的。以前的画家,即使面对一个真实的人物作画,不论他们有多么兢兢业业于复制眼前所见的实物,他们依然还是执着于那个时代的信仰,即认为在眼前所见纯粹外在的、可感可触的事实之外,还有一个更高的"真实"存在,因此当他们作画时,主要还是经由眼睛将所见发为心中所感所想,再通过手中的画笔来呈现的。而现实主义的"写实"手法,由于经历了这双重的祛魅过程(双重祛魅其实是本质同一的过程),即在对现实的捕捉中将现实纯粹的物质化和客体化,抽去所有永恒价值和普遍理想,把对"事实"的信仰等同于信仰的全部,才真正具有了一种与以往的写实手法不同的本质。撇开现实主义的这一时代基础和思想前提,我们根本就无法理解,为什么同样是对外部事物和行动进行捕捉和描绘,莫奈对光或大气的表现、德加对一群芭蕾舞女向观众屈膝行礼的刻画,以及库尔贝对他与他的赞助人在通往塞特(Sète)路上的会面的描画(即作品《相遇》)就是现实主义的作品,而15世纪的扬·凡·埃克(Jan van Eyck)在《阿尔诺芬尼夫妇像》中的细细勾绘、纤毫不爽,16世纪的委拉斯开兹(Diego Velasquez)对西班牙君主和宫女的"既不谄媚、亦不中伤"② 的真切描画,以及17世纪的卡拉瓦乔(Michelangilo Merisi da Caravaggio)对静脉瘤曲张的血管和脏脚丫的不厌其烦的描绘就不是一种现实主义。

然而,艺术对自然的再现和模仿,即使是严格按照现实主义艺术的要求来进行,即在模仿的过程中摒弃主观因素的一切干扰而达到一种客观的观察,就真的能够达到它的目标,达到一种对真实的再现,一种纯粹的客观主义吗?其实,只要我们对艺术略有领会,我们便会清楚地知道,艺术实际上不可能成功地做到对眼睛所见的现实进行全

---

① 转引自[美]琳达·诺克林:《现代生活的英雄:论现实主义》,刁筱华译,广西师范大学出版社,2005年,第17页。
② 傅雷:《世界美术名作二十讲》,海南出版社,1994年,第215页。

然的模拟或如照镜子般的反映,就算是那些最忠诚的、最恪守现实主义再现原则的艺术家也都不得不承认,在再现外物的时候是必须发挥自己的艺术想象力的。而这样的想象力的发挥,就算是将它的作用降低到最低限度,将它的作用只是局限在忠实的再现这样一个目的的达成上,也仍然会让驻足于艺术作品中的现实客体发生一定程度的改变。比如在绘画或雕塑中,艺术家必须运用自己的创造性的想象力来让现实对象在一种与自身完全不同的艺术媒介(颜料和大理石)中重新诞生,这种重新诞生不可能不带来任何的改变。因此现实主义艺术家们常常陷入苦恼之中,他们发现自己的创作实践与他们对于创作的原初想象之间总是存在着一种背离,一种虽经主观的无限努力却依然难以弥补的裂痕,那就是对于自然的精确再现的不可能。比如莫奈早期的良师益友布丹(Eugène Boudin)就时常抱怨自己为什么对自然仔细端详却仍然总是一无所见,虽然他一直将"不模拟毋宁死"比作天地间的至美,但同时亦清楚明白地知道"要以这些有限的材料在画布上复制出自然根本不可能"。莫奈本人也曾一次次地描述过想要在画布上捕捉外在现实却屡屡不得而引生的焦躁和痛苦:"水底浮动野草的水面……虽然很美,但要画它可真是痛苦。"[①] 可见,我们通常对于艺术的再现式模仿的那种机械的理解实际上是以对现实主义艺术的过度简单化为前提的,是对这种艺术的理论想象和理论误解。虽然这种想象和误解也经常地发生在现实主义艺术家本人的头脑中,但只要他们开始了真正的艺术创作,只要这种创作真的能够担当艺术之名,他们的艺术实践就立刻超出了其理论的限制而具有了真理的本质。也正是在这种超出中,并通过对这种超出作出反思,现实主义的艺术理论得以在原有的原则和基础上不断进行自我修正,即在客观再现的基础上引入艺术创作的主动性,当然这种主动性的引入的最终目的还是为了保证客观再现的实现。比如卢卡奇对于左拉的自然主义的批评和修正就属于此类。

[①] 转引自[美]琳达·诺克林:《现代生活的英雄:论现实主义》,刁筱华译,广西师范大学出版社,2005年,第39页。

可见，即使是现实主义者也都承认，艺术的"再现"活动并非机械的、简单的、完全去除主动性的物质反映过程，这种再现性模仿是需要调节的，要经过一系列复杂艰难的中介。现实主义艺术与现象材料之间所构成的联系，与古典主义、浪漫主义或巴罗克等艺术形式与现象资料间的联系一样，迂回曲折、不易形成。那么，这种调节和中介的力量来自何方？是谁有可能推动并完成这种调节和中介？可以说，虽然对调节和中介这一模仿中的主动性方面的强调和重新诠释乃是现实主义者为了克服理论上的困境而进行的自我修正，但是这种修正却从来没有能够对它的前提提出过反思，换言之，在所有的修正中，对外部世界的那种褫夺性质的实证主义的态度始终都被保留着，因此现实主义的模仿再现论就在本质上依然因循着笛卡儿的路向，因循着形而上学的路向。而只要修正还停留在这种近代形而上学的思维框架中，这样的调节与中介，作为"模仿"行为中的主动性机制，尽管依然是为了保证艺术的客观性的实现，就决不会来源于自然一方，也不会来源于主体与自然之间的交互作用，它根本不会在主体与客体之间架起一座桥梁，因为，在这一框架中的自然乃是全然一片死寂。艺术的模仿行为，按照这一形而上学的机制，就只能来自于理智本身，来自于主体自身的精神特权。因此，当现实主义的美学研究把全部精力都集中到"模仿"这样一种行动上，把模仿当作一个资源丰富的缓冲地带，竭尽全力地挖掘模仿所具有的种种潜能以完善自己的理论，以保证艺术这样一种表现方式的客观主义性质之实现的时候，由于他们已经事先地把所要刻画的现实褫夺成了一种以广延为唯一特性的纯粹的物质实体，那么按照自然之作为广延的建制，现实主义美学所做的所有的去除主体以让自然呈现的努力到头来都只能是一种纯粹的主观主义的努力，而其围绕着模仿所做的种种界定或者添加就像托勒密为其地心说添加越来越多的本轮和均轮一样，除了导致理论的日益复杂和混乱外，是不可能从根本上改善理论的处境，增加其解释力度的，艺术的本质必将被围困在这越来越多的轮子中窒息而亡。

总而言之，在这样的时代中，任何想对时代的主观主义病症进行克服并试图达到客观主义的努力，虽然其反叛的初衷和热情均是值得赞许的，但其具体的行动及结果则一定是可疑的，因为在这样的时代中，主观主义和客观主义一定是并生的。也正因为如此，现实主义美学通过其模仿和再现的原则试图达到的客观主义则必然在本质上是一种不折不扣的主观主义。既然连现实主义美学的本质都是如此，那就更不用说那些本身就对主观主义缺乏反思精神，力图从享受者和生产者的感情状态出发对艺术和美进行追问的美学研究了。因此，海德格尔在这一意义上将迄今为止的所有美学的研究及相应的艺术实践均认作是主体征服世界之进程的不可分割的一部分："人的思维……成了事物本身的基本法则"，在艺术中，思维将自己表现为赋形的力量；艺术成为"人的创造"；天才，就是在创作中完成自己的人，是艺术最为推崇的人；对艺术的接受和保护，又是通过"趣味"（作为人的自由自主的判断力）来决定的。① 可以说，在这场号称美学的运动中，虽然各种艺术理论有着各自不同的术语，不同的强调方面，但是，自然之被搁置，之成为质料，成为单纯广袤的东西，艺术的本质因此被全部收归主体自身则是诸种认识艺术的思想努力的一致本质。在这里，主体-客体关系始终是决定性的。

但是，如此这般在近代才真正确立和形成起来的"美学"的思维框架对于古希腊人来说却是十分陌生的。正像海德格尔再三强调的那样，"近代"之于"美学"根本不是一个偶然的、外在的时间范畴，毋宁说，正是由于关涉到整个历史的一种变化，也就是关系到"近代（Neuzeit）的开端"，才有了美学的起源和形成。而近代之开端的标志，从形而上学上讲，就显现在"一切存在和一切真理的确信被建立在个体自我的自身意识基础之上，即'我思故我在'（ego cogito ergo sum）"。② 由于这一"个体自我的自身意识"成了近代的标志，成了现在唯一真正的存在者和决定者，其他一切可能被认为存在着的东西都是以这个如此确定的存在者为尺度而获得测度的，因此，秉承了近代之精神的美学就必然不会直接地"来自艺术本身和对艺术的沉思"③。

---

① [德]海德格尔：《谢林论人类自由的本质》，薛华译，辽宁教育出版社，1999年，第50页。
② [德]海德格尔：《尼采》（上卷），孙周兴译，商务印书馆，2002年，第89—90页。
③ [德]海德格尔：《尼采》（上卷），孙周兴译，商务印书馆，2002年，第89页。

这样的美学，希腊人是从来不知的，海德格尔指出，"希腊人具有一种如此原始地成长起来的清晰的知识以及这样一种对知识的激情，以至于他们在这种知识的清晰状态中根本就不需要什么'美学'"。①

因此，当我们去解读亚里士多德的艺术模仿说的时候，必须十分谨慎地将其重新置回古希腊的原始语境中，否则误读必将普遍地发生。但是，"重新置回"会是一件简单的事情吗？通过主观上的小心和努力，误读之避免就可以达成吗？海德格尔是这样警告我们的：我们今天是无法理解亚里士多德的学说了，因为，我们用来解释亚里士多德的理论框架取自中世纪和近代的相关学说，而这些学说基本都是背离亚里士多德的学说的。② 可见，当我们决心抛开误解产生之基础而开始对亚里士多德的"模仿"概念进行真正理解的时候，我们是处于失重状态，无所依傍的。也正因为如此，当我们历尽艰苦，追寻着历史依稀的痕迹而开始并逐步完成回溯行动之时，我们所能获得的其实也只能是一些有限的、具有原则性和界限性的标识，这些标识虽然可以指明亚里士多德与我们之间的巨大差别，但是这些标识却也由于它们的界限性和原则性而预示着一个禁地的真实存在。不过尽管如此，尽管这些标识只是一些原则和界限，但是对于思想的道路来说，它们依然具有无可取代的意义。这些标识到底是什么呢？

当所有的现实主义美学，以及它的拥护者和反对者们，都将目光集中在亚里士多德的模仿概念上，试图在模仿中大做文章的时候，一种对于亚里士多德模仿概念的回溯活动却在模仿所要处理的客体——自然之中，找到了模仿由以确立自身的真正基础，并由此使身处困境的模仿理论获得熹微的重生希望。

可以说，希腊人对艺术和艺术作品的基本态度实际上是由他们的自然观规定了的，也就是说，模仿的本质是被自然的品性决定的。古希腊世界中的自然完全不同于近代范围内作为质料、广延和外在性的自然。面对后一种自然，艺术的模仿活动只能成为一种与之相对峙的

---

① ［德］海德格尔：《尼采》（上卷），孙周兴译，商务印书馆，2002年，第86页。
② ［德］海德格尔：《尼采》（上卷），孙周兴译，商务印书馆，2002年，第69—70页。

技术制作，一种理智的机巧，一种对于自然的进攻（Angriff），由于这种技术和理智机巧的入侵，自然界的青春生命便夭折了。而在古希腊人那里，自然（φυσις）从来都不是在人之外与人相对立的对象客体，对他们来说，φυσις"乃是表示存在者本身和存在者整体的第一个根本性名称"①。这意味着，在希腊世界里，没有什么东西是高于自然的，也没有什么东西可以与自然分庭抗争，自然是最具根基性的东西，人倒是要从自然那里才能领会自身和一般存在。那么，这样的自然到底是怎样的呢？亚里士多德说："'自然'是它原属的事物因本性（不是因偶性）而运动和静止的根源或原因。……凡在自身内有上述这种根源的事物就'具有自然'。"②可见，这样的自然首先是"运动和变化的根源"③，而作为运动和变化的根源，它又不是外在于事物的，按照亚里士多德的说法，唯有能运动的事物才能运动，唯潜能存在者（作为潜能者）的隐德来希才叫运动④，因此，作为运动之根源的自然是自因的，又是内在于事物之中的，是"实体"又是"主体"。由此可见，当海德格尔以这样方式来描述自然的时候——"它自立自形，无所促逼地涌现和出现，它返回到自身中并且消失于自身中，即一种返回到自身中的运作"⑤，实是深得希腊之精神的。虽然我们也知道，在亚里士多德的时代就已经有了质料和形式的区分，因此当时对于自然的理解是多样的，除了被理解为运动和变化的根源之外，也有人将之理解为质料，或理解为形式，但是由于这种质料形式的区分还不具有近代以来的那种形而上学二元对峙的性质，因此，无论是质料还是形式，都尚隶属于"具有自然"的事物，是"自身内具有运动变化根源的事物所具有的直接基础质料"和"自身内具有运动根源的事物的（除了在定义中，不能同事物本身分离的）形状或形式"⑥。因此在本质上，这几种对于自然的理解并不是相互对立、相互排斥的，所以亚里士多德

---

① ［德］海德格尔：《尼采》（上卷），孙周兴译，商务印书馆，2002年，第87页。
② ［古希腊］亚里士多德：《物理学》，张竹明译，商务印书馆，1982年，第43—44页。
③ ［古希腊］亚里士多德：《物理学》，张竹明译，商务印书馆，1982年，第68页。
④ ［古希腊］亚里士多德：《物理学》，张竹明译，商务印书馆，1982年，第69页。
⑤ ［德］海德格尔：《尼采》（上卷），孙周兴译，商务印书馆，2002年，第87页。
⑥ ［古希腊］亚里士多德：《物理学》，张竹明译，商务印书馆，1982年，第45页。

才会说,"认识形式和认识质料是同一个课题"①。

但是,正像海德格尔所指出的,这种对于自然的规定,对于运动的规定,在今天一定会成为笑柄,笛卡儿和帕斯卡尔一定会对此加以嘲笑,因为他们已不再看见那对于亚里士多德来说是无比明晰的东西,即运动的多重方式所具有的隐秘的统一性,他们所能看到的只有一种方式,位移(phora),这种方式自伽利略以来便统治了整个自然领域,而且即使是 phora 本身的意义也与古希腊有了不同,因为与之相关的处所(topos)概念消失了,取而代之的是物体在几何式均质空间中的位置,对此,希腊人甚至名称都不曾有过。② 在今日会遭嘲笑的东西在古希腊是那样地自明,以至于任何想对这种东西加以证明的举动才会沦为笑柄,亚里士多德指出,"要想证明自然这东西的存在是幼稚可笑的。因为明摆着有许多这类的事物实际存在着,反而想用不明白的来证明已明白的,表明这种人不能辨别自明的东西和不自明的东西"③。由此可见古今差异之巨大。而当我们去谈论亚里士多德的自然,想要去证明这一自然的存在之时,我们实在不敢夸耀自己已有了"相应的思想",实在不敢保证自己不是生而盲目之人在向人解释颜色。因此这里对于亚里士多德之自然的论说也仅仅具有提示的意义,仅仅将一种界限明示出来罢了。

但是有一点是可以肯定的,这也是这一界限所具有的非常积极的意义,那就是当希腊人面对着这样的自然时,模仿的整个机制都会发生彻底的转变:这种生生不息的自然决不会将艺术模仿的动力逼入我思的范围,不会将模仿变成一种理智的机能,变成对自然的进攻,而是真正地与模仿贯通起来,成为模仿的内在动力和决定性要素,成为它取之不竭的源泉,成为艺术的源泉(源泉,并非是在一事物之外,而是在它之内并与之交融)。由此可见,艺术之所以能够成功地实现对自然的模仿,首先不是在于科学方法上不断的精益求精,而是在于它逗

---

① [古希腊]亚里士多德:《物理学》,张竹明译,商务印书馆,1982年,第48页。
② [法]F. 费迪耶等辑录:《晚期海德格尔的三天讨论班纪要》,丁耘摘译,载《哲学译丛》2001年第3期。
③ [古希腊]亚里士多德:《物理学》,张竹明译,商务印书馆,1982年,第45页。

留盘桓在自然之中,或者说是自然让它盘桓在自己之内,并由于这种盘桓方才可以带着感恩之情将自然铭记于心,让自然自行展现。

总而言之,唯有当这种模仿对我们真正显现之际,现实主义美学所致力解决的模仿困境才显现出其本质的虚假性,那无非是理智给自己设置的障碍,是堂吉诃德的风车,故此,这一困境和障碍也从来未能在真正伟大而成功的现实主义创作中束缚住艺术家们的手脚。同时,也唯有以这一模仿为前提,那个仿佛存于阿多诺的艺术理论中的矛盾才会自行消解,我们才能够解释为什么阿多诺在激烈地反对现实主义艺术模仿说的时候,又能够继续坚持模仿乃是艺术的本质这一观点。然而到目前为止,这一矛盾的自行解决还只是我们的一种猜测,因此我们必须进一步去探明,阿多诺到底有没有拥有那种模仿的视界?或者说,他到底有没有达到对于自然(即存在者之整体)的那种领会?

二

为了有别于现实主义美学一味强调的主体对客体的臣服,强调主体对现实的照相机般的复现的模仿概念,阿多诺在阐述艺术的模仿原则的时候,特别使用了"表现"这一概念来对现实主义的模仿说进行矫正,"艺术是模仿,这只是就模仿作为客观表现而言的"[①]。然而,用"表现"对"模仿"进行纠正是一种怎样的纠正呢?难道阿多诺是要在两个概念之间找到某种平衡,要将两个概念按照一定的比例进行配置,强调在模仿中有主动性(即表现)的一面,而在表现中也有客观性(即模仿)的一面,从而为艺术的本质建立一个看似更加合理,也更有解释力度的基础和平台吗?

表现和模仿,虽然只是两个概念,但在日常语境中却代表两种相反的运动机制和原则,这是众所周知的事。正像模仿通常被理解为具有客观性的被动原则一样,"表现"通常首先被理解为一种主体的活动,理解为个体冲动的展现和表达。但是,如果阿多诺是在这一层次

---

① [德] 阿多诺:《美学理论》,王柯平译,四川人民出版社,1998年,第197页。

上使用"表现"概念的,那么他势必附带地接纳了他所反对的那个现实主义的模仿概念,即使在言语上多有反对和指摘,但是其内在的精神气质一定不如人愿地相互贯通。这样一来,他与那些作为改良派的现实主义者们于客观再现的基础上引入艺术创作的主动性以资补救的做法就没有多大分别了。那么,阿多诺是这样的吗?幸运的是,阿多诺对这个问题已作了清楚的说明,这为我们省去了不少麻烦。阿多诺指出,艺术作品"并非凭借表现媒介来模拟某一个体的冲动,更不是模拟艺术家本人的冲动。如果确是模拟这些冲动的话,那么,它们即刻就会成为其模仿冲动所抵制的那种复制和对象化的牺牲品"[①]。可见,作为主观感受之表达的表现只不过是机械模仿的变形而已,两者之间的不同只是在于模仿的对象从自然客体变成了我之自身。阿多诺的这一见解进一步肯定了我们上面已经做出的结论,即现实主义美学的自我修正依然是一种唯心主义的修正,无论现实主义美学如何想通过加强创作的主动性方面来达到主客体的同一,其结果都只能是在现代形而上学的框架中越陷越深。

既然在阿多诺那里,表现不是对现实客体的再现模仿,也不是对主体情感冲动的再现模仿,那么"表现"到底是对什么的表现,并且又是谁在表现呢?或者我们这样的问法本身就是有问题的,这样的问法已经先行将问题的回答引向了歧途?根据阿多诺的阐述来看,似乎"表现"的对象是空无一物的,因为这世间除了主体和客体之外,还能有什么呢?既然没有了表现的客体,表现的主体便也无法再作为主体而存在。但是,当我们就此推断阿多诺在艺术的"表现"概念中即排除了主体性因素又排除了客体性因素的时候,阿多诺却又抛出了一些看似相反的观点。他指出,"艺术的确不是人类主体的复制品(replica),而是比其创造者更为广大的东西,艺术时常达到这样一种程度,即艺术家对其在作品中予以对象化的东西来说只是一个空壳。同样,也务必承认,目前没有一件艺术作品可以在主体不将其存在注入

[①] [德]阿多诺:《美学理论》,王柯平译,四川人民出版社,1998年,第196页。

第四章　现代主义艺术的证词（II）——阿多诺：作为否定力量的现代艺术　　183

作品之中的情况下完成"①，因此，表现"如果没有生产表现以及有效运用其模仿冲动……的主体的话，那是不行的"②。然而就在阿多诺重新指证"表现"需要主体，是主体的表现的时候，他却同时强调，表现乃是一种"客观表现"，"与心理学相去甚远"，"表现旨在取得超越主观的结果"。③ 如此一来，那些被阿多诺剔除的要素又被他悉数收回了，只是当他收回的时候，他又会马上声明，收回的那些东西并不是它们自身："主体"不是那个心理学的主体，"客观的"也不是那个外在的现实。于是，事情变得扑朔迷离起来，阿多诺怎么会如此出尔反尔、颠来倒去，连一个概念都无法阐述清楚呢？

毫无疑问，"表现"只是诸多美学概念中的一个常见概念。虽然它也是一个基础性的概念，但是它的基础性常常让我们以为它具有无比的自明性，因此也是无须对它多加关注和阐释的。然而事情的实际情况却非如此，正如阿多诺所指出的那样，"表现是艺术的一个本质要素……。但是表现这一概念，如同其他许多对美学来说十分重要的概念一样，从未被人们所理解"④。

为什么一个小小的概念竟如此难以澄清呢？阿多诺认为，"表现"一直未能被理解的原因就在于，"表现这一术语，与概念化是完全对立的"⑤。如果说，"概念化"意味着一种在知识论、范畴论方向上的存在方式，因此也是一种形而上学的存在方式（这一方式以主体—客体的二元对峙作为它的基本构架，在美学的视域中，主体—客体的建制有诸种变形，比如形式—质料的建制）的话，那么"与概念化是完全对立的"则必然意味着一种对于上述方式的超越和出离。可见，在阿多诺那里，"表现"，从而还有以表现为本质的艺术，具有一种超越传统美学，超越概念化的传统形而上学的性质，至少从他的主观愿望上来讲是如此。但是这一主观愿望的达成却实在颇费周折，因为当这种出

---

① ［德］阿多诺：《美学理论》，王柯平译，四川人民出版社，1998年，第74页。
② ［德］阿多诺：《美学理论》，王柯平译，四川人民出版社，1998年，第197页。
③ ［德］阿多诺：《美学理论》，王柯平译，四川人民出版社，1998年，第197页。
④ ［德］阿多诺：《美学理论》，王柯平译，四川人民出版社，1998年，第196页。
⑤ ［德］阿多诺：《美学理论》，王柯平译，四川人民出版社，1998年，第196页。

离于形而上学之建构的术语想要进行自我表白的时候，首先就会遇到很大的麻烦，这一麻烦就是，"语言自身的衰败与贫乏"① 在今天这个时代已经变成一个不争的事实，不仅语言的本质一直被形而上学霸占着，更为致命的是，这一被霸占了本质的语言事实上就是"异化或教化的现实"② 本身。因此，面对着铁幕一般的形而上学的统治，新的言说方式的诞生就变得极其困难，即使它有破土而出的欲望，也无法再找到能够获得生命并汲取力量的土壤。所以，这类术语常常只能通过它的左冲右撞，通过它歪歪扭扭的斑斑痕迹来表明它与这种语言以及这种现实的本质不同。也许在这一意义上，我们便可以理解阿多诺出尔反尔、颠来倒去的原因以及苦心了。

但是，即使当那些术语以这种离经叛道的言说方式进行着反抗，其所能达到的客观效果通常也总是有限的，甚至可以说是微乎其微的。由于缺少生存和成长的现实土壤，由于这种土壤总是被严重地遮蔽和异化，那种艰辛而扭曲的表达常常只能把形而上学推到它遥远的对立面，推到它的极端形式，而这种对立面或者说极端形式由于无法拥有一种稳固而现实的超越传统形而上学的根基而不得不在其本质上仍然滞留于形而上学的建制中，与形而上学分享共同的前提。比如此处"表现"概念的提出，虽然它的提出乃是为了克制和改造被形而上学化的"模仿"，但是，如果"表现"依然还只是被作为模仿的补充环节（即使它从补充环节变成了主导环节，情形也还是一样的）而加以运作，依然还将它自己保持在与模仿的基本建制（即主体受制于客体）相反的方向上（并且仅仅是一种反方向），从而遵从着与模仿的二分法的话，那么无论"表现"如何强调自己的超越形而上学的本质，如何在语言异化的现实中寻求一种颠覆形而上学的表达，它也决然无法通过这些努力而使模仿概念发生革命性的变革。相反，由于这样的"表现"概念一直处在模仿的建制之外，并仅仅处在它之外，表现便在根基上受制于模仿并与模仿同构了，即依然归属于概念化的形而上学本

---

① [法] F. 费迪耶等辑录：《晚期海德格尔的三天讨论班纪要》，丁耘摘译，载《哲学译丛》2001年第3期。
② [德] 黑格尔：《精神现象学》，贺麟等译，商务印书馆1979年，下卷，第55页。

第四章　现代主义艺术的证词（II）——阿多诺：作为否定力量的现代艺术

身。事实上，这也正是现实主义美学的自我修正不成功的根源，而且它也同样会是现实主义的反对者们以"表现"来矫正或者反叛模仿说的做法无法成功的本质原因。可以说，无论是在温和的改良主义者那里，还是在激进的反对派那里，实际上发生的都只是"表现"与"模仿"在为争夺更多的领地、划定更恰当的界限而无休止地耗损生命。它们根本无法通过这种争斗而获得具有建设性的成就，它们通过争斗所获得的每一件战利品都是受到诅咒的，而此所得同时就是一种自损。那么阿多诺是在哪样一种意义上提出了"表现"概念的？他有没有给"表现"以一个稳固的超出形而上学的基础从而使他的主观愿望获得内在而坚实的巩固呢？

首先应该指出的是，虽然阿多诺提出要以"表现"来对模仿说进行矫正，但是阿多诺却从未坚持过表现与模仿的二分法，从未试图在这两者之间寻求某个适合艺术的契合点，在他那里，艺术的模仿与艺术的表现根本就没有什么差别，这是阿多诺与传统美学截然不同的地方。也许有的时候，阿多诺会多一些提到表现的概念，但这也仅仅是为了提醒读者注意他与现实主义者们的区别罢了。模仿与表现之所以能够被阿多诺当作本质同一的东西，其原因就在于阿多诺通过一种艰难崎岖的言说而成功地将这两个术语从形而上学的框架中剥离了出来。正像我们在上文已经阐明的那样，阿多诺从不把"表现"当作对某物的表现，无论是对自然客体还是对主观的情感冲动，他说，"艺术表现是'表现某物'的对立面"[1]。随着表现客体的彻底瓦解，表现还想拘有一个与客体对峙的主体就变成一件不可能的事了，因此，表现也不是主体的自我表现，因为此时的表现依然还是在表现作为主体的某物。于是，表现便以这种方式冲破了形而上学的禁锢，完成了本质重要的超越。与此同时，由于阿多诺坚决地取缔了"表现"中的主客体对峙的形而上学结构，他便从根本上完成了对传统模仿说的形而上学本质的改造，将"模仿"从一种顽固的恋物癖中拯救了出来，"模仿行为并非是模拟某物，而是使其与自身相似或同化。艺术作品本身旨在实现

---

[1]　[德] 阿多诺：《美学理论》，王柯平译，四川人民出版社，1998年，第197页。

这种同化"①。

由此看来，在阿多诺那里，无论是模仿还是表现，都不再是传统美学中的那个模仿和表现，都不再是对什么的模仿和对什么的表现，因此也不再是主体的自我模仿和自我表现。这样看来，模仿和表现除了是它们自身之外就不可能是其他任何东西了，并且也不可能以任何对峙的方式与他者相连。

面对这种模仿和表现，我们还真是有些迷茫，天下竟有这等东西？一种与任何物的存在相脱离的、完全立于自身的存在？然而，这正是阿多诺所要表达的真义，是几千年前的古希腊人耳熟能详的东西，是现代人遗忘至深的东西——艺术的本质：艺术乃是一种完全立于自身的存在，艺术（只要是一种真正的艺术）从来都不是，而且也不可以是附庸，既不是外在现实的俘虏，也不是主观精神的仆臣和玩偶。而艺术的这种立于自身存在的本质，正是奠基于表现和模仿的这种品质之上的，"通过表现，艺术方能使自己摆脱它时时所面临的那种被为他者的存在（being-for-another）所吞没的危险，而成为一种可以自我言说的存在。这是艺术的模仿成就"②。

为了进一步说明艺术乃是立于自身的存在，阿多诺特别提到了艺术的表意特征，即艺术的语言特征。由于艺术作品总是有所言说，有所传达的，因此艺术的这种语言特征常常使人以为艺术本身是一种传达意义的手段，是它在对某种其他的东西进行传达，因此艺术根本不是什么立于自身的存在。阿多诺指出，这是对艺术的语言特征的严重误解。事实上，艺术的语言是一种与日常的交际语言和意指语言完全不同的语言。而造成这一不同的正是艺术的表现本质，"表现的本质就是艺术的语言特征，它完全不同于作为艺术媒介的语言"③，换言之，由于表现和模仿是完全立于自身的存在，其中并不存在他者的机制，

---

① Theodor Adorno, *Aesthetic Theory*, The Athlone Press, London, 1997, p. 111. 参见中译本阿多诺：《美学理论》，王柯平译，四川人民出版社，1998年，第196页，有改动。
② Theodor Adorno, *Aesthetic Theory*, The Athlone Press, London, 1997, p. 112. 参见中译本，第197页，有改动。
③ Theodor Adorno, *Aesthetic Theory*, The Athlone Press, London, 1997, p. 112. 参见中译本，第198页，有改动。

因此艺术的言说也就完全不可能是对他者的言说，而只能是艺术在自我言说。阿多诺进一步补充，这种可以自我言说的"表现语言比意指语言更为悠久"，它是艺术的构成原则。①

虽然阿多诺对艺术的语言进行了如此界定，但是这样的语言对我们来说依然是神秘而陌生的。生活中，我们总以为是我们在说语言，而被我们说出的语言又总是具有指向性的，它指向某物，是某物的符号，因此语言只不过是连接我与他者的工具和桥梁，哪里会成为一种活物而自行言说呢？于是，阿多诺对艺术语言的这种阐释，或者会被认为是头脑发热的产物，或者也会由于人们的一种猎奇心理而被视为一个有趣的说法，一个创新的想法。

但是，关于语言的这种说法真的只是纯粹头脑的产物吗？艺术的这种表现语言有没有它现实的基础呢？阿多诺认为是有的。不仅表现语言有它现实存在的基础，而且表现语言的这一基础就表明，表现语言本身才是语言的真正本质。阿多诺指出，这一基础就是世界本身的自我言说性质。也就是说，世界本身是以语言的方式存在的，它根本不需要外在于它的那种作为人类思维产物的语言对它进行传达。因此，以语言的方式存在的世界其实"是不言而喻的"。比如，一只花瓶放在那里，它的那种语言性质的存在似乎在说"是我"或"我来了"之类的东西。同样，一头犀牛站在那里，似乎也在说"我是一头犀牛"。② 在这里，我们再次看到了本雅明的身影，也看到了海德格尔的身影，看到了他们三个人在语言问题以及在艺术的本质问题上的不谋而合。

当然，还须进一步说明的是，由这种"表现"和"模仿"所标识出来的艺术的完全立于自身的存在，与"我思"的同样是完全立于自身的存在，是决然不同的。"我思"之立于自身的存在具有一种封闭性的唯我独尊的内在性结构。由于它并不包含差别在它之内，所以它是抽象的，纯粹形式的。基于这种抽象的、纯形式的并且也是封闭的内

---

① ［德］阿多诺：《美学理论》，王柯平译，四川人民出版社，1998年，第198—199页。
② ［德］阿多诺：《美学理论》，王柯平译，四川人民出版社，1998年，第198—199页。

在性结构,"我思"必然地在其外部发展出作为自我的无限阻力的非我。于是,"我思"受到了限制,它必须对付那无穷的阻力,故而,它所谓的完全立于自身的存在也就成了一种主观的自欺。艺术是与之完全不同的。在这种超越传统形而上学之建制的表现概念和模仿概念的作用下,艺术未曾在其立于自身的存在中设定过什么禁区。虽然它立于自身存在,但同时它也出离自身存在。对它而言,无所谓什么是内,也无所谓什么是外。唯这种无内亦无外的存在,方才有能力成为一种真正意义上的立于自身的存在。当然,当我们以这样的方式来描述艺术的存在机制的时候,我们并不是在说艺术是完全无品质、无性格的一片混沌,艺术没什么有所谓也没什么无所谓,因此便单单落了一个由于没有什么所谓便因此幸存下来的立于自身的存在。事实上,这样的讲法纯粹只是为了说明艺术是如何区别于"我思"的存在建制。如果这个讲法带有它无法避免的空洞性和抽象性的话,那么这一空洞性和抽象性也正从反方向上揭露了"我思"建制的实际内容的空洞和抽象。

艺术决不止于这种抽象,不止于这种尽管是作为正面意义阐述出来的抽象。艺术的立于自身的存在绝不是一种自我封闭。相反地,艺术与生俱来地带有填补这一抽象、冲破这一封闭的巨大能量,这一能量就是绝非在它之外存在的自然(不是科学意义上的自然界,而是作为存在者整体的 φυσις)。这种自然被阿多诺称为"原初历史",阿多诺指出,"艺术包含表现,这并非在它传达主观性之时,而是在它与主观性和灵性的原初历史回响震荡之际"①。可见,在阿多诺那里,表现和模仿虽然是空无一物的立于自身的存在,但同时又是包容着无限丰富内容的存在,只不过这无限的丰富内容由于从来都不是表现和模仿的异质性(形而上学建构上的异质)存在,因此不会使艺术成为一种为他者的存在,不可能颠覆艺术的自立本质。而我们之所以认为阿多诺所说的这一原初历史绝非在艺术之外存在,绝非与艺术异质,这完全是根据阿多诺自己的思想基调做出的推测和判断。因为如果说自然乃

---

① [德]阿多诺:《美学理论》,王柯平译,四川人民出版社,1998年,第199页。

第四章 现代主义艺术的证词（II）——阿多诺：作为否定力量的现代艺术

是在艺术之外存在的，那么艺术顷刻间又将自己降身为"为他者的存在"了，降身为一种交际语言，一种用于表达、意指的手段和符号，这是阿多诺，同时也是本雅明和海德格尔极力反对的。当然，说作为存在者之整体的自然不在艺术之外存在是要冒很大风险的，因为这与我们的常识是如此地相背离，与我们每天亲眼所见的现实相背离：我们日常所见的就是一件件的艺术品在几何均质的空间中的存在；我们看到凡·高的油画在保安的护送下辗转在世界各地展出着；我们看到一张张贝多芬唱片安安静静地陈列在音像店的橱窗里；当帷幕拉开时，大剧院的舞台上便开始上演一幕幕戏剧。在这种真实到无可辩驳的经验现实面前，所谓"绝非在它之外存在"的论调就自然会被视为神秘主义的讲法，是狭隘意义上的物活论的复活，甚至是一种无稽之谈。因此，哪里是作为存在者之整体的自然在艺术之中，毋宁说是艺术和艺术品在自然之中吧。面对经验现实的指责，我们不得不进行申明：此处所讲的"不在……之外"从来都不是科学经验所讲的"不在……之外"。自然科学只知道唯一的"不在……之外"，那就是可以被还原为数字计算的空间概念。但是我们所讲的"不在……之外"却与这种空间无关，它始终只是对艺术和自然在其存在论基础上的一致性给出的提示。当然，这种"不在……之外"，或者说存在论基础上的一致性，不能按照形式逻辑的同一律来理解。这里的一致其实是疏密有致、盘根错节的。它实际上所指的就是，我们在论及亚里士多德、海德格尔以及本雅明的思想时，再三提到过的那种在存在的根基上所达到的贯通与交融、逗留与盘桓的关系。

那么难道，艺术与自然的这种贯通和交融的关系，不会与艺术的自律性原则相矛盾吗？难道阿多诺不是一直强调艺术是自律的，尤其强调今日的艺术必须坚持自律性原则吗？"自律性依然是艺术的一个不可更易的方面"[①]，因此阿多诺在这里不是又陷入矛盾了吗？诚然，艺术的自律性原则乃是艺术创作的铁律，真正的艺术创作必须摆脱意识形态的操控，但是艺术的自律性从来都不应该在与作为 φυσις 的自然封

---

① [德] 阿多诺：《美学理论》，王柯平译，四川人民出版社，1998年，第2页。

闭、隔绝的意义上来理解。去除这种封闭与隔绝的意义之后，艺术的自律性才会在社会历史的向度上开展出新的空间，换言之，艺术的自律必须保持在社会历史的向度上。对艺术的表象和模仿的本质达到了上述理解的阿多诺对此当然是了然于胸的。因此，阿多诺首先指出的就是，"艺术的自律性并非先验之物"①。在此基础上，他不但对康德的审美无利害关系进行了批评，"康德从不关涉对立意义上的艺术源泉和艺术内容，相反地，他把形式愉悦感与审美满足感假定为艺术的规定性特征。他的美学表现出一种遭到阉割的享乐主义的自相矛盾性，成为一种没有快感的快感学说"②，而且也对古典主义对于与经验现实相隔绝的超验领域的先验肯定进行了批判，它"委实令人可恶，因为它们戏弄了所有重大的艺术概念，只是注重于腐朽堕落的资产阶级实践活动，诸如把艺术当作提供安慰的灵丹妙药等等"③，同时，他还批评了那种"为艺术而艺术"的思想，认为它"由于抽象地否定了经验存在，在美学理论上带有偏执狂似的分离主义色彩"④。

为了克服对艺术自律性的这种错误理解，为了防止主观意志的强力对艺术的实践活动进行扭曲和破坏，为了使艺术能够按照艺术自身的法则展开，阿多诺要求艺术家们"务必在其自己体验的前景中感受到经验主义一方的存在"，唯此才能"使艺术的自为存在（being-for-itself）免于变成对世界完全淡漠或麻木不仁的东西"⑤。这一"经验主义一方的存在"绝不是僵死的客体化的外部经验世界，而是"积淀着历史过程和作用的、能够进行自我言说的艺术领域之外的事物与情境"⑥。因此，当艺术有所"表现"的时候，绝不是"在它传达主观性之时，而是在它与主观性和灵性的原初历史回响震荡之际"⑦。

---

① ［德］阿多诺：《美学理论》，王柯平译，四川人民出版社，1998年，第31页。
② ［德］阿多诺：《美学理论》，王柯平译，四川人民出版社，1998年，第20页。
③ ［德］阿多诺：《美学理论》，王柯平译，四川人民出版社，1998年，第2页。
④ ［德］阿多诺：《美学理论》，王柯平译，四川人民出版社，1998年，第9—10页。
⑤ ［德］阿多诺：《美学理论》，王柯平译，四川人民出版社，1998年，第10页。
⑥ Theodor Adorno, *Aesthetic Theory*, The Athlone Press, London, 1997, pp. 111-112. 参见中译本，第197页，有改动。
⑦ ［德］阿多诺：《美学理论》，王柯平译，四川人民出版社，1998年，第199页。

第四章　现代主义艺术的证词（II）——阿多诺：作为否定力量的现代艺术　　191

　　但是我们也知道，正如阿多诺自己指出的那样，表现虽然不是主体的表现，但是表现又离不开主体的力量。对于艺术作品和主体之间的这种亲合性，阿多诺解释道，这是因为"原初历史在主体中依然幸存，并且在每一个历史关头它都重新展开自身，而只要原初历史依然影响主体，主体就会在艺术中持续地发挥作用"①。但是，即便是这样，在真正的艺术创作中起作用的主体也绝不是唯我论的主体，阿多诺指出，"在艺术中，真正的参照点依然是主体，而在认识论里，唯我论强调主体性完全是装腔作势。由于唯我论弄虚作假，故而在艺术中并且通过艺术获得历史哲学真理的论坛"②。可见，在阿多诺看来，真正的主体，在真理的展开当中的主体，乃是被保存在艺术中的那种主体，在这种主体中，主客对立的二元建制是不存在的，因此由我思的基本建制所带来的主体如何达到客体（即主体客体如何达到统一）这一形而上学的难题也是不存在的。正是凭着对艺术中的这种主体的认识，阿多诺反击了卢卡奇对现代艺术的指责，他指出："由于没有意识到美学与知识论之间的差异，卢卡契便刻意抨击了激进的现代艺术。这当然不会击中要害，因为他批评现代艺术是嫌它同认识论的唯我论有着真正或推测性的联系。结果，他认识不到这（唯我论）看上去好像是一回事，而实际上则是截然不同的两回事。"③

　　总而言之，正是由于阿多诺对传统美学的"表现"和"模仿"概念进行了如此深入的剖析和颠覆，因此，他既不是从主体方面，也不是从客体方面，而是从作为存在者整体的自然的存在机制方面来理解艺术的。这就使得他对于艺术本质的诸种论述既不同于传统的主体性美学，也不同于现实主义的所谓客观模仿的美学，同时也与那些将上述两种美学的原则以任何一种方式进行配置和调和的折中主义美学保持着最根本性质上的不同。由于深入到了由历史积淀起来的、可以进行自我表现的"原初历史"中，阿多诺为艺术的立于自身的存在奠定

---

① Theodor Adorno, *Aesthetic Theory*, The Athlone Press, London, 1997, p. 113. 参见中译本，第 199 页，有改动。
② ［德］阿多诺：《美学理论》，王柯平译，四川人民出版社，1998 年，第 76 页。
③ ［德］阿多诺：《美学理论》，王柯平译，四川人民出版社，1998 年，第 76 页。

了一种超出形而上学的基础。在此基础之上,艺术的自律性与社会性,艺术的立于自身的存在与在自然之中的存在,艺术的主体性与非主体性,才祛除了它们表面上所显现的那种对立而获得了一种本源同根的存在性。在存在论视域被打开之后,再看到阿多诺的诸如"作品是一个无窗的社会单子"①、"艺术超越现实原则,朝着某种更高级的和某种更世俗的方面发展。人们没有任何理由以嘲弄的方式对其指手划脚"②等看似怪异和自相矛盾的话时,我们就不会觉得突兀和迷茫了。

第二节　艺术的现代主义及其对现实的拯救

一

　　由于发端于自我言说的"原初历史",艺术按理说应该是丰盈不竭的。但是在今天,艺术却面临着前所未有的沉闷与枯竭的状况,人们开始惊呼"艺术终结了"。现在,不单是艺术的实践让人觉得乏善可陈,甚至连艺术本身,关于艺术的一切似乎都变得不再确定。

　　缘何艺术会发生全面危机?面对违反常理、晦涩难懂的现代主义艺术,愤怒的大众以及痛心疾首的艺术评论家们自然而然地把批评的矛头指向了现代艺术家本人(因为他们本能地以为,艺术作品只是艺术家头脑心手的产物),认为这些怪异的作品纯粹是主观主义的产物,是这些骄横跋扈的天才们在故弄玄虚,嬉戏取闹,因此败坏了艺术纯洁的精神本质。

　　当然,有些学者会看到问题更深的层面。他们在肯定此类艺术作品具有主观主义倾向,即认为它们乃是那些艺术家们的精神和道德颓废的集中体现的同时,也会指出此种主观主义得以产生的客观根源:疯狂而又贫乏的艺术创作,无非是现实世界疯狂与贫乏的征兆和表现。

---

① [德] 阿多诺:《美学理论》,王柯平译,四川人民出版社,1998年,第78页。
② [德] 阿多诺:《美学理论》,王柯平译,四川人民出版社,1998年,第16页。

第四章 现代主义艺术的证词（II）——阿多诺：作为否定力量的现代艺术

因此，在这些学者那里，批判的矛头最终指向了异化和衰败的现实本身。

就批判的最终指向来说，这些学者的观点是值得肯定的。但是就他们对现代主义艺术本质所做的与普通大众并无二致的论断来说，则不能不说是武断的，需要进一步商榷。卢卡奇就属于这类学者。他在《现代艺术的悲剧》一文中对现代艺术的客观基础做出了所谓的辩证唯物主义的剖析。

卢卡奇指出，现代主义艺术的那种貌似"同任何集体相脱离、蔑视任何集体的纯主观主义的特性"，其实是"从帝国主义的时代的现代资产阶级个人主义中"必不可免地滋长起来的。从这一点来说，这些艺术家创作这些嬉拟之作的主观主义态度，反倒可以说是"知识分子正直品质的一种表现"①。

当然，这并不是说，现代主义艺术家们对于时代的异化状态没有一丁点察觉。卢卡奇认为，他们或多或少都是知道一些的，但是由于他们的历史眼界完全受制于这个病态的时代，"他们完全被帝国主义土壤上产生出来的生活情感（和随之而来的世界观）所支配"，因此他们很难超脱时代带给他们的影响，即使是"他冷静而清楚地看到了这些影响中破杯形式的因素也办不到"。由于寻不到任何出路，看不到任何希望，他们只得把这个病入膏肓的、受到扭曲的世界，这个他们唯一能够看得到的世界，当作他们唯一拥有的真实生活。因此，在艺术创作中，他们便也相应地把他们那种离奇古怪的极端主观主义的艺术表现方式，看作是"构成整个现实基础的那个被歪曲了的世界的合适的表现形式"了。②

卢卡奇对于现代主义艺术家的这番批评，让我们想起了本雅明对哈尔曼关于寓言意象阐释的批判。而正像本雅明指责哈尔曼的所谓寓

---

① ［匈］卢卡契：《卢卡契·文学论文选 第一卷 论德语文学》，范大灿编选，人民文学出版社，1986年，第574页。
② ［匈］卢卡契：《卢卡契·文学论文选 第一卷 论德语文学》，范大灿编选，人民文学出版社，1986年，第587页。

言意象展现的只是现实的"全部的黑暗、虚荣和无神性"①不过是一种自欺一样,卢卡奇也同样地指出,被现代主义艺术家当作唯一客观而真实的那个被极度扭曲的世界,其实并不是"时代的客观特征",也不是"时代的真正的历史标志",它只不过是这个时代的"真正本质的一种——当然是由社会历史的条件必然产生的——被歪曲了的反映"。②

需要指出的是,卢卡奇与本雅明看似相同的批判却产生了完全不同的批判效果:本雅明通过对哈尔曼的对寓言意象阐释的主观主义性质的批判,而为现代主义艺术与存在真理之间的内在关联的建立打开了空间,但是卢卡奇却在对现代主义艺术的主观主义本质的批判中,完全阻断了两者之间的本质关联,从而否定了现代主义艺术的真理性质。

既然卢卡奇认为,时代直接表现出的混乱和歪曲的特征不过是时代的真正本质的一种被歪曲了的反映,那么时代的真正本质又是什么呢?卢卡奇是凭什么来断定混乱和歪曲的特征不是时代的真正本质,并因此断定现代主义艺术乃是一种主观主义的呢?

在卢卡奇看来,能够代表时代真正本质的乃是一种"向——对个人和人民都有意义、有秩序、有文明的——未来激流涌进的方向"③。当然,并不是所有的人都能看清历史的这一前进方向,按照卢卡奇的看法,只有"有能力看出和认识未来倾向的力量的人"才看得清。④那么,这些人需要具备怎样的能力才能获得这种洞见?卢卡奇指出,那些所谓有才华的人,即使是奇才,也都未必是这种人。只有那些具备正直的心灵的人,才能够获得这种洞见,"因为他们的心是正直的,他们尽管对一切新鲜印象都容易接受,但总是清楚地知道什么是真实,什么是纯粹的假象,什么是世界的客观本质,什么是这客观本质的必

---

① [德] 本雅明:《德国悲剧的起源》,陈永国译,文化艺术出版社,2001年,第193页。
② [匈] 卢卡契:《卢卡契·文学论文选 第一卷 论德语文学》,范大灿编选,人民文学出版社,1986年,第587—588页。
③ [匈] 卢卡契:《卢卡契·文学论文选 第一卷 论德语文学》,范大灿编选,人民文学出版社,1986年,第588页。
④ [匈] 卢卡契:《卢卡契·文学论文选 第一卷 论德语文学》,范大灿编选,人民文学出版社,1986年,第588页。

然产生的被歪曲的映象"①。

面对卢卡奇的这一论断,我们不禁愕然。虽然,由于卢卡奇认为现代主义艺术有其产生的现实的客观基础,因此他不会像普通民众和一般评论家那样如此低估现代主义艺术出现的意义,但是卢卡奇对现代主义艺术之基本性质的判定,对时代的真正本质的判定,却又是如此莫名而轻率地奠定在心灵之上,奠定在伟大人物的心灵的正直和直观能力之上。在此,我们并没有半分轻视和否定心灵能力的意思,相反,我们是极其看重这种能力的,我们承认,伟大而正直的心灵的直觉要比粗糙的经验主义的眼力更有见地,更有深度。但是,我们对心灵的伟大神力却也有所保留。这是因为,在今天这样一个特别的时代里,在现代性无孔不入的强大统治之中,心灵还能找到方寸之地来立足,还能找到充足的空气来积蓄生命力吗?在现代性冰冷的废墟上,心灵细微而敏锐的触角可还能探得什么尚有余温的东西从而得以有所构建呢?并因此,在如今,心灵若还一味地心满意足地徜徉在自己的直觉活动中的话,那么思想的力量就会停顿下来,那本来富有力量并蔚为壮观的东西就会变成圣灵的降临,在这里就会上演一场愚蠢的闹剧,它甚至会把"粗糙的经验主义和未经理解的思想形式,把完全任意的想象和最平庸的表面类比方式,杂乱无章地混在一起,并把这样的杂伴汤冒充为理念、理性、科学和神圣认识,把缺乏任何方法和科学性冒充为科学性的最高顶峰"②。黑格尔对谢林直观哲学的这一批判在此是完全适用的。在卢卡奇思想逻辑的推进中,那个伟大的心灵终于显露出了它极端虚弱的主观主义本质。

我们看到,虽然卢卡奇十分倚重伟人所具有的正直非凡的心灵,但是同时他也不得不承认,即使是这些拥有正直心灵的伟人们,也是依然无法在现阶段具体地"描绘出生活和文化中与恶魔般东西相对抗的现实力量和即将得到解放和已被解放的人民的新式'大世界'的生

---

① [匈]卢卡契:《卢卡契·文学论文选 第一卷 论德语文学》,范大灿编选,人民文学出版社,1986年,第589页。
② [德]黑格尔:《自然哲学》,梁学志译,商务印书馆,1997年,第1—2页。

动图画"① 的。但是即便如此,卢卡奇还是依然坚持,这个无法具体描画的正义力量和未来蓝图"是到处可以感觉到的",因此,那些伟大的人物才能够"把正在没落的世界的悲剧性的规定推向最后的极端,能把这个纯精神的'小世界'……描写成引向死亡的魔鬼的监牢"。为了对自己的观点进行证明,卢卡奇以莎士比亚为例,他指出:"在莎士比亚的伟大悲剧《哈姆雷特》和《李尔王》里,最后总有一束由悲剧黑暗中升起的新世界的光透露出来。可是谁又有权要求莎士比亚对这个新世界作出详尽的社会描写呢?要是对新世界的幻觉②就能够使悲剧本身的光明与黑暗具有正确的社会精神和艺术的比例和比重,不也就足够了吗?"③

可见,虽然现代主义艺术的主观主义性质一直是卢卡奇批判的目标,但是他诉诸于伟大心灵而对主观主义进行的反动,却不可避免地再次倒向纯粹的主观主义。伟大正直的心灵所获得的对新世界的展望,这一被认为是代表着时代的真正本质的东西,被认为是高于现代主义狭隘、软弱的资产阶级个人眼界的东西,现在在卢卡奇那里却成了"对新世界的幻觉"。而更让人感到灰心和无望的是,此时的心灵变得如此心灰意懒,如此不求进取地安睡在幻想的温床上,已全然忘却了心灵质朴、深邃的神圣品质。由此看来,卢卡奇用来对抗生活之异化、用来批判主观主义的浅薄和颓废的革命洞见,与本雅明通过犹太教的上帝来获得救赎的愿望,在本质上是没有多大差别的,都只不过是思想的一相情愿罢了。在思想止步的地方,他们作为哲学家的生命便也终结了。正像本雅明的上帝在他危难之时并没有将死亡的骷髅变成天使的面容一样,卢卡奇"伟大的心灵洞见"也由于过分轻易地消解了现实顽固的异在性和不可理解性,而显现出其根基上的致命缺陷。因此,当卢卡奇把批判的矛头最终指向了异化和衰败的社会现实本身之

---

① [匈]卢卡契:《卢卡契·文学论文选 第一卷 论德语文学》,范大灿编选,人民文学出版社,1986年,第605页。
② 着重号为笔者所加。
③ [匈]卢卡契:《卢卡契·文学论文选 第一卷 论德语文学》,范大灿编选,人民文学出版社,1986年,第606页。

时，伟大的心灵洞见却从根基上摧毁了理论的严肃性和批判性，诉诸这种心灵而对现实展开的批判，除了落得行动中的浪漫主义之外，就无法再成为任何别的东西了。

这样的错误，是阿多诺竭力避免的。阿多诺知道，为了不将革命的果实拱手让给理性的和概念的形而上学，就必须继续从事理性的事业，从事概念的工作。任何对理性和概念加以简单否定和弃绝的做法，都会直接为形而上学的复辟提供最大的便利。

二

在对艺术为什么会在今天发生全面危机的问题上，阿多诺既不同意普通大众和一般评论家的看法，也不同意卢卡奇之类的艺术理论家们的观点。在他看来，现代主义艺术并不具有他们所说的那种主观上的恣意妄为性，也不具有他们所认为的那种客观上的资产阶级的狭隘眼界。因此，现代主义艺术并不是扼杀艺术之纯洁本质的罪魁祸首，不是当代艺术危机产生的原因和征兆，相反，它倒是能够让艺术走出危机的唯一道路，甚至也是让整个时代走出异化状态的必不可少的环节。

也许，当阿多诺提出要以现代主义艺术的发展来消解艺术危机以及时代本身的危机的时候，我们会觉得他太天真，太轻率，仿佛事情被看得过于简单了。但事实上，阿多诺从来都没有低估问题的严重性，比之群情激愤的大众或者那些心灵正直的艺术理论家们来说，阿多诺对于危机本质有更深刻的认识。因为他从来都不像他们那样，只是从主观的方面来理解艺术危机的起源，因此，他也就从来都没有把这场危机仅仅视作一个偶然发生的历史事件，一个由于主观意识上的自我放纵而产生的错误，并因此也是一个可以通过对错误的意识进行讨伐，通过对伟大正直的心灵进行认知的方式来加以避免的事件。事实上，在阿多诺那里，当代的艺术危机才真正地获得了一种清醒的自我意识，它发现了自己由以产生的真实的客观基础，那就是社会日益深重的异化和非人道化所造成的、自我言说的"原初历史"，或者说自然的自我言说的语言存在之被深深地遮蔽和遗忘。

对自然语言的遮蔽和遗忘绝对不是无关痛痒的小事。按照本雅明的说法,这乃是人类堕落的标志,是人类奴役自然,并进而相互奴役的标志,因此也是人类全面异化的标志。简言之,在忘却了自然的原初语言(本雅明把它称作"名称语言")之后,人类便只知道一种语言了,即作为纯粹符号的语言。这种语言不再具有"表现"(自我表现)的特质,它只能外在地传达一些事物,却无法传达语言自身。语言的这一间接化过程"为语言的多重性奠定了基础","在事物盘根错节的地方,各种符号必然变得混淆不清",于是,语言的混乱便随之产生;而随着语言的纯粹精神的丧失,自然的外观也发生了深刻的变化,因为"空谈中对语言的奴役几乎不可避免地导致对事物错误的奴役",因此,自然便陷入"深深的悲哀"之中,自然不再言说,也无法言说了。①

面对着无声的、悲哀的、枯竭的自然,以模仿和表现自然的语言为本质的艺术怎能不陷入危机呢?所以,正像我们看到的那样,今天的艺术陷入了迷茫之中,它变得气急败坏、狂躁不安,它总在盘算着要采取新的行动,但是行动中的它总也感受不到半分自由,由行动所带来的那一点点的新鲜感总是如此快地就让人厌倦,行动的结果也总令它更加惶惶不可终日。

那么,在这样的时代境况中,艺术还能摆脱危机吗?自然的语言还能得到拯救吗?自然还能重新言说自身吗?总而言之,人类还能走出异化的状态吗?阿多诺认为,能!但是不是靠什么伟大心灵的天才洞见,也不是靠正直纯朴的心灵对于错误思想的清算,因为自然的沉默,或者说人的堕落乃是全面而深入地展开的。堕落并不只是发生在艺术的领域,也不只是发生在日常生活的表层,因此伟大正直的心灵是无法通过宣称自己本性的刚正不阿,就可以将自己悬置在异化的现实之外的。即使心灵放弃自己的宣称,意识到自身异化的处境,它也绝无可能仅仅通过思想自身的觉悟就击碎异化的现实。因此,阿多诺

---

① [德]本雅明:《本雅明文选》,陈永国译,中国社会科学出版社,1999年,第274—276页。

第四章 现代主义艺术的证词（II）——阿多诺：作为否定力量的现代艺术

认为，自然在今天若还想发出自己的声音，依然只能通过艺术，因为在如今，只有艺术还保留着"表现"的契机，保留着这一通达自我言说的"原初历史"的唯一的可能："或许在很久以前，凭借人类的感性器官通常就可感知到客观世界的这种表现品质，而现在则不行了。如今，表现只存在于艺术之中。"① 因此，阿多诺强调道，"在这个充满莫名其妙的恐怖与苦难的时代，认为艺术可能是唯一存留下来的真理媒介②的思想颇为可取"，因为"理性认知有其严重的局限，它没有对付苦难的能力。理性可把苦难归于概念之下，可提供缓解苦难的手段，但却从来不能以经验媒介来表现苦难；……因此，即便苦难得以理解，它依旧保持缄默而无意义"。③

可见，艺术在阿多诺那里是具有独特地位的。在阿多诺看来，即使时代的异化已经全面展开，即使艺术本身也已经发生了严重的危机，但是只要艺术还能够真正地实践其"表现-模仿"的原则，能够克服自身的危机，那么艺术就有机会将那个已被深深遮蔽和遗忘了的"原初历史"（即存在之真理）带入澄明。由此，艺术危机的克服也就不再只是简单地关涉艺术肌体的自我康复，它还关涉原初历史的自我拯救，关涉人类异化状态的自我消除，并由于艺术有可能是"唯一存留下来的真理媒介"，艺术危机的克服就成了一个十分严肃的政治问题，"艺术救赎乃是一个突出的政治问题"④。

阿多诺指出，在今天这样的反常时代里，能够继续实践"表现-模仿"的原则从而真正担当救赎大任的艺术，并不是传统艺术，而是现代主义艺术。当然，这并不意味着传统艺术就是虚假的，不真实的。按照阿多诺的说法，传统艺术并非缺乏真理性，传统艺术的肯定性本质依然是艺术的组成部分，只是时代本身的异化使得艺术的肯定性本质变得与社会不相干了，因此，传统艺术才让人觉得无法忍受。⑤ 同

---

① ［德］阿多诺：《美学理论》，王柯平译，四川人民出版社，1998年，第197页。
② 着重号为笔者所加。
③ ［德］阿多诺：《美学理论》，王柯平译，四川人民出版社，1998年，第33页。
④ ［德］阿多诺：《美学理论》，王柯平译，四川人民出版社，1998年，第168页。
⑤ ［德］阿多诺：《美学理论》，王柯平译，四川人民出版社，1998年，第3、440页。

时，当阿多诺将救赎的重任赋予现代主义艺术之时，并不意味着他所指的现代主义艺术就是现实生活中真实存在的现代主义艺术，不意味着他对现代主义艺术的发展现状就极其满意。事实上，阿多诺认为，"在过去一百多年里，还没有一件成功的艺术作品能够包容现代主义概念（无论会是多么的勉强）"①。虽然很多人因为痛惜传统艺术价值的解体而批判现代艺术走得太远，但是阿多诺却认为，现代艺术最大的问题恰恰在于它还未走得足够远，而且在它还未走得足够远的时候它就开始动摇了，这对于艺术来说才是最致命的，因此，"反动意识一直在叫卖的那些冠有'温和的现代主义'之名的文艺复兴时期的风格是不能接受的"，"艺术越是试图摆脱现代主义问题，反而越会加速艺术的消亡"。②

那么，到底什么才是艺术不可丢弃的"现代主义问题"？怎样的艺术方可被叫作现代主义艺术？换言之，现代在哪样一种意义上与艺术纠缠在一起？

阿多诺指出，"作为历史哲学范畴的现代（the modern），决非年代学意义上的现代，而是兰波所要求的具有最先进意识的艺术"。③ 把"现代"直接等同于具有最先进意识的艺术的提法十分鲜见，也让人难以捉摸。但是，这一对"现代"的界定却在其简单直白的语言中向我们传递着一个无法抗拒的信息：在"现代"的概念构成里，艺术乃是本质重要的一环。现代的，就是艺术的，是艺术所具有的最先进的意识，或者说，是具有最先进意识的艺术（这两种说法并无差别）。以这一无法抗拒的信息为基础，我们可以将阿多诺此言的意思更清晰地表述如下：艺术唯具有关于时代的最先进的意识才能成为现代艺术，而人类对于自身所处时代的一种总体的感受和态度，即那个可以被称之为"现代"的人类意识，只有通过具有最先进意识的艺术才得以揭示出来。在这里，我们再一次地看到，阿多诺给予艺术的是一种至高无上的荣

---

① ［德］阿多诺：《美学理论》，王柯平译，四川人民出版社，1998年，第35页。
② ［德］阿多诺：《美学理论》，王柯平译，四川人民出版社，1998年，第61、35页。
③ Theodor Adorno, *Aesthetic Theory*, The Athlone Press, London, 1997, p. 33. 参见中译本，第60页，有改动。

誉，一种无法取代的地位。同时，通过对现代概念的这一界定，阿多诺也向我们郑重地表明了"现代艺术"或"现代主义艺术"并不是一种按照年代学划分出来的艺术，而是一种具有哲学基础的艺术。这一哲学基础就是阿多诺所谓的那种"最先进的意识"。可以说，唯具有这一哲学基础，艺术方可被称为"现代的"或"现代主义的"。

当然，当阿多诺说现代艺术乃是将自己建基在那个被叫作最先进的意识的东西之上的时候，这并不意味着这种最先进的意识乃是在艺术之外独立的存在的一种东西，否则，这种意识就可以像作为卢卡奇现实主义美学之基础的那个将自己的根基悬置在历史之外的伟大正直的心灵那样，对现代艺术指手画脚了。虽然这种意识可以坚持声称自己的指手画脚乃扎根于时代之中，但这种扎根却早已由于艺术的缺场而为自己赢得了极其可疑的、并非时代的基础，赢得了与它所反对的伟大心灵一致的基础。这与阿多诺一贯的精神主张是极不相符的。因此，在阿多诺那里，最先进的意识并不是脱离艺术而存在的，意识就以艺术的方式扎根在现代历史之中。在阿多诺所主张的现代艺术中，通常被看作相互不同的三种东西，艺术（作为技艺、行动的方式、主客体的中介），最先进的意识（作为人的主观思维，主体）和现代历史（作为艺术表现的内容，客体）其实是合为一体的，而我们之所以将"最先进的意识"专门地提出来加以讨论，也只是为了更清楚地言说现代艺术的精神本质。

现代艺术所具有的"最先进的意识"，或者说，使现代艺术成为现代艺术的那种东西，阿多诺又把它叫作"艺术中的现代性"。他指出，"艺术中的现代性不是对时代精神的反映，也不是对以生产力的解放为基础的时尚潮流的追赶。在社会意义上，现代艺术取决于它与生产关系的对立；在审美意义上，现代艺术则取决于一种内在的日益老化的过程，该过程使某些做法变得陈腐无用。可以说，现代艺术更有可能反对而非赞同其所在时代的精神。这在今天是必为之事"[1]。

---

[1] Theodor Adorno, *Aesthetic Theory*, The Athlone Press, London, 1997, p. 34. 参见中译本，第61页，有改动。

可见，"否定"才是阿多诺所谓的现代艺术的本质精神，是现代艺术不可丢弃的"现代主义问题"，"现代主义概念是否定性的，它毅然表示某物应当遭到否定或什么应当遭到否定；现代主义并非一个积极的口号"，"现代艺术的否定性……委实是现代艺术发展的方向"。①

由于"否定"乃是一个在日常生活中意义宽泛的词语，其最基本的意思是指主体的一种态度，因此，如果仅仅谈到现代艺术的本质是对现实生活的否定，那么我们对此的认识就依然是抽象、空洞和不确切的。基于这种不确切性，我们很容易从主体的角度将现代艺术的否定性本质把握为浪漫主义的、主观主义的反叛情绪，即拒绝的态度。而在这种主体的对异化现实的拒绝性的反叛中，自然的声音将依然被埋没，而且是被双重地埋没，被物化的现实，也被主体冲动激愤的革命意志。这种对否定的理解显然是背离阿多诺本意的，因为在阿多诺对艺术的表现—模仿本质的反复陈说中，他再三强调的就是艺术的非主体性，或者说，非形而上学意义上的主体性（非"我思"），"艺术作品中的表现是主体身上的非主观的东西；就其特征来看，它既不是主体的表现，也不是主体的印象"②。而且在阿多诺看来，虽然现代艺术的处境复杂而特殊，但是在艺术的非主体性本质这一点上，现代艺术并没有什么特殊之处，在现代艺术与艺术的非主体性本质之间根本不存在什么断裂或背离。正是基于这一看法，阿多诺对卢卡奇将现代主义的本质理解为唯我论是持批判态度的。可见，如果不对"否定"的概念做进一步的分析，而是继续停留在日常的否定观念来理解现代主义艺术的本质的话，那么我们必将错失这种本质，必然地造成对阿多诺的本质性误读。所以，我们必须认识到，现代艺术的否定性本质并非阿多诺的现代艺术研究的终点，而恰恰是起点，是问题真正得以开启的地方。

---

① ［德］阿多诺：《美学理论》，王柯平译，四川人民出版社，1998年，第37、34页。
② ［德］阿多诺：《美学理论》，王柯平译，四川人民出版社，1998年，第199页。

三

那么,现代艺术对于异化现实的否定(作为现代艺术的最先进的意识)到底是一种怎样的否定呢?正如我们预先料想到的那样,对于这个"否定",阿多诺首先强调的就是它的非主体的立场,即现代艺术对现实生活的否定并不是仅仅从主体出发而对现实的拒绝与否认。尽管我们承认,在这种主观性的拒绝与否认的态度中包含着十分可贵的真诚品质,包含着那种无论是在对异化现实的照相机般的复现(现实主义)还是在对虚假的幸福感的营造(古典主义)中都不曾有过的对于苦难的同情,但是这种同情始终都会由于其情绪上的过于激动而失去理智,蒙蔽双眼,从而陷入无出路的绝望状态。而阿多诺强调现代艺术之否定的非主体性、非拒绝性的直接后果,就是保证了现代艺术的否定不是在异化现实之外另立的基点上作出的否定,不是一种落入空谈的否定,不是一种只是摆出了"徒劳的抗议架势"[①]的否定,而是必须使异化的工业社会产生震动的否定。因此,阿多诺指出,"自律性艺术不仅仅是苦难的回响,而且还趋于缩小苦难的范围",它必须"凭借其严肃性之研究原则这一手段,使苦难得到解除"[②],因此,"真正的现代艺术必须应对工业社会,而不是仅仅把它作为一个话题来讨论"。[③]

但是,只要一谈到艺术对现实生活真实的改变作用,特别是当还把这种改变提升为一种对现实的本质上的改变,甚至还是一种唯一的改变的时候,我们那种要将其贬为乌托邦、贬为幻想的念头总是会无法遏制地冒出来。但是阿多诺对此却总有着不同的看法。当他如此提出艺术的现实作用的时候,是十分真诚的。在他看来,艺术的这种能够对现实产生根本性作用的特质乃是艺术的内在本质,是"艺术的实体性要素",而这种实体性要素有其产生的客观基础:"艺术的现代主

---

① [德]阿多诺:《美学理论》,王柯平译,四川人民出版社,1998年,第34页。
② [德]阿多诺:《美学理论》,王柯平译,四川人民出版社,1998年,第68页。
③ Theodor Adorno, *Aesthetic Theory*, The Athlone Press, London, 1997, p. 33. 参见中译本,第60页,有改动。

义的实体性要素来自于这样一个事实，即最先进的物质生产和组织程序并不会被限制在它们的发源领域，相反的，它们以社会学知之甚少的方式，影响着遥远的生活领域——尤其是主观经验领域，尽管它们并未注意到这些影响的存在，还是一味地守护着其发源领地的尊严。"① 在这一问题上，阿多诺再次显现出他与海德格尔思想的贯通。与阿多诺一样，海德格尔从不把思想和作诗当作"某一个别化的人内心的'体验'流溢"，他指出，思想和作诗，只要是本质性的，"便是一种世界进程，而这又不只是在这样的意义上：在世界之内有某种对于世界有意义的东西在进行，而是一种世界本身在其中和通过它于自己各时本原内新身长的进程，以及世界作为世界发生作用的进程"②。换言之，虽然我们总以为思想和作诗仅仅是一种"言说"，但是这种"言说"无论在阿多诺那里还是在海德格尔那里，却都意味着一种实实在在的"行动"，一种使世界成为世界的"行动"。而所有这些对他们来说是如此清晰可见的世界的"因缘"与"意蕴"，对于我们而言却似乎都已经远去了。今天的我们只相信视网膜上呈现的东西，因此除了那个可被经验到的赤裸裸的物质，以及由这个赤裸裸的物质所带来的盲力之外，那飘渺着的诗着的、思着的东西是根本无法进入这个钢筋混凝土的世界的。也许时代真的改变了，它以无坚不摧的力量摧毁着它所无法理解的东西。但是为了问题研究的继续，我们还是暂且放下我们可以摧枯拉朽的信念，重新回到阿多诺的文本中，继续他的现代艺术的"否定"话题吧。

在阿多诺看来，现代艺术的否定必须抛开形而上学的主体的立场，而且还必须达到客观的效果，那么这种"必须"如何才能得到保证呢？阿多诺认为，必须由艺术的表现-模仿的本质来保证。他指出，为了能够为在现实的面纱——该面纱由社会机构与虚假需求的互动关系编织而成——背后的掩盖物辩护，现代艺术必须"将压制性原则——即尚未挽救的世界状况（Unheil, 灾祸）——予以内在化"，"正是这一

---

① Theodor Adorno, *Aesthetic Theory*, The Athlone Press, London, 1997, p. 34. 参见中译本，第60页，有改动。
② [德] 海德格尔：《谢林论人类自由的本质》，薛华译，辽宁教育出版社，1999年，第88页。

点,……奠定了真正的现代艺术趋向阴暗的客观性的地位。其余一切则是毫无价值的故作多情"。① 因此,在对"艺术的现代性"做出了"具有最先进的意识"和"否定性"这两个规定之后,阿多诺又进一步指出了艺术之现代性的另一个规定——模仿。"艺术的现代性在于艺术与僵化和异化现实的模仿性关系之中。使艺术言说的东西正在于此,而非对那种无声现实的否认。"② 可见,现代艺术虽然毅然决然地背叛了艺术的传统,但是却决没有背离艺术的模仿—表现的本质,而且艺术的现代性,或言否定性的本质,正是依靠艺术的表现—模仿的本质来成就的。因此,阿多诺从根本上反对辩证唯物主义的卫道士们对现代主义的批评,即认为"艺术中的激进现代主义立场是属于唯我论的或单子论的"③,因此只会标新立异,他指出,现代艺术趋向经验世界的这种本质使得它"在表现现实问题时非常认真严肃,致使幻想与虚构完全受到冷落","譬如,作家卡夫卡的力量归功于这种对现实的否定感。他遵从如何这般(Comment c'est)的原则,其作品中毫无奇异的东西,不像有些人所认为的那样"。④ 正是由于有了这种对经验世界的模仿和表现,现代艺术便"能够凭借作品本身的、比活生生的主体更为重要的客观性⑤,来切分那压倒一切的、容纳着所有人类残渣余孽的商品形式的客观性",现代主义艺术正是借此把自己发展到了"高于后期浪漫派伤感主义的水平"。⑥

但是,现代艺术的这种对于经验世界的趋向,或者说艺术的表现和模仿,在自然已哑然无声之时,又是如何可能的呢?而且,在去除了主体的立场之后,这一对于自然的表现和模仿如何才能呈现出否定的基本态度,并达到否定的客观效果,而不是重新沦落为对所描绘之物的再现,并因此也只是主体的自我再现之命运呢?面对着这样的问题,我们甚至有些绝望了,这是一个真正的难题,是现代艺术必须面

---

① [德] 阿多诺:《美学理论》,王柯平译,四川人民出版社,1998年,第34页。
② [德] 阿多诺:《美学理论》,王柯平译,四川人民出版社,1998年,第34页。
③ [德] 阿多诺:《美学理论》,王柯平译,四川人民出版社,1998年,第442页。
④ [德] 阿多诺:《美学理论》,王柯平译,四川人民出版社,1998年,第34页。
⑤ 着重号为笔者所加。
⑥ [德] 阿多诺:《美学理论》,王柯平译,四川人民出版社,1998年,第38页。

对和解决的难题，但却又似乎是一个无法解决的问题。面对着自然的沉默无声，艺术如何能够坚持表现—模仿的原则，同时又能够在这一表现模仿中，让经验世界的意象发生自我翻转从而进行自我批判呢？在由此构筑起来的两对尖锐的矛盾（即模仿与自然，模仿与否定）中，现代艺术如何求得生存的空间？我们发现，这不仅是阿多诺所要解决的问题，而且也是本雅明曾经力图去解决的问题，即寓言意象的自我翻转问题。但是本雅明由于以一种常人无法想象的方式，即以一种宗教的信念而将寓言的荒诞意象直接就规定为复活的意象从而阻断了问题的深入。那么，阿多诺的情况又如何呢？面对着这个问题，阿多诺给出了他看似毫无道理的回答："为避免因仅仅简单地再现现实而受到的污染，真正的现代艺术必须更加无情地表现这一现实。"① 然而，何谓"更加无情地表现"？这好像只是对表现和模仿的同义反复。

阿多诺指出，为了实现"更加无情地表现"，现代艺术必须把自己同化于那个异化的社会。在阿多诺看来，"同化"不仅是艺术在自然哑然无声之时还能够让自然显现真相、让异化的现实显现其本性的虚假，从而达到其否定功效的唯一方法，"由于外在现实强加给主体及其行为模式的巫术控制已经绝对化，艺术作品唯有将自身同化于其中才能抵制那种支配"②，而且也是使艺术能够在当今时代摆脱危机、求得生存的唯一方式，"如果艺术作品要想在极端与黑暗的条件下求得生存，也就是在社会现实中求得生存，如果艺术作品想要避免被当作纯粹的安慰品予以出售，那就得将自身同化到那现实之中"③。换言之，阿多诺提出的"同化于"的目的首先就是要求现代艺术必须正视这个异化的社会，对它不可离弃，所有真实的反抗力量以及解放的真实希望都只能从这个肮脏异化的现实中生长起来并被巩固下来，与纯粹主体的美好愿望全无关系。其实，这种"同化于"的态度也就是本雅明所说的真正的"现代人"的态度，即脱开一切来自于传统的幻想之束缚，"像

---

① Theodor Adorno, *Aesthetic Theory*, The Athlone Press, London, 1997, p. 19. 参见中译本，第34页，有改动。
② ［德］阿多诺：《美学理论》，王柯平译，四川人民出版社，1998年，第55页。
③ ［德］阿多诺：《美学理论》，王柯平译，四川人民出版社，1998年，第70页。

新生婴儿哭啼着躺在时代的肮脏尿布上"。① 凡舍弃这肮脏的尿布而遁入非现实东西的做法，不管这种遁入是通过营造虚假的幸福感还是通过简单化的主观否定和弃绝来达成，都避开了真正的课题和困难，都还只是一种怯懦的逃避。而这个真正的课题和困难，按照海德格尔的说法，就在于"首先一般地找到合适的基础并使之稳固，在这一基础上自由与必然的斗争（按：作为思想和诗的事业）才能够作为一种现实的对立得到理解，被展开和被坚持"②。

事实上，这种通过"同化于"而达到否定的态度也是阿多诺一直坚持的思想原则，在《否定的辩证法》中这一态度就已经被明确的宣布过了。比如在他对否定的辩证法，即非同一性进行辩护和拯救的时候，他并没有对作为非同一性之否定物的概念进行废止，相反，他认为，"哲学既不能绕开这种否定，也不能屈服于它。它必须靠概念极力超越概念"③。而在谈到人类应如何实际地摆脱社会的同一化形式即交换原则带给人的强制时，阿多诺依然遵从着这样的原则，即"必须同时达到与其概念的同一性"，而不能抽象地否定交换原则，否则"内在于交换原则中的合理性就会让位于直接占有，让位于暴力"，因此他指出，"自由只有通过强制的文明，而不是靠'回到自然'而成为现实"。④

然而，为了同化于异化的现实，换言之，为了让"艺术本身的自律性充满商品社会的意象"⑤，现代艺术所付出的直接代价就是"抽象"，"现代主义概念患有抽象的毛病"⑥。阿多诺指出，这首先是由异化社会的本质所决定的，因为在现时代，具象物是不真实的，它只不过是社会的抽象本质（即垄断资本的普遍存在）的面具⑦，因此当现代艺术要"更加无情地表现"这一现实时，它就必然不会像现实主义那

---

① [德] 本雅明：《经验与贫乏》，王炳钧译，百花文艺出版社，1999 年，第 255 页。
② [德] 海德格尔：《谢林论人类自由的本质》，薛华译，辽宁教育出版社，1999 年，第 89 页。
③ [德] 阿多诺：《否定的辩证法》，张峰译，重庆出版社，1993 年，第 14 页。
④ [德] 阿多诺：《否定的辩证法》，张峰译，重庆出版社，1993 年，第 143—144 页。
⑤ [德] 阿多诺：《美学理论》，王柯平译，四川人民出版社，1998 年，第 38 页。
⑥ [德] 阿多诺：《美学理论》，王柯平译，四川人民出版社，1998 年，第 37 页。
⑦ [德] 阿多诺：《美学理论》，王柯平译，四川人民出版社，1998 年，第 56 页。

样对感官经验中的具象物进行再现,而是要对社会抽象的理性本质进行表现,所以它所形成的审美意象一定是抽象的、黑色的。为此,"黑色的理想"就成为"最深刻的抽象艺术冲动之一","当代艺术中的许多东西之所以离题,是因为它无视这一事实,而是继续像孩子似的喜爱明亮的色彩"。① 可见,那种以感官上的难以理解和接受为由,换言之也就是以经验的日常性为由,而将现代艺术的抽象和黑色指斥为一种纯粹的主观主义的做法是站不住脚的,因为"经验的精髓源自具象的事物"②,日常经验的贫弱不堪已经是一个不争的事实。其次,为了完成对抽象的本质进行模仿和表现的任务,现代艺术也必须在表现形式上脱开传统。为此就需要"现代审美理性"的介入,以便"有意识地控制艺术手段",从而"取得传统手段不能取得的成就"。③ 这无疑从表现手段上更加巩固了现代艺术的抽象的审美意象,并造成现代艺术中激进的极端主义趋向。有些艺术家为了遏制这种极端主义的发展而提出要限制审美理性的运用,阿多诺对此是极其反对的,他指出,温和的现代主义本身就是一个矛盾,它的最终的结果只能是丧失现代主义的立场,把自己"完全委托给一种已知的或虚设的并且失势的传统"④。总而言之,在阿多诺看来,无论是抽象的审美意象还是极端抽象的脱开传统的表现方式,对于现代艺术而言都是必然的,也是必须的,抽象的特征根本不是纯粹主体恣意妄为的表现,不是为了追求新奇,也不是为了追求纯粹的反叛,所有这些不为世俗所容纳和理解的反艺术的特征都只不过是"客体本身的必然结果"⑤。

但是问题在于,在使自己"同化于"异化社会的灾难之后,在让自身充满了抽象的黑色意象之后,现代艺术是否也一并将自己湮没在这种抽象和灾难之中了?具体而言,这一湮没包括两个向度:第一,黑色、抽象的艺术理想的贯彻会不会威胁到艺术的继续存在?因为虽然

---

① [德] 阿多诺:《美学理论》,王柯平译,四川人民出版社,1998年,第70页。
② [德] 阿多诺:《美学理论》,王柯平译,四川人民出版社,1998年,第56页。
③ [德] 阿多诺:《美学理论》,王柯平译,四川人民出版社,1998年,第61—62页。
④ [德] 阿多诺:《美学理论》,王柯平译,四川人民出版社,1998年,第62页。
⑤ [德] 阿多诺:《美学理论》,王柯平译,四川人民出版社,1998年,第40页。

真正的艺术必须是严肃的，必须表现苦难的意象，但同时，艺术也必须具有感性魅力，必须产生审美愉悦，因此，虽然"绝对不负责任使艺术蒙受羞辱，并将其变为娱乐；而艺术的正面，即绝对负责，则导致创造性的贫乏。在此领域里，综合是难以（既便并非不可能）想象的"①；第二，在充斥抽象黑色的意象之后，现代艺术虽然可以防止将自己转化为幻想的、不切实际的主观意图的工具，防止将自己变成唯我论的，但是，艺术会不会因此被黑色的特征吞噬，即仅仅成为对黑色的复制和再现而无法让黑色的特征发生自我批判和自我否定？若情况果真如此，那么黑色作为苦难的意象就将不再是苦难，并因此艺术也不再成其为艺术，因为苦难此时"依旧保持缄默而无意义"②。事实上，这也是本雅明在讨论寓言意象之时向自己提出的那个极为关键问题："最重要的是：巴罗克戏剧所耽迷的那些残酷和痛苦的场面究竟有什么意义？"③

对于第一种可能的湮没，阿多诺指出，与"精神穿过最难以渗透的诸多现象，使它们在感觉上得到赎救"一样，黑色"作为文化表面那种欺骗性感觉的对立物，也具有感性魅力。不和谐音所包含的愉悦感大于和谐音"。因此，阿多诺认为，美学中的享乐主义对于黑色理想的这一质疑是全无道理的，"这一非调和契机，不仅能动地引起人们的怀念，而且显然脱离了大量相似的肯定因素，从而成为自身愉悦感的一个刺激物"，但是，由此产生的愉悦感绝对不会瓦解黑色的意图，不会转化为对社会的抽象本质的肯定，"否定性可以转化为愉悦感，但却不能转化为肯定性"。④

对于第二种湮没的可能性，阿多诺像本雅明一样对之进行了坚决的否认。他指出，"如果艺术（凭借其复制的倾向性）表现为似乎就是它所显示的东西，那么就造成一种错视画法式的假象：艺术成了它想要

---

① ［德］阿多诺：《美学理论》，王柯平译，四川人民出版社，1998年，第68—69页。
② ［德］阿多诺：《美学理论》，王柯平译，四川人民出版社，1998年，第33页。
③ ［德］本雅明：《德国悲剧的起源》，陈永国译，文化艺术出版社，2001年，第179页。
④ ［德］阿多诺：《美学理论》，王柯平译，四川人民出版社，1998年，第71—72页。

掩盖的同一契机的牺牲品"①，因此只要现代艺术真正地担当起自己的表现-模仿的职责，那一被设置入艺术作品的灾难意象就不会是"真正灾难的翻本，而是灾难潜能的密码"②。换言之，艺术通过黑色抽象的审美意象必然展现出双重的真理，即在展现出"被理性遮蔽了的目的之意象"（即社会的抽象本质）的同时，又"揭示了这一意象自身的非理性与荒诞"③。因此，阿多诺认为，现代艺术并不像其反对者所怒斥的那样"与其发源的这个世界一样丑陋不堪"，虽然"异化，对现代艺术的形成具有潜移默化的重大影响"，但是"现代艺术非但不是那种状况的复制，而且毫不含糊地痛斥那种状况，并且将其（按：指这种痛斥）转化为一个意象或形象。如此一来，现代艺术成了一种与异化现状对立的他者（opposite）。前者的自由程度与后者的不自由程度相若"。④ 为此，阿多诺盛赞这虽同化于真实的社会，但却没有因此被现实的黑暗束缚和吞没，而是反倒获得自由的现代艺术，认为它是真正的"现实主义的"和真正的"自由主义的"艺术，这样的艺术乃是"关于艺术前景如何的种种奇思怪想怎么也不会想到"的。⑤

可见，虽然阿多诺与本雅明都认识到了艺术的审美意象乃是自我翻转的，那黑色的、抽象的，抑或荒诞的意象必然同时产生对自身的否定和批判，但是他们二人对于这一否定和批判的性质却有着完全不同的理解。本雅明在犹太教教义的启发下将寓言荒诞的意象直接领会为上帝救赎的意象储存，但是此种领会的直接后果就是导致理论的神秘主义化，并也使得他自己对于现世的救赎丧失了信心，这一点已被伊格尔顿明确地指出了。但是阿多诺却没有像本雅明那样如此快速和无中介地跳入上帝的救赎之中，而是更为本质地探讨了现代艺术审美意象之自我翻转和自我批判的现实基础的问题，可以说，正是通过对这一问题的探讨，阿多诺在相当的程度上避开了本雅明的那种晦暗的

---

① ［德］阿多诺：《美学理论》，王柯平译，四川人民出版社，1998年，第190页。
② ［德］阿多诺：《美学理论》，王柯平译，四川人民出版社，1998年，第58页。
③ Theodor Adorno, *Aesthetic Theory*, The Athlone Press, London, 1997, p. 54. 参见中译本，第95页，有改动。
④ ［德］阿多诺：《美学理论》，王柯平译，四川人民出版社，1998年，第444页。
⑤ ［德］阿多诺：《美学理论》，王柯平译，四川人民出版社，1998年，第443页。

前景，避开了重新落入主观主义的，并因此也是形而上学之窠臼的危险。

为此，阿多诺进一步追问：为什么现代艺术能够成功地使异化社会的理性本质发生自我批判？换言之，也就是说，为什么身处由模仿、自然和否定三者所构筑起来的尖锐的矛盾之中，现代艺术却依然能够忠实地履行艺术模仿—表现的本质而没有重新沦入主观主义的窠臼，并因此真正地担当起了世俗救赎之重任？阿多诺指出，审美意象之自我翻转的现实基础就在于理性的官僚主义世界的本质乃是非理性的[①]，而正因为在社会的理性化过程本身中就潜藏着与其自身相反对的火种，因此，异化的工业社会必定是自我批判和自我否定的。虽然资产阶级社会掩盖和抵赖这种非理性，但是以表现—模仿为本质的艺术则不然。当艺术"更加无情地表现"了这一世界的理性本质，当它真正地与真实的社会相融合的时候，它是不会把黑色的意象加以实体化的（因为黑色者的现实存在本身就不是实体化的，不是自身与自身保持同一的），而是将之非实体化，换言之，也就是对黑色者进行解蔽，将黑色者带入它存在的光亮中，带入它存在的真理之中，将黑色者的存在本身展现出来。随着存在之光亮的被开启，理性世界的非理性本质也就自然地呈现了出来。由此可见，现代艺术的言说乃依然是存在本身的自我言说，那个平日里由于受到奴役而缄默不语的自然在艺术中并未保持沉默，而是带着它满腔的悲愤将它所遭受的苦难全部宣泄了出来，通过这样的言说，苦难终于获得了意义，异化世界的虚假性也因此受到了震动。

但是，必须提起注意的是，切不可把艺术对于这一黑色者进行的解蔽只是理解为艺术是在对在现实生活中已经或正在发生的黑色自身的辩证法进行再现和反映，而是说，艺术的这一解蔽本身就已经作为"一种世界进程"真实地参加到了黑色者自身的辩证的历史过程中去了。因此，海德格尔才语出惊人地说道："真正说来，艺术为历史建

---

① 关于这一点，阿多诺在《启蒙辩证法》中有详尽的论述。受论题所限，本书暂且略去不论。

基；艺术乃是根本性意义上的历史。"① 为此，他列举了古希腊悲剧之对古希腊民族命运的参与："在悲剧中并不表演和展示什么，而是进行着新神反抗旧神的斗争。……它不是谈论这种斗争，而是改换着民众的言说，从而使得每个本质性的词语都从事着这种斗争并作出决断：什么是神圣，什么是凡俗；什么是伟大，什么是渺小；什么是勇敢，什么是怯懦；什么是高贵，什么是粗俗；什么是主人，什么是奴隶。"② 当然，在海德格尔看来，同样的情形也适用于哲学（作为真正的思想）："我们不是'对于'必然性和自由作哲学思考，而是哲学是这一话的'和'，必然性和自由之间形成统一的斗争。"③

总而言之，正是在这样的理解视阈中，即认识到了思想和作诗，只要是本质性的，就一定是一种具有真实的推动力量的"世界进程"，艺术与现代性批判之间的真实关系便被阿多诺提示了出来，并巩固了下来。因此，阿多诺认为，现代艺术由于"把握住了现实的本质，迫使现实露出真面目，与此同时又使这种真面目与其表象相对立"，而成为"对现实之遮蔽性的真正领悟。现实本质的虚假性会由此而产生震动"。④

由此可见，与本雅明相比，阿多诺更为坚定地坚持并成功地发现了艺术的世俗救赎的道路，为艺术的现代性批判的任务奠定了"科学的"基础。面对这样的阿多诺，面对阿多诺对现代艺术之本质的准确定位，面对阿多诺对现代艺术之解放潜能所做的并非夸大、相反倒是非常谨慎的论证，我们有何理由称在这样一种思想的谨慎和踏实的作风中包含着"乌托邦"的要素呢？可见，那么多曾经出现的、现在正在出现的，以及将来还会不断出现的"审美乌托邦"的评价，不过是出自我们主观的想象，出自我们的纯粹意识在艺术与生活、艺术与历史之间事先设置起的障碍，出自我们未经反省的日常的经验，事实上也就是出自我们的偏见，不仅是对艺术的偏见，同时也是对历史、对

---

① [德] 海德格尔：《林中路》，孙周兴译，上海译文出版社，1997年，第61页。
② [德] 海德格尔：《林中路》，孙周兴译，上海译文出版社，1997年，第27页。
③ [德] 海德格尔：《林中路》，孙周兴译，上海译文出版社，1997年，第88页。
④ [德] 阿多诺：《美学理论》，王柯平译，四川人民出版社，1998年，第441页。

生活、以及对我们自身存在的偏见。

第三节 否定的辩证法：与马尔库塞艺术革命论的比照

在完成了对阿多诺艺术理论的分析之后，我们不得不稍花笔墨来谈谈马尔库塞。在艺术对现实具有否定和解放功能这一观点上，马尔库塞与阿多诺是极像的。但是这并不构成我们必须去谈论马尔库塞的理由，因为如果他们两个人在这一问题上是处于同一向度的话，我们只要选取其中一人的观点加以澄清就够了，毕竟本书并不以对法兰克福学派各个代表人物的艺术理论做面面俱到的介绍和阐述为主要宗旨，而是以对法兰克福学派艺术理论所面对的基本问题以及理论自身的处境进行研究和澄清为目的。但是现在，我们却不得不提及马尔库塞，并且特别地要提及马尔库塞的艺术否定论，其原因恰恰在于在马尔库塞与阿多诺的这一极端相似之中其实却潜藏着本质上的极端对立。然而这一对立却很少被人注意到，即使马尔库塞本人也未曾真正地意识到这一对立的存在。并且，由于阿多诺的语言表述总是十分晦涩，从而他的观点不是那么容易被人理解，因此，便常常有人将与阿多诺有着共同艺术主张的马尔库塞美学看作是对阿多诺美学的显白阐述（因为马尔库塞的阐述相对通俗些），并由此把马尔库塞在艺术问题上的最终归宿就当作是阿多诺的最终归宿，并因此也是整个法兰克福学派艺术主张的最终归宿。然而，这实在是一种轻率的举动，这一举动不仅掩盖了阿多诺艺术理论的真实性质，并且也相应地造成了我们对法兰克福学派整个艺术理论的基本性质及其所达到的最高历史成就的极大误解。为此，我们便不得不对马尔库塞的艺术否定论，以及在这一理论上的他与阿多诺的真实关系做重新的检审了。

诚然，马尔库塞也像阿多诺一样主张艺术否定论。就这一观点的理论来源而论，马尔库塞是受到了阿多诺的极大影响的。对此，马尔库塞自己从未回避过，在《审美之维》的"鸣谢"中，马尔库塞坦言他的这本著作受惠于阿多诺的《美学理论》。① 英国学者约翰·奥 (John Orr) 也曾对马尔库塞的美学做过这样的评价：法兰克福学派"最著名的批评家是西奥多·阿多尔诺和瓦尔特·本雅明"，而声名显赫的马尔库塞的重要思想，例如艺术对现实做否定性认识的观点，"是他从阿多尔诺和本雅明的著作中抉取的"。②

然而，这一理论来源上的相互牵连是否能够保证他们理论的基本性质的一致呢？马尔库塞似乎对这一问题并没有多想，在他看来，他与阿多诺在这一问题上当然是一致的。因此，当麦基问马尔库塞为什么法兰克福学派的成员总是把美学看得如此重要时，马尔库塞这样回答道："因为我认为——在这点上我与阿道尔诺的观点特别接近——艺术、文学和音乐所表达的见识和真理，是任何其他形式都无力表达的。"③ 但是，马尔库塞紧接着的一段回答却暴露了他与阿多诺在艺术问题上的本质不同，让人惊奇的是，马尔库塞却对此毫无察觉。他说："美学形式是一个既不受现实的压抑，也无须理会现实禁忌的全新的领域。它所描绘的人的形象和自然的形象，是不受压抑性的现实原则的规范和拘束的，而是真正致力于追求人的实现和人的解放，甚至不惜以死为代价的。……换言之，艺术是独立于既定现实原则的，它所召唤的是人们对解放形象的向往。"④ 显然，马尔库塞认为艺术与现实是相互独立的。仅从这段话来看，我们并不清楚马尔库塞口中的"现实"是何意，因此在笼统的意义上说艺术独立于现实也未尝不可。但是，如果说艺术"独立于既定的现实原则"，"不受现实的压抑"这样的说法还能够勉强与阿多诺保持一致的话（但依然要看在哪种意义上来理解"独立于"和"不受"），那么说艺术根本"无须理会现实禁忌"就无论如何也无法与阿多诺的艺术"模仿—表现说"以及艺术的"现代主义"精神保持内在的一致了。当然，这毕竟只是一段访谈，口头的

---

① 赵勇：《整合与颠覆：大众文化的辩证法》，北京大学出版社，2005 年，第 300 页。
② 《悲剧现实主义和现代社会》，第 17 页，伦敦麦克米伦公司 1977 年英文版；转引自冯宪光：《"西方马克思主义"美学研究》，重庆出版社，1997 年，第 255 页。
③ ［英］麦基主编：《思想家》，周穗明译，生活·读书·新知三联书店，1987 年，第 72 页。
④ ［英］麦基主编：《思想家》，周穗明译，生活·读书·新知三联书店，1987 年，第 72—73 页。

第四章 现代主义艺术的证词（Ⅱ）——阿多诺：作为否定力量的现代艺术

语言表述难免随意和缺乏逻辑，如果我们就此论断马尔库塞与阿多诺之间是本质不同的，那么这未免草率并难以服众。因此，我们还是要从马尔库塞的艺术否定论开始详加考察，以资明确他与阿多诺的不同究竟在哪里。

事实上，马尔库塞的艺术否定论并不复杂。简单说来，马尔库塞认为，"艺术的政治潜能在于艺术本身，即在审美形式本身"①。马尔库塞的这一提法其目的是要对正统马克思主义美学的反映论和党性原则进行否定和批判。他指出，一部文学作品并不因为它写的主题是工人阶级，或者写的是革命，就因此是革命的。只有在文学关心它自身的问题时，也就是说努力地把它的内容转化成为形式时，文学才是富有意义的，才是革命性的。② 这也就是说，"艺术对现存现实的控诉，以及艺术对解放的美景的呼唤，艺术的这些激进性质"③，都是以一个"更基本的维度"即"审美形式"的维度为基础的，换言之，艺术的内容要以形式为依托，是形式使得艺术成为艺术，而不是内容，只有在审美形式这样一个更基本的维度上，艺术才能超越其社会决定性。与之相反，如果艺术作品直接的政治性越强，它就越会弱化自身的独立性力量，越会失去其根本性的、超越的变革社会的目标。从这个意义上说，波德莱尔的诗歌，比布莱希特说教式的剧作，是更具倾覆的潜能的。④ 因此，马尔库塞认为："艺术的政治潜能仅仅存在于它自身的审美之维。"⑤

那么，为什么审美形式能够使艺术具有否定和革命的政治潜能呢？马尔库塞所说的"审美形式"本身又是什么呢？我们发现，在"审美

---

① ［美］马尔库塞：《审美之维——马尔库塞美学论著集》，李小兵译，生活·读书·新知三联书店，1989年，第203页。
② ［美］马尔库塞：《审美之维——马尔库塞美学论著集》，李小兵译，生活·读书·新知三联书店，1989年，第206页。
③ ［美］马尔库塞：《审美之维——马尔库塞美学论著集》，李小兵译，生活·读书·新知三联书店，1989年，第210页。
④ ［美］马尔库塞：《审美之维——马尔库塞美学论著集》，李小兵译，生活·读书·新知三联书店，1989年，第210、206页。
⑤ ［美］马尔库塞：《审美之维——马尔库塞美学论著集》，李小兵译，生活·读书·新知三联书店，1989年，第206页。

形式"的问题上,马尔库塞与传统美学的形式主义的主张其实并没有多大差别。在马尔库塞看来,形式首先就是艺术的本质,"形式是艺术本身的现实,是艺术自身"①。显然,这与形式主义对艺术的定义并无二致。其次,就马尔库塞对于形式本身的运做方式及其功用的理解来看,他也是基本上遵从传统美学的形式与内容的二分法的。他指出,"在审美的形式中,内容(质料)被组合、整形、调整,以致获得一种条件,在这个条件下,'材料'或质料的那些直接的、未被把握住的力量,可以被把握住,被'秩序化'。形式就是否定,它就是对无序、狂乱、苦难的把握,即使形式表现着无序、狂乱、苦难,它也是对这些东西的一种把握","审美秩序就其本身的要求看是自律的。……因而,内容被形式所改造,从而获得超越其内容组成成分的一种意义。这个超越的秩序,就是作为艺术真理的美的显现"。②可见,在马尔库塞看来,审美形式的否定性来自它的自律性:由于形式是自律的,因此当形式对内容进行处理和重新编排的时候,形式便通过自己的自律性使内容脱开了现存现实(作为一种习以为常性)的羁绊而进入一种"超越的秩序",这一秩序显现在作品中就是"美",这一超越的秩序或者说美即形成了对现存现实的否定。因此,马尔库塞信心无比地声称:正是审美形式才让艺术作品具有了真正的革命性,"在这个意义上看,每一真正的艺术作品,遂都是革命的,即它倾覆着知觉和知性方式,控诉着既存的社会现实,展现着自由解放的图景"。③

从马尔库塞对于艺术的本质,以及对作为艺术之本质的形式的这种理解中,我们很容易看到他与阿多诺以及海德格尔在这一问题上的差异。因为在他对形式之为艺术的本质的强调中,以及他对形式所做

---

① [美]马尔库塞:《审美之维——马尔库塞美学论著集》,李小兵译,生活·读书·新知三联书店,1989年,第120页。
② [美]马尔库塞:《审美之维——马尔库塞美学论著集》,李小兵译,生活·读书·新知三联书店,1989年,第123—124页。
③ [美]马尔库塞:《审美之维——马尔库塞美学论著集》,李小兵译,生活·读书·新知三联书店,1989年,第205页。

第四章 现代主义艺术的证词（Ⅱ）——阿多诺：作为否定力量的现代艺术

的并不丰厚的理解①——他对形式的界定大致包括，形式是"自律"的、形式是"艺术本身"、形式是"作为'幸福的承诺'的美"、形式"就是否定"等——中②，恰恰缺少了阿多诺和海德格尔从古希腊的思想渊源中接收和吸纳过来的那个重要的维度，即对作为"大地"、作为"自然"，以及作为自我言说的"原初历史"的那种东西的珍视。这种东西在传统美学中正是被作为内容和质料而加以忽视的东西。然而，对于这一长久被忽视的维度的重新重视，其目的并不是要对那一作为我思、形式和主动性的维度进行补充和制衡。这种重视必须成为一种真正的突破，既突破原来的内容和质料的狭隘的物的眼界，同时又突破原来的纯粹形式的我思的眼界。唯有这双重的突破发生之时，艺术的本质，以及无论是艺术的物的一方还是其形式的一方，才能展现出一个崭新的、所谓自由的和真理的世界。这种真正的突破在海德格尔那里和阿多诺那里都曾经真正的发生过。但是这一突破在马尔库塞那里却从来没有展现过一丝可能的契机。事实上，马尔库塞对于海德格尔和阿多诺都极端警惕的传统美学却几乎没有任何免疫力。他轻轻松松、没有戒备地便从传统美学中取来了那种形式与内容的对峙，无论是对于形式一方的极端珍视，还是对于内容和质料一方的极端痛恨，他都没有做出过任何超出传统美学之形而上学视域的反思。固然，马尔库塞也强调原初的东西，强调被现实遮蔽的那个自由的领域，但是这一自由的领域在他那里却不是由突破了传统形而上学之机械视界的艺术所展现的，并且也只有由这种艺术才能展现出来的自然的自我言说，或者说存在者之存在本身的自我澄明，而是唯独由审美形式才给出的、通过审美形式对内容和质料的重新安排和整形才创立出来的东西。由于这一自由的领域完全褫夺了物自身的尺度，由于它仅仅以内容和质料的对立面和否定者的形象出现，因此，这一自由领域在马尔

---

① 言其不丰厚是因为，马尔库塞并没有将这些界定真正地深展下去。他对于一种界定的说明往往借助的就是另一个界定，因此，在这些界定之间仅仅形成了简单的循环而没有任何真正的进展。因此，他对于审美形式总体上说来并没有实质性的说明。
② ［美］马尔库塞：《审美之维——马尔库塞美学论著集》，李小兵译，生活・读书・新知三联书店，1989年，第123、120、70、123页。

库塞那里便或多或少地无法褪去其先验的或者说是想象的成分，无法成为、并且可能也从来都不是一种真正意义上的历史性的自由。因此，虽然马尔库塞也像阿多诺和海德格尔一样宣扬艺术的自律性，宣扬艺术的自律性是其革命性和否定性力量的来源和根据，但事实上，马尔库塞那里的自律性和阿多诺的立于模仿—表现之基础上的艺术的自律本质以及海德格尔的作为真理的生成和发生意义上的艺术的自律本质是完全不同的两种东西，马尔库塞的那个艺术的自由和自律真正说来是异常脆弱、稀薄和不堪一击的。

因此，马尔库塞艺术否定论的实际本质就是，无论马尔库塞如何褒扬审美形式的革命性、否定性，只要这一形式依然是立于传统美学的形而上学二元框架之中的、与内容和质料对举的形式（无论他说艺术的本质是内容变成形式，还是形式变成内容，都不会对事情的实质发生任何影响），这一形式就根本无法具有马尔库塞所希冀的那种能够诞生"新感性"的革命性和否定性；在这一形而上学框架中的形式的否定性和革命性只能是对内容和质料的压榨、褫夺、操纵和统治，并取而代之以被命名为"自由"的"幻想""虚构"和"想象"等东西。可见，在阿多诺那里具有无限丰富的历史内涵的辩证的"否定"，并因此才成为阿多诺艺术否定论之真正起点的"否定"，在马尔库塞这里却变得干瘪了，它被褫夺了历史的现实的维度而不幸地变成了马尔库塞艺术否定论的终点。虽然在表面上，马尔库塞给予了这一"否定"更强烈的革命激情，但是这一激情却根本无助于艺术之否定事业的真正推进。

基于这种否定，马尔库塞是无法成为一名真正的革命战士的。虽然马尔库塞在口头上依然会强调，艺术的批判功能"并不取决于它的内容，也不取决于它的纯粹形式，而是取决于它业已成为形式的内容"，强调艺术所具有的这种超然独立产生出来的"不是'虚假的意识'或纯粹的幻想，而是一种反抗的意识，即对在现实中随波逐流的心灵的否定"①，强调艺术的真理虽然"是这个社会现实的'异在者'"

---

① ［美］马尔库塞：《审美之维——马尔库塞美学论著集》，李小兵译，生活·读书·新知三联书店，1989年，第212页。

但却依然"植根在社会现实"之中,强调艺术遵从的否定现存的法则不是"纯粹的否定",而是"对它在超越中的保存(扬弃)"①,强调艺术虽然创造的是"一个虚构的世界",但这个世界却是一个"比现实本身更真实"的世界②,甚至马尔库塞依然也会说些与阿多诺和海德格尔像极了的话,比如"艺术通过让物化了的世界讲话、唱歌、甚或起舞,来同物化做斗争",但是事实上,所有这些力图避开其虚幻性质的努力却仅仅是一种口头上的声明,马尔库塞并没能真正地将它们在那一历史的现实的向度上安顿下来,因为他在这一否定的革命事业中所找到的全部武器只是"回忆",即"对于过去的记取"。因此,当马尔库塞在《审美之维》中以这样一句话来结尾时——"真正的乌托邦植根于对过去的记取中。……假如对过去事物的追忆,在变革世界的斗争中,终将成为一种始发力量,那么,这种斗争就会掀起一场从未有过的革命——这场革命,在以往数次历史性革命中,一直被压抑着"③,我们并未感到意外。

基于这种对过去的"回忆",虽然我们并不否认在"回忆"的问题上,马尔库塞依然显现出一种试图"为回忆的功能加入一些对历史困境的价值关怀的成分"④ 的努力,但是正像我们已经看到的那样,一场激进的艺术否定现实的革命运动在马尔库塞那里最终还是演变成了一种对于"西方的高层文化"、"前技术文化"的留恋、追思与全面回归。⑤ 因此,马尔库塞的艺术否定论最终呈现出的是一种浪漫的、伤感的、怀旧的乌托邦的景象,就象大多数的国内学者和国外学者已经判定了的那样,但是这一景象却是阿多诺的艺术否定论决然不具有的。

---

① [美] 马尔库塞:《审美之维——马尔库塞美学论著集》,李小兵译,生活·读书·新知三联书店,1989年,第256页。
② [美] 马尔库塞:《审美之维——马尔库塞美学论著集》,李小兵译,生活·读书·新知三联书店,1989年,第222页。
③ [美] 马尔库塞:《审美之维——马尔库塞美学论著集》,李小兵译,生活·读书·新知三联书店,1989年,第256—257页。
④ 刘小枫:《评马尔库塞批评的浪漫美学》,见《外国美学》第4辑,北京:商务印书馆1987年,第450页。
⑤ 参看[美] 马尔库塞:《单向度的人》,刘继译,上海译文出版社,2006年,第三章。

第五章

大众文化——现代主义艺术的反命题①

---

① 把大众文化说成是"现代主义艺术"的反命题,听上去似有些拗口和难以理解,比较让人能够接受的说法应该是:"大众文化:艺术的反命题"。但是由于阿多诺和本雅明等人都反对抽象地谈论艺术,他们认为,艺术的本质拒绝形而上学的、理论的探讨,任何想从本体论角度把艺术的本质归入某种至高原则的企图,必然会在大量枝节问题上迷失方向。(参见阿多诺:《美学理论》,王柯平译,四川人民出版社,1998年,第3—4页。)因此,就大众文化历史性地成为问题而言,将大众文化与现代主义艺术对举就似乎更加符合法兰克福学派学者们的心意。为此,本章标题采用了这一看上去有些别扭的提法。

当代艺术实践的另一个极其重要的领域是大众文化的领域。言其重要,不仅在于它在人们的日常生活中是如此普及以至于成为社会文化中压倒一切的潮流,而且在于它通过这种普及和压倒一切的趋势更为深重地遮蔽了艺术的真理性本质,加剧了艺术的时代危机。因此,大众文化便必然地成为了法兰克福学派艺术批判研究的重心。

第一节 批判主旨中的异质之声:本雅明、洛文塔尔、马尔库塞

虽然我们通常将法兰克福学派的大众文化研究看作是一种批判性质的研究,但实际上,研究所在这一研究课题上长达几十年的研究工作表明,法兰克福学派在这一问题上的取向是比较复杂的。在研究所成员中,也许只有阿多诺和霍克海默始终如一地对大众文化采取批判态度,本雅明、洛文塔尔甚至是马尔库塞都曾经有那么一度偏离过大众文化的批判主旨,并在某种程度上表现出对大众文化的理解或者同情。

一

在《机械复制时代的艺术作品》一文中,本雅明以一种看似平静客观的口吻,向我们描述了现代社会中具有"灵韵"(aura)的古典艺术的衰落和机械复制艺术的兴起。他首先将人类艺术活动的这一嬗变归结于人类群体生活方式的转变,是历史发展的必然结果:灵韵的衰竭"与大众运动日益增长的展开和紧张的强度有最密切的关联,即现代大众具有着要使物更易'接近'的强烈愿望"[①]。为此,努力"揭示由这

[①] [德]本雅明:《机械复制时代的艺术作品》,王才勇译,中国城市出版社,2002年,第13—14页。

些感知方式的变化所体现出来的社会变迁"①，便成为本雅明现代文化研究的着力点之一。

同时，为了进一步巩固这种"历史必然性"的说法，本雅明又从艺术活动自身发展的内在机制为这一替变找到了看似更为坚实的根据：艺术本身所具有的两种价值之间的矛盾运动。在早期艺术中，艺术的膜拜价值（Kultwert）占据主导地位，随着机械复制技术的兴起，长期被抑制的展示价值（Ausstel-lungswert）就获得了巨大的发展空间，并一举摧毁了原作的独一无二性，即艺术作品的"灵韵"。

这一"摧毁"在本雅明看来是具有积极意义的。因为原作的独一无二的价值造成的是人们对它的礼仪膜拜，无论是作为早期巫术宗教礼仪的承担者，还是后来随文艺复兴而发展起来的礼仪的世俗化形式——作为对"美"的崇拜，甚或近来发展出来的"为艺术而艺术"的纯艺术观念，艺术作品长久以来的根基都是神学的②，这使艺术始终作为束之高阁的神物而丧失了与社会历史运动和民众世俗生活的最直接联系。而艺术作品的可机械复制性则在世界历史上第一次把艺术品从它对礼仪的寄生中解放了出来，由此，艺术整个的社会功能得到了改变，不再根植于礼仪，而是根植于另一种实践——政治。③ 本雅明对艺术社会功能的这一转变是满心欢喜的，因为投入社会实践、与大众生活密切相结合的艺术，有朝一日终将成为社会革命的真实力量。正是在此意义上，本雅明盛赞机械复制技术是一种革命性的技术，"当代艺术越是投入可复制性，即越不把原作放在中心地位，就越是可以期待较大的作用"④。

机械复制不仅改变着艺术作品的社会功能，同时也改变着大众

---

① ［德］本雅明：《机械复制时代的艺术作品》，王才勇译，中国城市出版社，2002年，第13页。
② ［德］本雅明：《机械复制时代的艺术作品》，王才勇译，中国城市出版社，2002年，第16页。
③ ［德］本雅明：《机械复制时代的艺术作品》，王才勇译，中国城市出版社，2002年，第17页。
④ ［德］本雅明：《机械复制时代的艺术作品》，王才勇译，浙江摄影出版社，1993年，第24页。

对艺术作品的欣赏方式与接受方式。与传统艺术要求的凝神专注（concentration）的欣赏方式不同，技术复制时代的艺术作品使大众在心神涣散（distraction）的情况下也能欣赏作品。虽然这种消遣性的欣赏方式遭到很多人的抱怨和批评，但本雅明依然试图找出其中的革命性和进步性：如果能在消遣中完成某些任务，就表明完成这些任务对某个人来说已成了习惯，因此，通过艺术所提供的消遣，人们可轻易检验属统觉的新任务在怎样的范围内能被完成。①而且，在历史转折时期，人类感知机制所面临的任务以单纯的视觉方式，即以单纯的沉思冥想是根本无法完成的，它只能逐渐根据习惯来引导，即通过适应去完成。这是熟悉闲散的感知方式（即消遣）的无法替代的作用。②

总而言之，在这篇被看作反映了本雅明大众文化理论最主要观点的论著中，虽然通篇的描述都是淡然而平静的，对复制艺术的兴起没有明显的褒贬，但是正如我们所看到的，这种类似社会学研究的客观分析实际上已经在为大众文化的合法化暗自准备着理论依据了。本雅明找到的依据主要有两个：一是历史发展的必然趋势，二是为政治革命准备必要的群众基础。可以说，这两个理论依据开了后世大众文化研究的先河，今天几乎所有为大众文化正名的努力鲜有超越其上的视野。

二

在研究所成员中，对大众文化分析最广③，同时却又较少受到关注的是洛文塔尔，马尔库塞称他是一位"被人不公平地冷落或遗忘了的人物"④。很多学者将洛文塔尔看作是批判理论坚定的拥护者和应用

---

① [德] 本雅明：《机械复制时代的艺术作品》，王才勇译，中国城市出版社，2002年，第65页。
② [德] 本雅明：《机械复制时代的艺术作品》，王才勇译，中国城市出版社，2002年，第64—65页。
③ [美] 马丁·杰伊：《法兰克福学派史》，单世联译，广东人民出版社，1996年，第244页。
④ [英] 麦基主编：《思想家》，周穗明译，生活·读书·新知三联书店，1987年，第67页。

第五章 大众文化——现代主义艺术的反命题

者①,认为他的理论不像本雅明或马尔库塞那样具有独创性,这也许是他受到冷落的主要原因之一。但事实上这一评价并不公允,对于批判理论而言,洛文塔尔的研究不仅是一种有益的和必要的补充,同时也在某种程度上与批判理论形成一种张力,从而显示出其对大众文化分析的独特性。

洛文塔尔对大众文化研究的目的,并不仅仅在于要对其进行道德的控诉。虽然他忠实于这种控诉,毕竟这是批判理论最重要的理论姿态,但同时他也希望文化研究能够提供更多的理论洞见,这其中最重要的就是通过对文化现象的社会学分析来展现其中所透露出来的历史真实境况,比如社会历史是如何变迁的,以及随着这种变迁,个体与社会的关系发生了怎样的改变,等等。②因此,对于洛文塔尔来说,将社会科学经验研究的方法引入到批判理论的研究中就成为一种必然。

很多学者甚为赞扬洛文塔尔的这一举措,称这是欧洲理论姿态和美国经验主义罕有的一次成功结合③。对于批判理论的那种"欧洲姿态",学术界其实早已心怀不满。他们普遍认为霍克海默、阿多诺等人对大众文化的批判主要是通过概念范畴的逻辑推演而完成的,并非真正建立在对事实根据充分考察的基础上,因此,当理论运行到微观层面时,往往因为经验论据的匮乏而显出论证的空疏。④ 如果说这一批评并非毫无道理的话,那么,洛文塔尔总是沉入社会和历史来剖析大众文化的运作及其效果的研究方式,便有力弥补了批判理论这方面的不足,使批判理论作为一个理论整体变得更加丰满和充实。哈贝马斯也曾高度评价洛文塔尔的这一理论努力,称他的研究"保持了引人注目的现实主义的冷静,这使他的作品具有他以前的同事所缺乏的平衡和

---

① 赵勇:《整合与颠覆:大众文化的辩证法》,北京大学出版社,2005年,第250页,注释2。
② 参见[美]洛文塔尔:《文学、通俗文化和社会》,甘锋译,中国人民大学出版社,2012年,第2、3、4、6、14等页。
③ [美]洛文塔尔:《文学、通俗文化和社会》,甘锋译,中国人民大学出版社,2012年,封底。
④ 参阅赵勇:《整合与颠覆:大众文化的辩证法》,北京大学出版社,2005年,第16页,第33页,注释12;陆扬:《大众文化理论》,复旦大学出版社,2008年,第57页。

尺度"。①

但是洛文塔尔总是对此很低调，他一直将自己的研究看作是辅助性的，"在我看来，文学社会学对于纯粹的审美沉思来说是辅助性的"②，而且与大多数学界同仁的观点相反，他认为将经验研究的方法与批判理论结合不是为了弥补批判理论的不足，而恰恰是要纠正社会科学的问题。

当然，洛文塔尔对于批判理论的那种欧洲思维并不迷信，他曾经指出，如果将美国经验主义的方法和欧洲历史主义的方法分别孤立地加以运用并推向极致，双方都不会得到有意义的结论。但是如果让洛文塔尔只能二者取一的话，他显然会保留后者，因为后者涉及"意义的问题"，因此是更重要和根本的，是须臾不可离弃的，"如果我们把自己限制在可观察到的事实和我们自己的社会中，那就没有办法确定什么是重要的、什么是不重要的；什么是本质的、什么又是非本质的"③。相反，美国经验主义最大的问题正在于它对意义领域的拒绝，一味地"专注于研究技巧和方法论策略"，试图通过研究手段的不断改进而达到"精确的数据处理"。④ 虽然经验主义的社会科学"和一切外在力量的纠缠划清界限，在一种严格保持中立的氛围中"达到了兴旺繁荣，但是它对社会肢解性的分析通常只流于社会表层价值，无法把握社会的深层本质。⑤ 因此，只有研究工具的高度精确是不够的，社会

---

① Lowenthal, *An Unmastered Past: The Autobilgraphical Reflections of Leo Lowenthal*, Berkeley: University of California Press, 1987, p.171. 转引自洛文塔尔：《文学、通俗文化和社会》，甘锋译，中国人民大学出版社，2012年，第243页。
② Matin Jay, ed., *An Unmastered Past: The Autobilgraphical Reflections of Leo Lowenthal* (University of California Press, 1987, pp.128 - 129.) 转引自赵勇：《整合与颠覆：大众文化的辩证法》，北京大学出版社，2005年，第207页。
③ [美] 洛文塔尔：《文学、通俗文化和社会》，甘锋译，中国人民大学出版社，2012年，第3页。
④ [美] 洛文塔尔：《文学、通俗文化和社会》，甘锋译，中国人民大学出版社，2012年，第8页。
⑤ [美] 洛文塔尔：《文学、通俗文化和社会》，甘锋译，中国人民大学出版社，2012年，第25—26页。

第五章 大众文化——现代主义艺术的反命题

理论的学者要对历史文明保持良知①,"调查研究并非一定要从一张白板开始不可",有能力"对罗列在数据表中的数据进行破译和解读"才是重要的。②为此,洛文塔尔开出的药方是"从人文主义出发进行社会学研究,这样做,能够将西方精神的交融性导向一种全新的认识"③。可见,如果真如学界所说,洛文塔尔的研究是欧洲理论姿态和美国经验主义研究相结合的罕有的成功范例的话,那么洛文塔尔无疑会把这一成功归于批判理论,正是批判理论提供的历史框架和意义语境,才使得这种文学社会学的研究真正富有成效。

可以说,洛文塔尔一生都致力于经验方法与批判理论的统一。但是在实际操作中,真正实现这种统一而非简单嫁接绝非易事,需要高度的智慧和能力。它不仅意味着要完全清洗掉经验方法的实证主义性质,使方法成为批判理论之理论视野自然扩展的有效途径,同时也意味着要将批判理论那种强烈的并因此总让现代人感到很生硬的思辨气质消弭在有力的经验分析中。可以毫不夸张的说,如果能够实现两者真正的结合,那么在这一结合中,将诞生一种既不同于社会科学,又不同于批判理论的完全崭新的科学④。但是,统观洛文塔尔的研究我们不难发现,他于上述两方面的工作都未能达到完全的纯熟。因此,在他的研究中,依然保留原有气质的方法和理论之间就不可避免地产生着张力甚至冲突。在这种张力和冲突中,他对大众文化的态度常常给人的感觉是暧昧和不明确的(也许他在主观上很明确,但是异质方法的使用常常给他的行文造成客观上的混乱)。

比如,在他研究大众文化的巅峰之作《文学、通俗文化与社会》中,主要使用"通俗文化"(popular culture)而非法兰克福学派的通用

---

① [美] 洛文塔尔:《文学、通俗文化和社会》,甘锋译,中国人民大学出版社,2012年,第27页。
② [美] 洛文塔尔:《文学、通俗文化和社会》,甘锋译,中国人民大学出版社,2012年,第8页。
③ [美] 洛文塔尔:《文学、通俗文化和社会》,甘锋译,中国人民大学出版社,2012年,第1页。
④ 马克思的《资本论》是这种科学的典范。

词汇"大众文化"(mass culture)这一点①，就让很多人迷惑不解，并被常常用来佐证洛文塔尔对大众文化的同情。同时，洛文塔尔并没有像批判理论通常的做法那样，一开始就从内在精神上对通俗文化加以定性，将之看作是特定的历史时期出现的具有特定政治内涵的文化，而是将它扩展为伴随人类文明始终的民间文化。"通俗文化历史悠久，它可能和人类文明一样古老。我们只需要考虑一下"，"在古希腊罗马舞台上高雅的与低俗的悲剧、喜剧的二分；在罗马帝国上层集团中的精英所进行的哲学思考与其所推动的马戏表演之间的隔阂；在中世纪有组织的节假日期间，在大教堂里的演出体现出森严的等级，而挤满了群众的集市上则是受欢迎的民间娱乐表演"。可见，"通俗艺术并不是现代特有的现象"②，这种对通俗文化的界定无疑加剧了其态度的暧昧性。

通过对通俗文化外延的扩展，洛文塔尔自然地引出了历史上始于蒙田（娱乐消遣是人生的需要）和帕斯卡尔（娱乐消遣是人生的毁灭）的两种对待通俗文化的对立立场③，以及双方观点的历史延续和演变（包括歌德、席勒、阿诺德、白芝浩、华滋华斯、司各特、《爱丁堡评论》、托克维尔、泰纳等），并将双方争论的焦点主要定位在娱乐消遣是否公正合理这样一个命题之上。其实对历史观点做梳理本来也无可厚非，可是让人耿耿于怀的是洛文塔尔的叙述口吻，那种类似社会科学的价值中立感让你几乎无法察觉洛文塔尔自己到底是站在哪一边的。

诸如此类的暧昧之处，无论是将其理解为在暗自为大众文化做辩

---

① mass一词在英语中有"乌合之众"的贬义色彩，而popular的意思则比较中性，意指人民的、民众的、流行的、通俗的。自从伯明翰"当代文化研究中心"发展出一种不同于法兰克福学派批判立场的大众文化理论之后，popular culture已经成为西方学界谈论"大众文化"的主要用语。
② ［美］洛文塔尔：《文学、通俗文化和社会》，甘锋译，中国人民大学出版社，2012年，第9页。
③ 16世纪的蒙田，深深地被生活在中世纪文化崩溃后没有信仰的世界中的人的孤独震惊了，为了避免被这些压力摧毁和迷失在对孤独的恐惧中，他建议把消遣作为一条出路，娱乐消遣是生存的保证。一个世纪之后的帕斯卡尔，面对着同样的历史境遇，却坚决反对人在自我毁灭的心神不定中完全屈服，他一再告诫人们，不要把消遣当做一种生活方式，因为那只会导致永久的不幸和毁灭。（参见［美］洛文塔尔：《文学、通俗文化和社会》，甘锋译，中国人民大学出版社，2012年，第20—22页。）

护,还是理解为只不过是在为经验研究提供广泛的资料,两种立场都可以从洛文塔尔的文本中找到各自所需的证据。从这一角度来说,从行文中竭力揣度洛文塔尔对大众文化的真实态度到底是怎样的,有的时候更像是在玩一场文字游戏,不会有什么实质性的结果。但是,无论如何,我们无法否认的是,异质方法的使用确实给洛文塔尔的研究带来了一些与批判理论不甚相同的特质。

此外,我们同样无法忽视的是,虽然方法与理论之间的冲突常常造成一些理解上的麻烦,但是这些冲突与张力也提供了某些新视野展开的可能性。在深入到新鲜各异的材料中后,洛文塔尔常常语出惊人,比如,直接质疑艺术与通俗文化传统二分语境的有效性:"一方面是艺术—洞见—精英,另一方面是通俗文化—娱乐—大量受众,这些等式是有根据的么?"① 再比如,质疑"标准化"的概念,"标准化"乃是阿多诺大众文化批判的最重要方面之一,但洛文塔尔却坚持认为,"接受'标准化'之类概念的价值并没有加深对通俗文化的洞察"②。这些质疑并非一定是在为通俗文化鸣不平,相反倒是更意在指责高雅艺术辩护者观点的肤浅。正因为批评者们没有事先检点自己的立场,在他们的前提中有太多粗陋的经不起推敲的地方,因此他们对于通俗艺术的批判常常不让人信服,并给对方留下了反扑的机会。比如指责通俗艺术的主要功能就是娱乐和逃避这一点就常常让人诟病,对方常常反问道,难道高雅艺术就不是娱乐和逃避吗?③ 可见,真正的艺术捍卫者应该重新返回到艺术本源的近旁汲取力量,反思早已僵化的思维模式,力图将艺术问题的探讨真正引向深入。可以说,这样的洞见既无法被经验主义的社会科学研究所容纳,也在某种程度上突破了批判理论原有的视野,如果能够真正将之加以推进研究的话,它们本有可能成为批判理论自我检审自我更新的契机。不过,遗憾的是,洛文塔尔对此常常

---

① [美]洛文塔尔:《文学、通俗文化和社会》,甘锋译,中国人民大学出版社,2012年,第11页。
② [美]洛文塔尔:《文学、通俗文化和社会》,甘锋译,中国人民大学出版社,2012年,第32页。
③ [美]洛文塔尔:《文学、通俗文化和社会》,甘锋译,中国人民大学出版社,2012年,第71—72页。

只是一笔带过。

三

与洛文塔尔的暧昧不同,马尔库塞对大众文化的评判总是观点鲜明,虽然他的观点可以在很短的时间内发生一百八十度的转变,但是每一种转变都干净利落,绝不瞻前顾后,犹豫不决。

其实,马尔库塞并没有专门研究过大众文化,他对大众文化的思考总是以更为广泛的社会政治批判研究为背景和基础。马尔库塞思想的核心一直是政治与革命①,审美领域只是作为政治的一种实现才有其价值,这显然是受了席勒美学观点的影响。也许正因为如此,他对大众文化的态度才会发生如此快速的转变吧。

当整个社会通过技术理性的进步,成功地压制了人内心中的否定性、批判性和超越性的向度,日益成为一个新型的极权主义社会,解放的前景异常黯淡的时候,大众文化就作为极权主义统治的帮凶,被马尔库塞归入"虚假的"需要之中,即"为了特定的社会利益而从外部强加在个人身上的那些需要,使艰辛、侵略、痛苦和非正义永恒化的需要"②。"无论这些需要有多少可能变成个人自己的需要,并由他的生存条件所重复和增强;无论个人怎样与这些需要相一致并感觉到自己从中得到满足,这些需要始终还是它们从一开始就是的那样——要求压制的势力占统治地位的社会的产物。"③ 这是马尔库塞关于"虚假需要"之性质的态度最鲜明最肯定的表述。绝没有半点拖泥带水或似是而非,与洛文塔尔对大众文化之娱乐作用的左右摇摆形成了鲜明比照。一直到1964年《单向度的人》出版之时,马尔库塞对大众文化的态度都是如此。

但是,转眼间,政治运动风起云涌。美国的文化革命、法国的学

---

① 这从他诸多的书名就可以看出来,如《理性与革命》《革命伦理学》《爱欲与文明》《论解放》《反革命与造反》等。
② [美] 马尔库塞:《单向度的人》,刘继译,上海译文出版社,2006年,第6页。
③ [美] 马尔库塞:《单向度的人》,刘继译,上海译文出版社,2006年,第6—7页。

第五章 大众文化——现代主义艺术的反命题

生运动,极大地鼓舞了马尔库塞,他似乎看到了新的希望。在1969年出版的《论解放》中,他高度评价了这场文化革命:"高级文化已经崩溃并消融于反升华的'低级'和破坏形式中;青年人的憎恶混杂着路障、舞蹈的地板、爱的嬉戏与极乐主义,在语言中和歌曲中爆发出来。而且,青年人还反对社会主义阵营那种'严肃的一本正经精神',他们用迷你裙反对官僚机构中的懦夫,用摇滚乐冲击'苏联的现实主义'","人们坚信想象的合理性,人们需求一种崭新的道德和文化。难道这种浩大的反对极权的反抗,没有预示出根本变革的新维度和新方向,没有预告根本变革的使者的诞生,没有提出与现存社会具有质的差异的社会主义的崭新前景吗?"。① 很明显,这场文化革命的主角正是大众文化。而且在马尔库塞此时的眼中,大众艺术(即作为反升华的艺术)具有了与作为真正否定性的艺术(即作为升华的艺术)同等的革命意义。

今天的我们会惊讶于马尔库塞对那场青年学生运动的态度,毕竟,"一个新版的儿童十字军东征"与"一次革命运动"②之间的差距还是很明显的。那么,是不是马尔库塞当时过于浅见了呢?其实,马尔库塞从一开始就对这场运动的本质有清醒的认识,他曾在1967年伯林的演讲中拒绝承认"学生对抗本身是一支革命力量"③,但是,在学生们所使用的各种对抗性语言中(嬉皮士和黑人的语言、布鲁斯音乐、爵士和摇滚乐),却潜藏着对旧的感觉结构和传统的意识形态语境的极大破坏力,"嬉皮士的亚文化:trip、grass、pot、acid,等等","将日常交流中无甚恶意的语言从其语境中选出,用它们去指称那些为现存现实所禁忌的对象或活动",相比较而言,黑人语言则是"言谈中更具倾覆性的天地","在黑人语言中,出现了一场全面的语言学反抗,它冲破语词被运用和被界定的意识形态的语境,进而把这些语词放入另一个

---

① [美]马尔库塞:《审美之维——马尔库塞美学论著集》,李小兵译,生活·读书·新知三联书店,1989年,第108—109页。
② [英]阿拉斯代尔·麦金太尔:《马库塞》,桂冠图书股份有限公司,1992年,第92页。
③ Herbert Marcuse, *Five Lectures*: *Psychoanalysis*, *Politics*, *and Utopia*, trans. Jeremy J. Shapiro & Shierry M. Weber, Becon Press, 1970, p. 93. 转引自赵勇:《整合与颠覆:大众文化的辩证法》,北京大学出版社,2005年,第289页。

对立的语境中,也就是说,放入对现存语境的否定中。因此,黑人们'夺过'西方文明中某些最崇高和最高雅的概念,让它们退掉神光,并重新界定它们"①。而那些"布鲁斯乐和爵士乐"与艺术的当代形式,如"反客观性的、抽象的绘画和雕塑,意识流的文学和形式主义的文学,十二音阶曲式"等一起成为革命的武器,它们"不仅仅是对旧的东西重新改头换面,也不只是旧瓶装新酒式的新的感受方式,而毋宁说,这些艺术形式是取消着感受的结构本身,以便腾出新的空间"。②这些语言的崭新特征,正是马尔库塞所看重的,也是他此前一直求之未得的。

马尔库塞指出,在技术理性的整合中,人们的感性世界已经成了统治者的合作伙伴,依靠旧的感性是无法完成革命的重任的;要想进行政治革命,必须首先完成感性革命,要"让被垄断资本主义操纵的男人和女人,不理睬那些操纵着他们的语言、观念、以及形象;让他们体验到质的变革的维度,让他们重申他们的主体性,他们的内在性"③,只有建立起一种新的感性,崭新的生活方式才能被建立。正是出于这一理由,上述的语言形式被马尔库塞视为促成政治意识成熟的重要的中介力量。

随着20世纪70年代保守主义的回潮,昔日的造反学生纷纷回到资本主义的社会秩序中,老老实实地当起了中产阶级的一员,而当年的反抗标语和武器(大众文化)也被主流社会吸纳和认可,成为了统治阶级愉快的合作伙伴。④但是马尔库塞却没有以成败论英雄,在他的最后一部学术著作《审美之维》(1978年)中,他依然坚持这场文化革命所具有的意义,"六十年代的运动,意在迅猛改变人的主体性、本性、

---

① [美]马尔库塞:《审美之维——马尔库塞美学论著集》,李小兵译,生活·读书·新知三联书店,1989年,第116—117页。
② [美]马尔库塞:《审美之维——马尔库塞美学论著集》,李小兵译,生活·读书·新知三联书店,1989年,第119页。
③ [美]马尔库塞:《审美之维——马尔库塞美学论著集》,李小兵译,生活·读书·新知三联书店,1989年,第232—233页。
④ [美]马尔库塞:《审美之维——马尔库塞美学论著集》,李小兵译,生活·读书·新知三联书店,1989年,第290—291页。

感性、想象力和理性。这场运动开启了认识事物的全新视野,开启了上层建筑对基础的渗透"①。

行文到此,心中不免感慨。与这场疯狂无度的青春期造反相比,马尔库塞的执着和认真显得悲情许多,他像一座时光的雕像,静静地铭记着那个早已锈迹斑斑的年代和所有逝去的激情。

第二节 批判主题的回归

需要说明的是,虽然法兰克福学派各成员之间在大众文化的问题上有过分歧和争议,但是这些分歧和争议并不意味着对"批判理论"之基本宗旨的反叛,因此,与当下一些对待大众文化的无批判的实证主义态度是有本质区别的。

同时亦须指出的是,所有的分歧与争议都只不过是对批判主题的暂时游离,不仅因为作为法兰克福学派掌舵人的阿多诺和霍克海默曾经对上述观点进行过强有力地批判,而且即使是那些曾发生过游离的研究所成员本身,也很快地以对批判主题的回归而告终。本雅明在完成《机械复制时代的艺术作品》短短几个月后,便写出了此文的姊妹篇《说故事的人》。如果说前者主要从肯定赞许的立场论述现代技术对传统艺术的冲击的话,那么后者则通过阐述当代生活可感经验方面的异化而表达了对传统艺术没落的无限哀伤和怀恋。洛文塔尔的暧昧与不确定迷惑了太多的读者,到底是正解还是误读,其中的是是非非也许只有他一个人心里明白。但是在晚年,当有人指出他与阿多诺存在分歧的时候,洛文塔尔曾激动地为自己辩解道:"在对大众文化的批判上,我的激进跟我的同事与朋友没有任何区别。"② 马尔库塞在革命失

---

① [美]马尔库塞:《审美之维——马尔库塞美学论著集》,李小兵译,生活·读书·新知三联书店,1989年,第229页。
② Martin Jay, ed., *An Unmastered Past: The Autobiographical Reflections of Leo Lowenthal*, University of California Press, 1987, p. 185. 转引自赵勇:《整合与颠覆:大众文化的辩证法》,北京大学出版社,2005年,第202页。

败后便立刻开始反省那些曾被他视为新感性之表征的大众文化的真正本质:"这种反升华仍然是简单、初级的否定,也就是说,它仍然是反题,它仍处于直接否定的水平。……因此,反抗的音乐、文学、艺术,很容易就被市场吞没和变形,变得无甚棱角。"① 由此可见,在大众文化的问题上,法兰克福学派的主流观点依然是以阿多诺和霍克海默为代表的"批判"主题。

一

今天,将阿多诺和霍克海默对大众文化的批判看作精英主义的观点十分流行。"精英主义"是民主时代最具杀伤力的批评词语,批评者常常并不需要对对方的理论有深入的研究,只要抓住时代的这根脆弱神经加以讨伐,就很容易引起大众的共鸣,成为民主时代的英雄。我们并不赞赏精英主义的固步自封和自我陶醉,但是必须指出的是,今天大多数对精英主义的批判是建立在一种非常粗陋的二元对立的基础上的,仿佛只要对大众有所批评,就一定都是蔑视民众的趣味和价值、对普通人的朴素快感怀有敌意的精英;更有甚者,将精英们的批判之心揣度为纯粹的利益之争,是由于自己以往的文化霸权地位受到大众社会的威胁,因此希望通过敌视和嘲弄民众来挽救自己的势力。这种揣测似乎有以小人之心度君子之腹的嫌疑。在西方学术界,给别人扣上精英主义的帽子从而义正言辞地将之封杀的做法屡见不鲜,并少有对此做法进行反思,这不能不让人感慨民主时代意识形态话语霸权的强大。

我们并不想说,对阿多诺和霍克海默精英论的诸多指责都是基于上述偏狭的立场,否则自身也难脱小人之嫌。我们假设批评者是在认真研读的基础上做出的真诚论断,那么,我们也将以同样真诚之心来反思这一论断。在正面阐述阿多诺和霍克海默大众文化批判理论的实

---

① [美] 马尔库塞:《审美之维——马尔库塞美学论著集》,李小兵译,生活·读书·新知三联书店,1989年,第128页。

第五章 大众文化——现代主义艺术的反命题

质之前,我们将先以他们对本雅明、洛文塔尔和马尔库塞上述观点的反驳为例,加以说明。

诚然,阿多诺对本雅明因为机械复制的艺术作品能够改变艺术的社会功能和主体的接受方式而对大众文化采取了肯定的态度进行了激烈的批判。但这一批判的要害并不在于本雅明对大众文化的肯定和认可,而是在于他对大众文化进行性质界定的视角和方式。从总体上说,本雅明立足于主体的层面,从主体接受方式的改变来挖掘大众文化的革命潜质,这种分析在根基上仍然从属于传统美学的视阈。按照海德格尔对传统美学的界定,美学的起源和形成"并非直接来自于艺术本身和对艺术的沉思",而是"建立在个体自我的自身意识基础之上"的。① 由此而论,本雅明对于大众文化的探讨正是从主体的角度出发的,虽然不是典型的那种将"趣味"(即"个体自我的自身意识")变成艺术存在之法庭的传统主体性美学,而是从艺术对主体造成的历史效果出发而来的讨论,但同样是从根本上偏离了由艺术的真理本质所要求的那样一种理解途径的。这种讨论的视角自有它的意义,但绝非是"来自艺术本身和对艺术的沉思",它基本属于艺术社会学(对艺术的社会功能进行研究)的讨论范畴。如果直接将这种讨论作为判定大众文化到底是好还是不好的基本依据,显然越俎代庖了。因为只有当大众文化的艺术作品本身首先真正属于艺术,换言之,真正承担起艺术的真理本质——把握存在者整体之真理,以决定性的方式把这一真理置入历史性人类的领域之中②,它所带来的艺术社会功能的转变才会起到好的成倍扩展的效果,否则将是坏的成倍扩展的效果。总之,跳开对大众文化本质的讨论,而以传播方式的改变来对大众文化的性质进行界定的做法,将会对研究工作带来严重误导,贻害甚深。难怪阿多诺会以一种全盘否定的方式来批评本雅明的《机械复制时代的艺术作品》:您的这篇文章"没有一句话我不想与您详细讨论"。③ 对于机械

---

① [德] 海德格尔:《尼采》(上卷),孙周兴译,商务印书馆,2002年,第89页。
② [德] 海德格尔:《尼采》,孙周兴译,商务印书馆,2002年,第91页。
③ Theodor Adorno, *Letters to Walter Benjamin*. 转引自赵勇:《整合与颠覆:大众文化的辩证法》,北京大学出版社,2005年,第161页。

复制手段之于艺术作品而言的意义，阿多诺一针见血地指出，"今天，在这个无意象的世界上，对艺术的需求正在增长。这也包括大众的需求。他们初次与艺术接触，是通过人们发明的机械复制手段。遗憾是，这些外在于艺术的时尚，无助于消除我们对艺术前景的疑虑，也不足以证明艺术的继续存在。这些需求——它们魔术般地形成，因为这是对丢掉幻想的慰藉——的互补性将艺术搞得支离破碎，结果使艺术沦为'世界甘愿受骗'这句谚语的佐证"，"就艺术迎合社会现存需求的程度而言，它在很大程度上已成为一种追求利润的商业。作为商业，艺术只要能够获利，只要其优雅平和的功能可以骗人相信艺术依然生存，便会继续存在。表面上繁荣的艺术种类与艺术复制，如同传统歌剧一样，实际上早已衰亡和失去意义，但官方的文化观却无视这一事实"。①

尚未有明确的资料表明，阿多诺和霍克海默曾经对洛文塔尔进行过批判。但是对于与洛文塔尔类似的从娱乐出现的历史必然性和合理性出发的对大众文化所做的同情性理解却不乏回击。但是回击的要点同样不在于要否认大众对娱乐需求的正当性和合理性，而在于这种同情性的理解还根本没有碰触到大众文化之真正的哲学基础和性质，同时也因为这种立于娱乐而做的辩护仍然与本雅明一样是一种主观主义的传统美学的辩护。事实上，阿多诺和霍克海默从来都不曾否认娱乐的正当性，他们也从来没有把娱乐作为单独的原因拿出来对大众文化进行批判。在他们看来，大众文化并不是因为与娱乐结盟才必须受到批判，相反，这种作为文化工业的大众文化本身已经吞噬掉了娱乐，从而才更显现出它的非正义性和非合理性，"欺骗不在于文化工业为人们提供了娱乐，而在于它彻底破坏了娱乐，因为这种意识形态般的陈词滥调里，文化工业使商业将这种娱乐吞噬掉了"②。同时，由于文化工业把娱乐本身变成了唯一的东西和最高的东西，"娱乐变身成了一种理想，取代了更高级的东西，它通过一种比广告商贴出来的标语还要

---

① [德]阿多诺：《美学理论》，王柯平译，四川人民出版社，1998年，第32页。
② [德]霍克海默、阿多诺：《启蒙辩证法》，渠敬东等译，上海人民出版社，2003年，第159页。

第五章 大众文化——现代主义艺术的反命题

僵化的模式,彻底剥夺了大众,剥夺了这些更高级的东西",因此,才造成了娱乐对真理本身的生成和发生的一种遮蔽和阻碍,"它从主观出发,对真理进行的内在约束,往往要比想象中的约束更容易受到外在力量的控制"①,故此,娱乐本身才成为一种必须加以批判和清除的恶的势力。可见,如果我们说阿多诺和霍克海默对于娱乐确实有批判的话,那也只是因为文化工业把娱乐变成了控制消费者的手段,而不是因为娱乐本身。

假如条件允许,阿多诺和霍克海默一定会对马尔库塞基于大众文化的那种颠覆力量而对大众文化的肯定性辩护给予反击。只是不幸的是,当马尔库塞发表《论解放》的时候(1969年),霍克海默已经退休并远离了学术圈,阿多诺则在这一年猝然离世。但是,我们却在阿多诺和霍克海默二十多年前发表的文稿中发现了他们对马尔库塞这一观点的坚决有力的回击:大众文化"确实留下了某些好东西",即"这些没头没脑的艺术所搭建的避难所,正是人类反抗社会机制的代表","但所有这些特点倒更像是马戏团里的骑手、杂技演员和小丑用来开脱自己的雕虫小技,像'身体艺术用来对抗智力艺术的借口和辩解'"。② 这种批判与马尔库塞在革命失败后对大众文化的颠覆性本质所做的自我反省和自我批判在内在精神上是一致的,即矛头直指这种颠覆力量的简单的、初级的形式,这种形式由于它的简单和初级是很容易被市场吞没和变形的,并由此变得毫无棱角。③ 可见,阿多诺和霍克海默并不是没有看到大众文化本身所具有的那样一些原始的革命素质,只是与马尔库塞不同的是,他们从未对这些革命的原始素质进行过任何的夸大,而是从一开始就对这些素质保持了清醒的认识。

从上述阿多诺和霍克海默对大众文化的三个维度的反驳中,我们根本看不到一般精英的那种高高在上的、对民众指手画脚的轻浮形象,

---

① [德]霍克海默、阿多诺:《启蒙辩证法》,渠敬东等译,上海人民出版社,2003年,第160—161页。
② [德]霍克海默、阿多诺:《启蒙辩证法》,渠敬东等译,上海人民出版社,2003年,第160页。
③ [美]马尔库塞:《审美之维——马尔库塞美学论著集》,李小兵译,生活·读书·新知三联书店,1989年,第128页。

相反，对问题的洞察和反驳逻辑的缜密无不显现出德国思想家特有的沉稳、敏锐和冷静。

阿多诺和霍克海默虽然都出身于富裕的中产阶级家庭，从小接受贵族化的教育和高雅文化的熏陶，但是他们并没有像一般的文化贵族那样固步自封，而是对贵族文化的本质保持了清醒的认识。也许正因为如此，他们才会对作为贵族文化之对立面的大众文化有比常人更为深入的洞察。正如海德格尔无数次强调过的那样，一个形而上学的命题倒转过来依然是形而上学的命题，换言之，两个对立的命题常常分享着同样的前提。霍克海默和阿多诺在《启蒙辩证法》中清晰地为我们揭示了贵族文化和大众文化之间的这一微妙关系：作为"保守文化"的"资产阶级的纯粹艺术"，由于"变成了一种与物质世界所发生的事件相对照的自由世界，它从一开始就排除了低层人民，以及存在于这些阶层之中的真实的普遍性，艺术从虚假普遍性的目标中得到了自由"，因此，它必然因为自身目标的"虚假普遍性"而"逐渐衰落下去"。① 今天，大众文化在严肃艺术之必然衰落的基础上建立了自身的合法性，美名曰历史必然性，但是如果这一合法性仅仅建立在这样的基础上，那么这一合法性本身将只能是"假象"。当"生活的艰辛和压抑"转为"对严肃的嘲笑"，严肃艺术因此成为与人民无关的东西，代之而起的轻松艺术因为成为艰辛生活的缓压剂而受到欢迎，但这时的大众文化只不过是"自主性艺术的影子，是社会对严肃艺术所持有的恶意"。② 换言之，仅仅作为严肃艺术对立面出现的大众艺术并没有克服严肃艺术的虚假普遍性，因为它同样没有正视过被资产阶级纯粹艺术所漠视了的大众层面真实的普遍性。如果说严肃艺术是对艰辛生活的嘲笑，那么这样的大众文化不过是苦难生活的鸦片。可见，阿多诺和霍克海默并没有抹杀大众层面的真理性，批判大众文化并不是因为它们是属于大众的，而恰恰是因为它们依然不属于大众。

总而言之，阿多诺和霍克海默绝非以文化精英主义者的形象与大

---

① ［德］霍克海默、阿多诺：《启蒙辩证法》，渠敬东等译，上海人民出版社，2003年，第151页。
② ［德］霍克海默、阿多诺：《启蒙辩证法》，渠敬东等译，上海人民出版社，2003年，第151页。

众文化形成简单的对立。他们从来没有简简单单地因为大众文化的可技术复制性、娱乐性、民众性、低俗性等特征就对大众文化采取批判态度。只有那些精英主义者与保守主义者们，才会出于对自身昔日特权的恋恋不舍，对大众文化的这些威胁以及导致了其特权之衰落的文化要素的历史性运动大加讨伐，而同时，也只有那些从来没有从精英主义与保守主义的阴影中走出来、并因此与它的敌人分享着同样狭隘眼界的大众文化的维护者们，才会把所有的对大众文化的批判不加分辨地全都归结到精英主义和保守主义的立场上去。的确，阿多诺和霍克海默批判过诸多对大众文化的同情性理解，但并不是因为同情本身有问题，而是同情的理由大都隶属于传统美学的主观主义立场及其变种，因此并没有做到对大众文化本质的揭示；同样，他们也批判过大众文化的娱乐性、大众性以及低俗性，而且极为严厉，但也并非因为这些特征本身有问题，而是因为以资本为统治原则的社会机制把大众文化的这些特征当作唯一的和最高的目的不断地生产出来，从而不仅扭曲了这些本来极为正常的大众文化的特征，同时也遮蔽了大众文化的真理性本质以及它所具有的那些革命因素，导致了大众文化本身的质变。阿多诺和霍克海默把这一遭到资本原则极度扭曲的大众文化称为"文化工业"。他们的大众文化批判理论所要批判的正是大众文化的这一时代本质——"文化工业"。

二

在《对文化工业的重新思考》一文中，阿多诺阐述了他和霍克海默以"文化工业"取代"大众文化"这一术语的重要原因。

"文化工业把古老的东西和常见的东西熔铸成一种新质。在文化工业的所有分支中，那些为了大众消费而生产出来的、并在很大程度上决定了消费本质的产品，或多或少都是按照计划生产出来的"，"文化工业有意地自上而下对消费者进行整合。它把已经分离了上千年的高雅文化和低俗文化进行整合，结果使双方都受到损害。高雅艺术的严肃性由于对其效用的投机追求而受到损害；低俗艺术的严肃性则由于强加于它内在固有的反抗本质之上的文明管制而遭到破坏,这些反抗的本质在社会管制尚未形成总体时就已经存在了"。在文化工业中,"大众绝对不是首要的,而是次要的,他们是被计算的对象,是机器的附件。与文化工业要我们相信的不同,消费者不是主人,不是大众文化的主体,而是大众文化的客体"。①

从这段文字我们可以很清楚地看到,阿多诺和霍克海默之所以要用"文化工业"取代"大众文化",是为了避免歧义。"大众文化"一词内涵太过模糊,很容易让人理解为是来源于大众并归属于大众的文化,因此与一般的民间文化或者说通俗文化并没有什么本质的不同,其间唯一的差异仅仅在于时代特征的不同,因此,完全可以把大众文化看作是通俗艺术的当代形式。今天,大众媒体正是如此向民众宣扬的。假如今天的大众文化真的名副其实,即真正产生于民众自身,表达了民众自身的生存真理,那么,阿多诺和霍克海默是不会加以反对的,相反还会给予高度的评价,上述那段引文已经清楚明白地表明了他们的态度:虽然"低俗文化"的表现形式与"高雅文化"非常不同(称之为"低俗"并不一定意味着轻视,"低俗"二字完全可以不带任何价值歧视地来理解,低是指艺术表现形式上的初级性,俗意味着民俗,指与百姓生活息息相关,充满生活气息),但是这种文化因其与生俱来的反抗本质而与高雅艺术一样是严肃的。可见,阿多诺和霍克海默并非是要批判属于大众的文化,他们所要批判的只是当下受到资本原则扭曲和整合了的大众文化。为了廓清自己的批判立场,防止误解的发生,阿多诺和霍克海默把这种大众文化叫作"文化工业",并再三强调必须将二者严格区分开来:"文化工业"不再是原有意义上的大众文化,而是大众文化的异化,是大众文化在当代最主要的存在形式。

在霍克海默和阿多诺看来,文化工业最重要的异化性质体现在:文化工业剥夺了艺术作品的自治,它并不是围绕着艺术本身的运作,它的"全部实践就在于把赤裸裸的赢利动机投放到各种文化形式上",因

---

① Theodor Adorno, *The Culture Industry*, London and New York, 1991, pp. 98 - 99。

此，它所生产的只是"彻头彻尾的商品"。① 在资本已经变成了绝对主人的时代，"有用的观念"成为衡量一切的标准，艺术若要在资本的体制之内求得生存和发展，就必须把自己变成商品，在市场中实现自己的交换价值。而成功地实现交换价值的最迅速有效的方式就是抓住消费者的爱好，"把自己与需求等同起来"②，始终"追求被升华了的快乐"③。于是，"娱乐变身成了一种理想，取代了更高级的东西，它通过一种比广告商贴出来的标语还要僵化的模式，彻底剥夺了大众，剥夺了这些更高级的东西"④。可见，文化工业通过资本与娱乐的联手，最终将艺术的原则，即对存在真理进行展现和表达的原则，成功地驱逐出了文化创作的活动。自此，生产快感以实现商品的交换价值就取代了存在之真理的自我表达而成为文化创作的唯一目的。

但是，提供快感和娱乐有什么不对吗？这难道不正是满足了大众的需求，是在为人民服务吗？阿多诺和霍克海默从不反对为人民服务，但问题在于，文化工业提供的快感和娱乐是虚假的。首先，"晚期资本主义的娱乐是劳动的延伸。人们追求它是为了从机械劳动中解脱出来，养精蓄锐以便再次投入劳动"⑤。其次，快感和娱乐都是被制造出来的，具有僵化不变的模式。"文化工业的所有要素，都是在同样的机制下，在贴着同样标签的行话中生产出来的"⑥，它们"服从于同一套虚假程式：即所谓文化工业的总体性"⑦。"只要电影一开演，结局会怎样，谁会得到赞赏，谁会受到惩罚，谁会被人们忘却，这一切都已经清清楚楚了。在轻音乐中，一旦受过训练的耳朵听到流行歌曲的第一句，他就会猜到接下去将是什么东西，而当歌曲确实这样继续下来的时候，他就会感到很得意。对短篇小说来说，必须严格坚持适当的篇幅。甚至插科打诨、切身感受和开玩笑也得像它们所处的背景一样，都是被

---

① Theodor Adorno, *The Culture Industry*, London and New York, 1991, pp.99-100。
② [德] 霍克海默、阿多诺：《启蒙辩证法》，渠敬东等译，上海人民出版社，2003年，第176页。
③ [德] 霍克海默、阿多诺：《启蒙辩证法》，渠敬东等译，上海人民出版社，2003年，第159页。
④ [德] 霍克海默、阿多诺：《启蒙辩证法》，渠敬东等译，上海人民出版社，2003年，第160页。
⑤ [德] 霍克海默、阿多诺：《启蒙辩证法》，渠敬东等译，上海人民出版社，2006年，第123页。
⑥ [德] 霍克海默、阿多诺：《启蒙辩证法》，渠敬东等译，上海人民出版社，2006年，第116页。
⑦ [德] 霍克海默、阿多诺：《启蒙辩证法》，渠敬东等译，上海人民出版社，2006年，第122页。

计算好了的。"① 文化工业的总体性或者说标准化的要求是由文化工业的经济本质决定的，赤裸裸的赢利动机必然"将所有新生事物……所有未经检验的事物都当成风险排除在外"②。而所谓的"文化工业独具特色的创新"，"不过是不断改进的大规模生产方式而已，这并不是制度以外的事情。这充分说明，所有消费者的兴趣都是以技术而不是以内容为导向的，这些内容始终都在无休无止地重复着，不断地腐烂掉"，"今天，它们所要做的一切事情就是让技术理性彻底战胜真理"。③最后，正因为娱乐和快感是被制造出来的，所以它常常并不真正让人感到身心愉悦。在消遣中，"这些言过其实的快乐机制并没有给人们的生活带来尊严"，"取乐代替了快乐"。④"它把笑声当成了施加在幸福上的欺骗工具"，"这种虚假笑声的可怕之处在于，它是对最快乐的笑声的强制性模仿。欢乐是件很严肃的事情"。⑤所以，文化工业的欺骗性"不在于文化工业为人们提供了娱乐，而在于它彻底破坏了娱乐"⑥。

也许有人会说，虚假又怎样，模式僵化和重复又怎样，只要大众喜欢就好。顾客是上帝，这是市场经济的宗旨，也是民主自由时代的标志。谁敢对此说不，谁就是民主自由的敌人。阿多诺和霍克海默从未想过要与民主自由为敌，"自由"在传统德国人心目中的地位一直都是至高无上的。但是，他们清楚地看到，文化工业运行的过程并不是自由实现的过程，而是自由逐渐被剥夺的过程，是大众个性不断被夷平的过程。比如，有声电影会让大众的想象力和自发性受到障碍，他们所看过的所有影片和娱乐业的产品，教会了他们要期待什么，以及应该做出怎样的反应。⑦"不要指望观众能独立思考：产品规定了每一

---

① ［德］霍克海默、阿多诺：《启蒙辩证法》，渠敬东等译，上海人民出版社，2006年，第112页。
② ［德］霍克海默、阿多诺：《启蒙辩证法》，渠敬东等译，上海人民出版社，2006年，第121页。
③ ［德］霍克海默、阿多诺：《启蒙辩证法》，渠敬东等译，上海人民出版社，2006年，第122—124页。
④ ［德］霍克海默、阿多诺：《启蒙辩证法》，渠敬东等译，上海人民出版社，2006年，第125页。
⑤ ［德］霍克海默、阿多诺：《启蒙辩证法》，渠敬东等译，上海人民出版社，2006年，第127页。
⑥ ［德］霍克海默、阿多诺：《启蒙辩证法》，渠敬东等译，上海人民出版社，2006年，第128页。
⑦ ［德］霍克海默、阿多诺：《启蒙辩证法》，渠敬东等译，上海人民出版社，2006年，第113—114页。

个反应,这种规定并不是通过自然结构,而是通过符号作出的,因为人们一旦进行了反思,这种结构就会瓦解掉。文化工业真是煞费了苦心,它将所有需要思考的逻辑联系都割断了","那些根据性格和事态的发展而发展出来的情节被毫不留情地删除掉了。相反,编剧需要考虑的是,下一步究竟要采取什么样的手段,才能在特殊情境下产生最让人吃惊的效果"。① 于是,"文化工业把娱乐变成了一种人人皆知的谎言,……这样,现实生活中的真实情感便可以受到更加牢固的控制"②。文化工业通过确立一种秩序和标准而摧毁了个性的发展,个性成为一种"幻象"。今天被很多人认为是体现个性的东西不过是流行时尚,流行时尚是"虚假的个性","单个人坚韧不拔或花枝招展的外表,都不过是耶鲁锁这样的大众产品,它们之间的差别是以微米计算的"。③

当然,阿多诺和霍克海默的这种观点依然还会受到指摘。大家会说,为社会提供一种秩序有什么不好?难道让人都变成脱缰野马,各有各的想法,就是好的吗?如果那样的话,社会还怎么维持?事实上,在阿多诺的那个年代,这种观点就很流行:"今天,对文化工业最雄心勃勃的维护,就是赞美它决定秩序的精神,……仅就它在一个无秩序的世界里,为人类提供了某种进取向上的标准这一点,就是值得肯定的。"④ 对此,阿多诺提出了两点异议:首先,文化工业所保持的那种秩序并不是一种真正的秩序,而是对真正秩序的摧毁。它所提供、维护和巩固的其实是一种整齐划一性,这是秩序的抽象形式,它所导致的结果就是个体彼此之间的可替代性。比如,"彩色电影摧毁了亲切的老客栈,……它消灭了它的意向。没有谁的祖国可以幸免于不被冲印在胶片上,这本是为了赞美它,但也因此把它赖以成长的独一无二的

---

① [德]霍克海默、阿多诺:《启蒙辩证法》,渠敬东等译,上海人民出版社,2006年,第123—124页。
② [德]霍克海默、阿多诺:《启蒙辩证法》,渠敬东等译,上海人民出版社,2006年,第130页。
③ [德]霍克海默、阿多诺:《启蒙辩证法》,渠敬东等译,上海人民出版社,2003年,第172—173页。
④ Theodor Adorno, *The Culture Industry*, London and New York, 1991, p.103.

特征转变成一种可以互换的同一性"。①② 其次，文化工业强加于人类的秩序概念其实是"现状的概念"③。文化工业总是将既存的现实肯定为是最好的，无需改变的，因此，"它宣示于众的是：你应该循规蹈矩，……应该与任何已经存在的东西保持一致，像其他任何人一样思考"。④ 上文提到的那种以满足大众需求为借口，替文化工业辩护的做法，其实就是对现状的一种维护，这种做法不可能给社会带来任何的匡正，因此它不过是以自由民主的名义在逃避社会责任罢了。所以，当文化工业只是投大众所好，以复制和强化大众现有的精神为其目标的时候，它绝不是在为大众服务，而是在以大众为意识形态。⑤ 其结果不是对民主社会的维护，而是对民主社会的破坏，因为任何一个民主的社会，为了维持它自己并求得发展，都需要自主独立的成熟个人的发展。⑥

然而在当代，文化工业的这些异化性质却几乎不再能引起人们的任何质疑，人们已经被文化工业的产品及其生产理念完全同化了。今天，人们对待艺术作品的态度与对待其他资产（作为物）的态度已没什么不同：人们会为艺术作品制订出资产负债表，写入"今晚听过《第九交响乐》，感到如此如此快活"之类的帐目。对此，阿多诺感叹道，这种低能平庸的思维现已成为常规，不能不说是一件令人遗憾的事。⑦ 正因为如此，阿多诺认为，必须加强对作为文化工业之思想基础的传统美学的批判，才能正本清源，有效杜绝对文化艺术之本质的诸种不正确理解。他指出，康德"把形式愉悦感与审美满足感假定为艺术的规定性特征"，这种美学实际上表现出一种"遭到阉割的享乐主义

---

① Theodor Adorno, *The Culture Industry*, London and New York, 1991, p. 103.
② 今天，我们的感觉的方式已经被影像重塑，因而失去了感觉的切身性，所以无法真正体会初次见到影像的人发现事物自身独特的气息被影像撕地粉碎时的那种惊诧，反而会将这段描写视作阿多诺的小题大做。
③ Theodor Adorno, *The Culture Industry*, London and New York, 1991, p. 104.
④ Theodor Adorno, *The Culture Industry*, London and New York, 1991, p. 104.
⑤ Theodor Adorno, *The Culture Industry*, London and New York, 1991, p. 99.
⑥ Theodor Adorno, *The Culture Industry*, London and New York, 1991, p. 106.
⑦ ［德］阿多诺：《美学理论》，王柯平译，四川人民出版社，1998年，第23页。

的自相矛盾性"。① 虽然康德以"无利害的满足"(disinterested satisfaction)来规定艺术欣赏,其用意是好的,即要用无利害关系这一概念打破美学中快感的优越性,"满足感(satisfaction)旨在保存效果,而无利害性(disinterestedness)则意在偏离效果"。② 但是就事情的实质来说,这只是给艺术欣赏披上了一层伪装。③ 因为就其实质而言,"鉴赏和品评的态度",或者说"把艺术划分为欣赏资料"的做法仍是"资产阶级的思想",即如果不能为艺术找到一点实用价值,那么艺术便没有存在的意义,因此,期待作品能够提供审美快感这样一种实用价值便成为资本主义时代艺术作品用以证明自己存在的合法性的重要标准。但是,"这一期待曲解了艺术的本质以及真正美感的本质,因为艺术不可能提供这种实用价值"。④ "传统的对待艺术的态度并非是欣赏的态度,而是赞美的态度——赞美那些作品中的关系,而无视作品与观赏者的关系。观赏者从中注意的以及使其狂喜的是作品的真理性。作品并非是某种高级的欣赏资料。"⑤ 诚然,快感在历史上曾经作为一种解放力量而出现,在与中世纪相关的文艺复兴时期以及与维多利亚时代相关的印象派时期都是这样,但是艺术依然不是以产生快感为目的,无论在何时,快感在"直接而无中介的情况下表现自身",对自身加以"复制",或者将自身"作为一种直接效应加以生产"的做法都是十分"幼稚"的。⑥ 对于艺术的真正探讨,必须首先放弃主观主义的态度,"放弃这种鉴赏和品评态度",唯有如此才能达到艺术经验的自律性。⑦

总而言之,以文化工业的方式进行自我实现的大众文化已不再是具有自律性和真理性的艺术,而是资本实现自我增值的手段。虽然,在这种艰难的环境中,大众文化也许依然会努力地去表达大众的生存

---

① [德] 阿多诺:《美学理论》,王柯平译,四川人民出版社,1998年,第20页。
② [德] 阿多诺:《美学理论》,王柯平译,四川人民出版社,1998年,第17页。
③ [德] 阿多诺:《美学理论》,王柯平译,四川人民出版社,1998年,第22页。
④ [德] 阿多诺:《美学理论》,王柯平译,四川人民出版社,1998年,第24—25页。
⑤ [德] 阿多诺:《美学理论》,王柯平译,四川人民出版社,1998年,第23页。
⑥ [德] 阿多诺:《美学理论》,王柯平译,四川人民出版社,1998年,第25页。
⑦ [德] 阿多诺:《美学理论》,王柯平译,四川人民出版社,1998年,第22页。

真理，但是这种表达的意志将会由于资本统治的绝对权力而变得异常脆弱。因此，这种"自上而下对消费者进行整合"的文化工业根本不是产生于民众，也根本无法产生于民众，它必须贯彻资本的意志，因此它本身就是一种意识形态的统治。

今天，文化工业的触角已经渗透到了生活的方方面面。正如海德格尔指出的，当"人类活动被当作文化来理解和贯彻"之时，文化在本质上就必然成为"文化政治"。[①] 所以，在这个时代，大众文化的发展绝对不是什么无足轻重的文化事件，它本身就是政治；相应的，对大众文化的批判也不会仅仅是一种无足轻重的思想活动，这种批判本身必然也将参与到政治的建构中去。但是，若要成功地实现对大众文化的批判，还须首先严肃地对待大众文化由以产生的哲学基础以及世俗基础，从而为文化政治的自我消解和自我批判准备必要的思想武器。在这方面，作为先行者的法兰克福学派大众文化批判理论，给予了我们太多的重要启示，成为我们前行路上不可缺少的思想扶手。

[①] ［德］海德格尔：《林中路》，孙周兴译，上海译文出版社，1997年，第72页。

结语

行文至此，我们将再次回到文章开头所提出的那个问题，法兰克福学派艺术理论的基本性质到底是不是一种"审美乌托邦"？

通过对艺术的真理本质的考察我们发现，艺术乃是真理的源始发生，是感性活动的基本建构。因此，按照艺术之真理本质的真实展开来说，艺术与现代性批判这一时代课题之间并不存在乌托邦的关系，艺术按照自己的历史性本质必然会参与到历史本身的运作之中，成为历史不断开启自身的重要原动力和契机。我们平日出于对艺术本质的狭隘理解而作出的法兰克福学派的艺术理论具有"审美乌托邦"的性质这一论断是没有任何真理性依据的。

然而，我们同时亦深知，即便如此，这种关于艺术之本质的沉思依然无法勉强艺术的现实生成，换言之，艺术依然有可能偏离其作为本源真理的发展轨道，就像当代艺术所面临的这场危机一样。可以说，这场危机不仅会直接威胁到艺术的真理性本质，使艺术沦为附庸，从而只能作为流行的文化现象而伴生。同时，它也通过这种威胁，即通过对艺术的真理性本质的褫夺，使流俗的艺术知见（"审美乌托邦"）变成一种具有真理意味的存在。因此，把这场艺术危机置于研究视域的中心，对其本质进行分析，并行之有效地对之进行克服，就变得意义重大起来，它关系到法兰克福学派能否实现自己的艺术研究之目的——使艺术担当起真理的使命，为人类的解放开启一条现实的道路——的关键所在。

为此，我们在法兰克福学派庞杂的艺术理论中只是选取了与这场艺术危机有关的论述进行考察。通过考察我们发现，不仅就法兰克福学派艺术理论的出发点而言，"审美乌托邦"的评价是不成立的，而且就法兰克福学派对于当代艺术危机的具体研究和主张而言，"审美乌托邦"的评价依然是不成立的。也就是说，法兰克福学派的学者们（尤其是阿多诺）通过自己的研究为当代艺术应该如何走出危机，从而真正担负起真理的使命指出了一条正确的道路。这一正确道路的指出不仅为法兰克福学派自身的艺术理论免除了乌托邦的嫌疑，换言之，它使得这一艺术理论真正地具有了海德格尔所说的"思"的品质；同时，这一正确道路的指出（作为一种对艺术的沉思）也为当代艺术之走出危机做了必不可少的准备，即为真正艺术的生成"准备了空间，为创造者提供了道路，为保存者准备了地盘"①，从而也为我们从艺术的日常之思而为艺术所下的"审美乌托邦"的判词的最终失效提供了确实的证据。

诚然，在法兰克福学派关于当代艺术危机的各种研究和主张中，并不是所有的理论探讨都切中了艺术的真理本质，也不是所有的理论探讨都真正地认清了艺术在当代应该以怎样的方式才能瓦解现代性无所不在的强大的整合攻势（至于具体是那些观点和主张，在书中已经详加阐述，这里不再多言），因此，就这一学派中的某些理论探讨最终没有获得成功而言，将之评判为"乌托邦"也并无过错。但是若按照这样的评判方式，试问天下有多少哲学的探讨最终是成功的，是达到哲学家本人的理论预期的？那么我们是不是在研究其他哲学家的哲学思想时，也应最终以"乌托邦"的评价告终呢？但实际情况并非如此，这样的评价只是尤为频繁地出现在各种以法兰克福学派美学理论以及意识形态理论为研究对象的理论研究中。可见，我们总是过于频繁地对法兰克福学派的理论作出乌托邦的评价其实是另有原因的，那就是一直深埋在我们心中的对于形而上学二元建制的认可和坚持，尽管我们在自己的意识中一直对它做着各种各样的克服和排除。

当然，无论是海德格尔或马克思对于艺术之真理本质的阐述，还是阿多诺对于当代艺术实践的那些富有成果的批判和研究，究其实质都不过是对艺术所做的一种"沉思"，而这种"沉思"，是"不能勉强艺术及其生成"的。② 但是这种不能勉强实际的生成并不意味着思想的无用，并不意味着思想所有的努力都只能是一种乌托邦的冲动。因为事实上，正如海德格尔指出的，"如果沉思之思得以复苏，则沉思必定延绵不断地运作于所有最微妙的时机"③，通过这种运作，沉思必然会"使得万事万物，使得存在者重新获得凝重（在）"，而由此，一切伟

---

① ［德］海德格尔：《林中路》，孙周兴译，上海译文出版社，1997年，第62页。
② ［德］海德格尔：《林中路》，孙周兴译，上海译文出版社，1997年，第62页。
③ ［德］海德格尔：《海德格尔选集》，孙周兴选编，上海三联书店，1996年，第1238页。

大的事物才能出现。①

因此，虽然本书对"审美乌托邦"的论断进行了反思和批判，但是这一反思和批判却无法成为对"审美乌托邦"这一论断的最终裁决。然而，这也并非是说思想的努力与这一最终裁决全然无关，相反，这一论断实际上依然只能通过"沉思"自身的缓慢生长才能得到最终的决断："审美乌托邦"到底是一种真正的乌托邦，还是终将成为我们最真实的现实。因此，相对于对法兰克福学派艺术理论的基本性质进行匆忙的判定来说，更为重要的是对法兰克福学派艺术理论所潜藏的问题意识进行深入的领会和思考。因为，对于思想家而言，没有什么东西能够比这种深入的领会和思考更能成为对他们敬意的表示了，正像海德格尔指出的那样："一种已经成为过去的哲学研究对其将来的作用可能性决不能包含在结果本身之中，而是植根于向来已经达到的并且已经具体地形成的问题原始性中；通过这种问题原始性，这种哲学研究作为激发问题的典范才能够始终全新地成为当前。"②

---

① ［德］海德格尔：《形而上学导论》，熊伟译，商务印书馆，1996年，第13页。
② ［德］海德格尔：《对亚里士多德的现象学阐释》，载于《现象学评论》（第五辑），上海译文出版社，2003年，第115页。

主要参考文献

1. [古希腊]亚里士多德:《诗学》,陈中梅译注,商务印书馆,1996年。
2. [古希腊]亚里士多德:《物理学》,张竹明译,商务印书馆,1982年。
3. [德]康德:《纯粹理性批判》,邓晓芒译,人民出版社,2004年。
4. [德]黑格尔:《小逻辑》,贺麟译,商务印书馆,1980年。
5. [德]黑格尔:《精神现象学》(上、下卷),贺麟等译,商务印书馆,1979年。
6. [德]黑格尔:《哲学史讲演录》第二卷,贺麟等译,商务印书馆,1960年。
7. [德]黑格尔:《哲学史讲演录》第四卷,贺麟等译,商务印书馆,1978年。
8. [德]黑格尔:《美学》(第一卷),朱光潜译,商务印书馆,1979年。
9. [德]黑格尔:《美学》(第二卷),朱光潜译,商务印书馆,1979年。
10. [德]黑格尔:《自然哲学》,梁志字译,商务印书馆,1997年。
11. 《马克思恩格斯选集》第1、2卷,人民出版社,1995年。
12. 《马克思恩格斯全集》第3卷,人民出版社,2002年。
13. 《马克思恩格斯全集》第4卷,人民出版社,1958年。
14. 《马克思恩格斯全集》第23卷,人民出版社,1972年。
15. 《马克思恩格斯全集》第26卷,第一册,人民出版社,1972年。
16. 《马克思恩格斯全集》第31卷,人民出版社,1998年。
17. [德]马克思、恩格斯:《马克思恩格斯论文学与艺术》,曹葆华等译,人民文学出版社,1982年。
18. [德]尼采:《悲剧的诞生》,周国平译,北岳文艺出版社,2004年。
19. [德]卡尔·雅斯贝斯:《时代的精神状况》,王德峰译,上海译文出版社,1997年。
20. [德]海德格尔:《林中路》,孙周兴译,上海译文出版社,1997年。
21. [德]海德格尔:《演讲与论文集》,孙周兴译,生活·读书·新知三联书店,2005年。
22. [德]海德格尔:《形而上学导论》,熊伟等译,商务印书馆,1996年。
23. [德]海德格尔:《存在与时间》,陈嘉映等译,生活·读书·新知三联书店,1987年。
24. [德]海德格尔:《在通向语言的途中》,孙周兴译,商务印书馆,1997年。
25. [德]海德格尔:《谢林论人类自由的本质》,薛华译,辽宁教育出版社,1999年。
26. [德]海德格尔:《尼采》(上、下卷),孙周兴译,商务印书馆,2002年。
27. [德]海德格尔:《海德格尔选集》(上、下卷),孙周兴选编,上海三联书店,1996年。
28. [法]F. 费迪耶等辑录:《晚期海德格尔的三天讨论班纪要》,丁耘摘译,丁耘译,载《哲学译丛》2001年第3期。
29. [德]加达默尔:《哲学解释学》,夏镇平等译,上海译文出版社,1994年。

30. ［德］伽达默尔：《伽达默尔集》，严平编选，邓安庆等译，上海远东出版社，2003年。
31. ［德］加达默尔：《真理与方法》，洪汉鼎译，上海译文出版社，1999年。
32. ［德］伽达默尔：《美的现实性》，张志扬译，生活·读书·新知三联书店，1991年。
33. ［德］卡西尔：《人论》，甘阳译，上海译文出版社，1985年。
34. ［美］威廉·巴雷特：《非理性的人》，杨照明等译，商务印书馆，1995年。
35. ［法］波德莱尔：《1846年的沙龙》，郭宏安译，广西师范大学出版社，2002年。
36. ［匈］卢卡奇：《历史与阶级意识》，杜章智等译，商务印书馆，1992年。
37. ［匈］卢卡契：《卢卡契·文学论文选 第一卷 论德语文学》，范大灿编选，人民文学出版社，1986年。
38. 中国社会科学院外国文学研究所外国文学研究资料丛刊编辑委员会编：《卢卡契文学论文集》，中国社会科学出版社，1980年。
39. ［德］本雅明：《发达资本主义时代的抒情诗人》，张旭东等译，生活·读书·新知三联书店，1989年。
40. ［德］本雅明：《德国悲剧的起源》，陈永国译，文化艺术出版社，2001年。
41. ［德］本雅明：《本雅明文选》，陈永国等编，中国社会科学出版社，1999年。
42. ［德］本雅明：《经验与贫乏》，王炳钧译，百花文艺出版社，1999年。
43. ［德］本雅明：《机械复制时代的艺术作品》，王才勇译，浙江摄影出版社，1993年。
44. ［德］霍克海默：《批判理论》，李小兵译，重庆出版社，1989年。
45. ［德］霍克海默、阿多诺：《启蒙辩证法》，渠敬东等译，上海人民出版社，2003年。
46. ［德］阿多诺：《否定的辩证法》，张峰译，重庆出版社，1993年。
47. ［德］阿多诺：《美学理论》，王柯平译，四川人民出版社，1998年。
48. ［美］马尔库塞：《审美之维——马尔库塞美学论著集》，李小兵译，生活·读书·新知三联书店，1989年。
49. ［美］马尔库塞：《单向度的人》，刘继译，上海译文出版社，2006年。
50. ［德］哈贝马斯：《现代性的哲学话语》，曹卫东译，译林出版社，2004年。
51. ［英］伊格尔顿：《美学意识形态》，王杰译，广西师范大学出版社，1997年。
52. ［美］杰姆逊：《后现代主义与文化理论》，唐小兵译，北京大学出版社，1997年。
53. ［英］佩里·安德森：《西方马克思主义探讨》，高铦等译，人民出版社，1981年。
54. ［美］马丁·杰伊：《法兰克福学派史（1923—1950）》，单世联译，广东人民出版社，1996 年。
55. ［德］沃尔夫冈·韦尔施：《重构美学》，陆扬等译，上海译文出版社，2002 年。
56. ［美］杜威：《经验与自然》，傅统先译，江苏教育出版社，2005 年。
57. ［美］理查德·沃林：《文化批评的观念》，张国清译，商务印书馆，2000 年。
58. ［德］阿尔布莱希特·维尔默：《论现代和后现代的辩证法——遵循阿多诺的理性批判》，钦文译，商务印书馆，2003 年。
59. ［美］马泰·卡林内斯库：《现代性的五副面孔》，顾爱彬等译，商务印书馆，2002 年。
60. ［美］弗雷德里克·R. 卡尔：《现代与现代主义》，陈永国、傅景川译，中国人民大学出版社，2004 年。
61. ［爱尔兰］詹姆斯·乔伊斯：《尤利西斯》，萧乾等译，文化艺术出版社，2002 年。
62. ［英］拉曼·塞尔登：《文学批评理论：从柏拉图到现在》，刘象愚等译，北京大学出版社，2003 年。
63. ［俄］车尔尼雪夫斯基：《美学论文选》，缪灵珠译，人民文学出版社，1957 年。
64. ［美］琳达·诺克林：《现代生活的英雄：论现实主义》，刁筱华译，广西师范大学出版社，2005 年。
65. ［美］雷纳·韦勒克：《近代文学批评史》（第三卷），杨自伍译，上海译文出版社，1991 年。
66. ［英］麦基主编：《思想家》，周穗明译，生活·读书·新知三联书店，1987 年。
67. 王德峰：《艺术哲学》，复旦大学出版社，2005 年。
68. 吴晓明、王德峰：《马克思的哲学革命及其当代意义——存在论新境域的开启》，人民出版社，2005 年。
69. 吴晓明：《论马克思对现代性的双重批判》，载《学术月刊》，2006 年第 2 期。
70. 吴晓明：《重估马克思哲学革命的性质与意义》，载《复旦学报》，2004 年第 6 期。
71. 衣俊卿：《西方马克思主义的哲学范式转换及其启示》，载《江苏社会科学》，2006 年第 2 期。
72. 余源培主编：《时代精神的精华——马克思主义哲学原著导读》，复旦大学出版社，1992 年。
73. 欧力同、张伟：《法兰克福学派研究》，重庆出版社，1990 年。
74. 冯宪光：《"西方马克思主义"美学研究》，重庆出版社，1997 年。
75. 秦露：《文学形式与历史救赎》，华夏出版社，2005 年。

76. 刘北成:《本雅明思想肖像》,上海人民出版社,1998 年。
77. 赵勇:《整合与颠覆:大众文化的辩证法》,北京大学出版社,2005 年。
78. 河清:《艺术的阴谋》,广西师范大学出版社,2005 年。
79. 傅雷:《世界美术名作二十讲》,海南出版社,1994 年。
80. 童庆炳、王一川、李春青主编:《文化与诗学》(第一辑),上海人民出版社,2004 年。
81. 《现象学评论》(第五辑),上海译文出版社,2003 年。
82. Adorno, *The Culture Industry*, London and New York, 1991.
83. Andrew Arato and Eike Gebhardt, *The Essential Frankfurt School Reader*, New York: Urizen Books, 1978.
84. Lowenthal, *Literature, Popular Cultrue, and Society*, Englewood Cliffs, NJ: Prentice-Hall, 1961.
85. Martin Jay, ed., *An Unmastered Past: The Autobiographical Reflections of Leo Lowenthal*, University of California Press, 1987.
86. Adorno, *Aesthetic Theory*, The Athlone Press, London, 1997.

后记

本书是在博士论文的基础上修改而成的。之所以迟迟没有拿去出版，实在源于内心的某种不自信。

英国学者克莱夫·贝尔说，一个人要想详尽阐述一种可信的美学理论，必须具备两种素质——艺术的敏感性和清晰的思维能力。事实证明，我在这两方面虽不是毫无体验和能力，却也总是有欠缺的。这一欠缺就像一块黑幕，常常阻断思想前进的道路。虽然平日我亦热爱艺术，但当着手以哲学的方式探讨艺术问题的时候方才发现，自己对于艺术的那一点点感性的领会根本不足以支撑我从其中寻获足够有价值的思想洞见，从而成功地对艺术的问题进行言说，而思维能力的不够强大又使思想的处境变得更加窘迫。同时，在这个艰辛的思想过程中，我又时常感受到另一种莫名的恐慌，那就是来自艺术本身的对于"哲学把捉"的躲避和抵制。于是，在整个写作过程中，我常常陷入虚无之中，觉得是在试图把握一个不可把握的东西，并因此焦躁不安。

即便如此，当回忆整部书稿的产生过程时，心中依然充满感动。海德格尔说，思想是怀着感激之情铭记存在。存在从来都不是纯然客观的事情本身，它由于与"我"有着千万种关联而总是"为我"的存在，并因此显现出它的饱满与深情。在这份存在当中，首先是作为生命底色的热情。这份热情并非心血来潮或偶然拾得，而是记取着往昔岁月最触动灵魂的点点滴滴，以及给予我灵魂触动的那些美好的人和事。仰赖这份热情的推动，我得以进入艺术和哲学的殿堂。还记得初涉理论下笔时的紧张与新鲜，在直面问题的过程中，突然就生出了赤诚相见的勇气与豪情。特别感谢我的授业恩师，复旦大学哲学学院的吴晓明老师、王德峰老师。在两位老师的悉心栽培下，我才得以进入哲学的堂奥，拥有哲学运思的能力。两位老师无形的人格魅力深深影响着我，成为我可以长久安顿的精神故乡。还有我的同门学长们，叶晓璐、姜佑福、许大平、孙大鹏、陈军，以及各位的家属，感谢您们陪伴我走过生命最美好的一段时光，给予我胜似亲人的温暖和关怀。此外，还要感谢最初将我引向哲学之门的王志伟老师，与海德格尔思

后　记

想的最初相遇源自老师的课堂，命运般地开启了精神追求的最基本方向。还有一直陪伴在我身边默默支持和照顾我的家人们，是你们的安定和宽和，成就了我不羁和远行的可能。

于上海寓所
2021 年 5 月 25 日

图书在版编目(CIP)数据

艺术·真理·现代性批判：法兰克福学派艺术理论和现代性批判研究/陈蓓洁著.—上海：复旦大学出版社,2022.3
ISBN 978-7-309-15961-5

Ⅰ.①艺… Ⅱ.①陈… Ⅲ.①法兰克福学派-研究 Ⅳ.①B089.1

中国版本图书馆 CIP 数据核字(2021)第 194389 号

艺术·真理·现代性批判：法兰克福学派艺术理论和现代性批判研究
陈蓓洁 著
责任编辑/陈 军
助理编辑/杨 骐

复旦大学出版社有限公司出版发行
上海市国权路 579 号 邮编：200433
网址：fupnet@fudanpress.com http://www.fudanpress.com
门市零售：86-21-65102580 团体订购：86-21-65104505
出版部电话：86-21-65642845
上海四维数字图文有限公司

开本 787×960 1/16 印张 16.5 字数 238 千
2022 年 3 月第 1 版第 1 次印刷

ISBN 978-7-309-15961-5/B·749
定价：68.00 元

如有印装质量问题，请向复旦大学出版社有限公司出版部调换。
版权所有 侵权必究